本书出版获广东省教育科学规划课题"新高考选科走班背景下化学课堂教学方式的实践研究"（2020YQJK179）和佛山市顺德区高中化学名师工作室资助

中小学教育智慧文库
ZHONGXIAOXUE JIAOYU ZHIHUI WENKU

吹沙炼金 "四不"求索
高中化学"活力课堂"之探索与实践

关朝珠◎著

暨南大学出版社
JINAN UNIVERSITY PRESS

中国·广州

图书在版编目（CIP）数据

吹沙炼金　"四不" 求索：高中化学 "活力课堂" 之探索与实践／关朝珠著. —广州：暨南大学出版社，2023.7
（中小学教育智慧文库）
ISBN 978 - 7 - 5668 - 3641 - 0

Ⅰ.①吹…　Ⅱ.①关…　Ⅲ.①中学化学课—课堂教学—教学研究—高中
Ⅳ.①G633.82

中国国家版本馆 CIP 数据核字（2023）第 058713 号

吹沙炼金　"四不" 求索：高中化学 "活力课堂" 之探索与实践
CHUISHA LIANJIN "SI BU" QIUSUO：GAOZHONG HUAXUE "HUOLI KETANG" ZHI TANSUO YU SHIJIAN

著　者：关朝珠

出 版 人：张晋升
策划编辑：杜小陆
责任编辑：黄　球　王海霞
责任校对：刘舜怡　林玉翠　黄子聪
责任印制：周一丹　郑玉婷

出版发行：暨南大学出版社（511443）
电　　话：总编室（8620）37332601
　　　　　营销部（8620）37332680　37332681　37332682　37332683
传　　真：（8620）37332660（办公室）　37332684（营销部）
网　　址：http://www.jnupress.com
排　　版：广州良弓广告有限公司
印　　刷：广州市金骏彩色印务有限公司
开　　本：787mm×960mm　1/16
印　　张：17
字　　数：298 千
版　　次：2023 年 7 月第 1 版
印　　次：2023 年 7 月第 1 次
定　　价：69.80 元

自　序

立足课堂，做幸福老师

1996 年高考报志愿的时候，受家庭的影响，我所有的志愿都填报了师范院校，但那时的我对教育还是懵懂的。走上工作岗位之前，我曾无数次问自己："就要当老师了，我该如何与学生相处呢？我的课堂该是什么样的呢？是严厉干练的，还是平和有趣的？……"我有许许多多的自我提问，可是都没有确定的答案。

我的教育首站是佛山市高明区一所偏僻的乡村中学——西安中学。一开始便被学校安排担任高二 3 个班的化学教师兼一个班的班主任，感觉有点手足无措，好在这里的教师都很热心，也都乐于传授，有疑惑向他们请教，他们总是会悉心指导。最初，我认为，严肃、直接的教育方式一定会取得好的教育效果，所以对待学生不能太平和，不管课堂教学还是班主任工作，都要严厉，否则学生会欺负年轻教师，教师会压不住。我本人的性格是活泼开朗型的，但是一进教室我就会立刻换上一副严肃的面孔，"上课要认真做笔记"，"上课不能打瞌睡，要提起精神"，"上课要认真听讲，高中课程很难的，一定要跟上老师的节奏"，"'化学平衡移动'很难的，你要认真听课呀，居然偷偷看课外书"，"晚修要保持安静，不能讲话影响别人"……初为人师时，"要……"是我教育学生的口头禅。但实践证明，这种教育方式的效果并不理想，甚至很差。沉默的课堂没有活力，学生只是机械地跟着学，而自己满满当当上完课也觉得很辛苦。班主任管理方面，严肃、直接的方式也不讨学生喜欢，学生总是左耳进右耳出。而且在学生面前老是要摆出一副严肃的样子，这让我自己也有点累。

为何教育教学效果不好呢？我苦苦思索，不断学习反思，终于领悟到：好的教育教学方法是结合自己的性格特征，激发学生的学习兴趣、激活学生的思维、激励学生的自我管理能力，而不是简单地照搬别人的严厉做派。然后，我把教过自己的几十个老师形象像放电影一样在脑海中过了几遍，最后定格在两位恩师身上。一位是语文老师兼班主任林保培（海南省特级教师），一位是高中化学老师陈泰琼（三亚市化学名师），他们给我的印象太深刻了，他们的共性是特别风趣幽默，课堂充满活力，上他们的课总是心情舒畅、欲罢不能。他们的教育方式虽然看起来很轻松，但是很会调动人心，能让每个学生都动起来。即使已经过去很多年，但是他们课堂上打过的某个比方，我居然还记得清清楚楚，回想当年，真的是每一天都很期待上他们的课呀！所以，我决定改变自己死板、严厉的作风，采用幽默风趣的风格，像两位恩师一样，打造有自己特色的活力课堂，用幽默智慧的方式教育学生。

要想打造有自己独特魅力的活力课堂，教师首先要丰富自己，要让自己成长为一个有趣、有智慧的教师，由内而外的魅力才会让自己课堂内外的教育教学都充满活力。教师内涵成长的唯一途径就是不断学习、实践、反思，于是从2003年开始，我开启了自己的学习成长之旅。

一是向学生学习并坚持反思。我把学生当老师，边教边询问学生，边上课边请教学生，从学生中了解他们学习过程中存在的问题与困惑、学习的心理和学习的需要，并不断反思自己。每次下课我都会认真地写反思，寻找自己的教学问题与瓶颈，有时甚至把自己平常的课录下来，多次回看，做自己课堂的观察员，拿放大镜挑自己的毛病，对可以改进和优化的地方进行打磨。渐渐地，写教学反思成了我的一种习惯，备课本总是被我用各种颜色的笔标注得花花绿绿，这些反思心得让我受益匪浅。同时，我把与学生之间的感人故事、成功的教学案例诉诸笔端，审视、梳理自己的教育教学行为，并调整自己的教育策略，优化教育效果。教育大师苏霍姆林斯基走的就是一条边研究边教学边反思的路，他的教育日记记录了他一路的风景和收获。我认为在教学反思中记录困惑更像是在寻求解除困惑之道，教学贵在反思，反思贵在坚持。美国学者波斯纳曾提出一个非常有名的公式，他说教师成长就是经验和反思相互作用的结果。以反思促教学，长期积累必有集腋成裘、聚沙成塔之成效。

二是向恩师学习。我认真拜读了两位恩师的著作和论文，如《生本教育理念下的班级自主管理实践探究》《高效化学课堂探索》《新时期教师心理状态分析及研究对策》等，并深入访谈两位恩师，学习他们的精髓，把自己用得上的一些好的教育教学点子记下来，在教育教学实践中反复操练。

为了更深入地挖掘和理解活力课堂，我春节有机会回老家的时候都会去看望两位恩师，每次都主动把自己在教育教学上的思考和点滴进步跟老师分享，并向老师请教。两位恩师看到我这么喜欢当老师，且一直在探索高效的活力课堂和智慧教育，很是欢喜，倾囊相授。两位老师都认为，打造活力课堂的目的就是要实现课堂的高效，通过有效的课堂设计和优化，调动学生学习的积极性、主动性，使学生能积极、主动地参与课堂教学，提高课堂学习的效益。打造活力课堂，首先，要充分尊重学生，重视学生在课堂教学中的主体地位。让学生积极参与课堂教学活动过程，提高他们的学习热情，发挥他们的主观能动性，为打造活力课堂奠定良好的基础。在这种新型的师生关系下，学生可以对老师的教学内容质疑，也可以和老师就某一问题展开讨论、交流，在讨论与交流中达到教学相长的目的。作为教师要及时了解学生的学习情况，关注学生的发展与成长，发现学生状态不对的时候要能迅速转换教学方法，多采取有趣、幽默的方式来讲授，这样，学生就会不知不觉中喜欢上这个老师和这个学科。其次，要培养健康人格，实现核心素养教育。通过一个人的性格可以看出这个人的品德和世界观，在一个人的成长过程中，性格尤为重要。健康的性格是形成先进思想、优秀品德的基础，也是其重要组成部分。课堂教学中，教师侧重培养学生的健康人格，那么，打造活力课堂就有坚实的基础。因此，作为肩负着"育人"工作的教师，在全面培养学生素质工作中，应该从培养学生的健康人格抓起，更好、更有效地做好"育人"工作。只有先了解学生才能做好因材施教的工作，才能教育好学生，也才能打造活力课堂，实现高效课堂。恩师的话有如醍醐灌顶。为了让我更好地理解，两位恩师还和我分享了不少生动的课堂案例和教学随笔。我一向喜欢打破砂锅问到底，作为化学同行，我还拿出几个化学难点，请陈泰琼老师帮我复盘我读书那会儿他是怎么教的，为什么这么久了我还能记得一些有趣的片段。陈老师哈哈大笑，沉思片刻就开始和我分享他的课堂设计，接着鼓起他那炯炯有神的眼睛立刻进入角色表演给我看。两位恩师用他们的身体力行向我诠释了优秀的教师是什么样的，活力课堂是怎样打造的，每次拜访都能使我受到新的启发。

三是善于阅读，向名家学习。有位名师说得好：只有热爱读书、善于读书，教师才有可能品味优美的语言，体验精深的思想，形成独到的见解；唯有如此，教师才能将自己的读书心得作为重要的教育资源，在课堂上与学生展开和谐对话，分享智慧成果。在课堂上，一个不经常读书的教师很难面面俱到，侃侃而谈，优雅从容。由此看来，读书是教师的立身之本；一个不经常读书的教师，绝不可能充满活力。我坚持每天阅读，不仅经常翻看教学类学术期刊，还常常看大学类学术期刊，了解最新的化学前沿知识，拓宽自己的视野。同时也阅读了很多名家的教育教学专著，如余文森等的《有效教学的案例与故事》、北京师范大学心理学博士赵希斌的《魅力课堂——高效与有趣的教学》、陈锡的《幽默感：成为学生更喜欢的老师》、李镇西的《每个老师都是故事》、肖川的《润泽生命的教育》等。再到后来我被评为广东省教研积极分子、顺德区骨干教师、顺德区名教师，参加了为期三年的名师培训学习，听了更多专家的讲座，接触到了更多的教育前沿思想，有了更多的机会和优秀的同行探讨教育之道、教学之法，也对教育教学有了更多的认识。

四是养成问题意识和研究习惯。教育是一项复杂的系统工程，其间的许多问题值得我们深思。因此，一个有活力的教师应该养成研究习惯，定下来，沉下去，紧紧抓住富有教育意蕴的细节，细细品味，深入研究。我立足教学问题，先后主持了 3 个课堂教学类的研究课题，即广东省中小学教学研究"十二五"规划课题"中学化学实施适合教育的教学实践探索"（课题编号：J11－203）、顺德区重点规划课题"化学课堂教学细节与教师的专业发展研究"（课题编号：SDJK2013027）、广东省教育科研"十三五"规划课题"新高考选科走班背景下化学课堂教学方式的实践研究"（课题编号：2020YQJK179），并主持了化学特色开发课程"探秘化学史，走进科学家"，3次荣获顺德区教育科研成果奖一等奖，1 次荣获佛山市中小学教学改革成果奖一等奖。实践、反思，再实践、再反思，正是这样充满激情的工作态度，使我在实践中得到历练，在反思中逐渐成长。于是我逐渐改进了自己的教育教学方法，摸索出了一条适合自己的智慧教育和活力课堂路子，教育教学小有成就，越来越多的学生喜欢上我的课堂，爱上我的教育方式，更重要的是，我教得很开心、很快乐，并常常被学生的成长和变化震撼到，这让我觉得我是一个幸福的老师。

在教育管理上，我牢记两句话："教育是池塘，爱是水"，"人人有事做，事事有人做"，从厚爱出发，打造温馨愉悦的班级文化氛围，激发每个学生的管理智慧，让每个学生都成为班级的主人，打造有温度的教育。在课堂教学中，动起来的课堂才是活力的课堂。美学大师朱光潜指出："人生来好动，好发展，好创造。能动，能发展，能创造，便是顺从自然，便能享受快乐；不动，不发展，不创造，便是摧残生机，便不免感觉烦恼。"瑞士心理学家皮亚杰认为："个体的发展实际上就是练习、经验、对环境的作用等意义上的大量活动的产物。"美国教育家杜威认为："'从做中学'是教育的基本原则，教育过程应该是'做'的过程，儿童生来就有一种要做事和要工作的愿望，对活动具有强烈的兴趣，因此应该给予特别的重视。"这三位大师对教育教学有一个共同的期许——让学生动起来！所以，只有学生真的动起来的课堂才是充满活力的课堂。

　　有活力的课堂应该是以学生为主体的课堂，学生是课堂的主人，而教师只是一个引导者和组织者。这些年我所孜孜探索的活力课堂是"四不"活力课堂，是让学生身体动起来、思维转起来，让课堂活起来。如何创建"四不"活力课堂呢？可以从"活""趣"两个字下手，"活"是要敢于放手、巧于放手，"趣"是要营造宽松有趣的磁场。"活"的核心是"四不"：①学生能自主解决的问题教师不讲；②学生没有思考过的问题教师不讲；③学生通过讨论互助能解决的问题教师不讲；④有学生会的问题教师不讲（由会的学生来讲）。放手不是不管，上课就像放风筝，教师要学会牵好手中的线，收放自如。"趣"是要营造课堂趣味场，有6招可用：①语言幽默，生动有趣；②因势利导，巧于点拨；③善打比喻，化难为易；④巧设情境，激发兴趣；⑤巧用实验，激活课堂；⑥背景教学，讲好故事。

　　在探索"四不"活力课堂的过程中，我经历了四个阶段，从摸着石头过河到驾轻就熟。第一阶段：初为人师，懵懂尝试。走上三尺讲台的前两年，我既要适应新的人际关系，又要适应教学、班主任工作，很忙碌，可是我不怕辛苦，大胆尝试，并常常告诫自己：沉下去，踏踏实实地去做好一个教师应做的工作；浮上来，方可见到一个崭新的自己。第二阶段：五年磨炼，小荷已露尖尖角。第三阶段：十年名师，梅花香自苦寒来。第四阶段：二十年磨一剑，特色名教师。这也是我专业成长的心路历程。

　　本书主要记录了我二十余年对活力课堂和智慧教育的探索历程，有个人的思考和尝试，也有带团队做活力课堂研究、开发特色化学校本课程助力活力课堂的成果分享，更附有很多有趣有爱的教育教学故事和我的活力课堂获奖案例。希望翻看这本书的教师偶尔发出一点感叹（"关老师这个处理很巧妙，我怎么没想到呀！""这个故事串联教学法很棒呀！""这个情境记忆法用得好呀！""任务驱动教学法赞一下"……）和会心一笑（"关老师的点子真多""关老师的课堂真有趣"……），期待对年轻化学教师有一些启发，让更多的学生受益。此外，要说明的是，本书所提及的教材，如无特殊说明，均指由人民教育出版社课程教材研究所编写出版的高中化学教材。其中，《化学·必修》第一册简称为"必修1"；《化学·必修》第二册简称为"必修2"；《化学·选修4》或《化学·选择性必修1》简称为"选必1"，指《化学反应原理》；《化学·选择性必修2》简称为"选必2"，指《物质结构与性质》；《化学·选修5》或《化学·选择性必修3》简称为"选必3"，指《有机化学基础》。

我坚信：教育有温度，课堂才有魅力，教学效果才能显现。同时，教育教学因我们的温度而美丽，课堂教学活力因我们的温度而得以彰显！

关朝珠

2022 年 6 月

目 录
CONTENTS

第一编

上下求索·活力探索

　　这一编将和大家分享笔者二十余年孜孜探索高中化学活力课堂的所做和所思，并进行了理论提升，同时归纳总结了构建"四不"活力课堂的技巧和方法。很多技巧和方法都是可复制、可借鉴的，期待对您有所启发……

着眼能力，大胆放手

——谈实验教学活力课堂

中学化学实验具有多种教学功能，在化学教学中注重以化学实验为手段，不但有利于帮助学生形成化学概念、认识物质性质及理解和巩固化学理论知识，而且有利于培养学生的实践技能、探究意识和创新能力①。新课标下的中学化学实验教学应立足基础，着眼能力，大胆放手，有意识地引导学生去动手，并由此促进学生各种实验能力的发展。

在实验教学中究竟应该如何放手，如何提高能力呢？我结合自身实践，谈谈几点拙见。

一、动手能力的培养

平时我们的一些实验多为演示实验，有些教师怕麻烦，把演示实验变为视频实验，甚至用板书或讲述代替，这给培养学生动手能力带来了很大的障碍。如何最大限度地让学生参与实验，如何让学生在动手中落实各项实验操作规程，并在动手中通过动脑去分析解决问题呢？

变演示实验为分组实验，让学生有更多的实验体验，在实实在在的实验中感悟实验的真谛。学生喜欢分组实验，但大多数学生可能会因为"好玩"而仅仅局限在看各种有趣的实验现象，只认识物质性质而忽视了更重要的方面——自身动手能力的培养，所以能否最大限度地提高学生的动手能力，还得看教师对分组实验课的课堂管理和设计。我采用的流程是：预习—合作交流—展示—归纳—实验—归纳，且每一步只要学生能搞定的都放手让学生去独立完成。

以选必 3《有机化学基础》学生实验"有机物的分离、提纯"为例。第一步：课前预习，前一天晚上安排学生预习（配有学案），在实验前学生必须

---

① 冯克诚，等. 中学化学实验教学改革及操作指导 [M]. 呼和浩特：内蒙古大学出版社，2000：33 – 35.

认真预习实验内容，杜绝"照方配药"式的操作。第二步：课堂前3分钟小组讨论，交流昨晚预习学案的发现和疑惑。第三步：8分钟展示，小组推选学生代表上讲台，从蒸馏、重结晶、萃取中自选一个专题，并结合实例就原理、仪器、操作、注意事项等方面进行讲解，小组内可以补充，其他小组可以随时提问。第四步：点评、归纳，先让学生互相点评，我再点评，侧重讲重结晶。第五步：动手操作，学生严格按操作步骤准确地进行实验，仔细观察实验现象，如实记录，独立认真思考实验现象。第六步：归纳和分享，学生先以小组为单位归纳实验过程中自己的疑问和操作错误的地方，教师再归纳示范。最后要求学生课后进行正确分析，写好实验报告。通过这六步，大多数的学生都能参与到课堂中，并有机会锻炼自己，尤其在实验的规范操作和表达能力方面更有收获。经过几次训练，分组实验课堂就可从原来的简单热闹转向有序的开心、充实的锻炼，而实验过程中也能更理性、更科学地思考。

二、思维能力的培养

化学实验的过程就是开发学生思维的过程，它能完整地把握有关知识之间的联系，实现认知过程的飞跃，从而完成化学创造。在实验教学中培养学生的创造性思维[①]，我有如下尝试。

（1）改进演示实验，不断创新。改进演示实验不仅是为了使实验更合理，更重要的是让学生从中学到科学研究和解决问题的方法，这对学生思维能力的发展有促进作用。我经常引导学生一起对现象不明显、费时间的演示实验进行大胆创新。在我的带动下，不少学生对改进化学实验产生了浓厚兴趣，有些学生甚至在家里购置微型实验仪器自己做实验。

如必修2中"NO和NO_2的相互转化"实验，课本上提供的Cu和稀HNO_3反应生成NO，无色的NO接触到O_2会变成红棕色的NO_2，这样既不明显又不环保。所以我和几个学生一起分析后决定改进，我提醒他们既要考虑毒性又要考虑让现象明显。学生通过查阅资料，提供了几个方案，我们一起实验后采取了其中一个方案（见图1），轻松地解决了这个问题：把NO_2收集到分液漏斗中，然后把充满NO_2的分液漏斗倒立在水槽中，并轻轻摇动，观察到红棕色逐渐褪去，水面逐渐上升。当红棕色全部褪去后，拧开分液漏斗

---

① 马昆，柯儒杰. 21世纪中学化学创新实验设计与探索全书［M］. 通辽：内蒙古少年儿童出版社，1999：5－15.

活塞，漏斗中会逐渐出现红棕色，关闭活塞，再加入足量 NaOH 溶液吸收多余的气体。实验很成功，NO 和 NO_2 气体的相互转化现象非常明显。

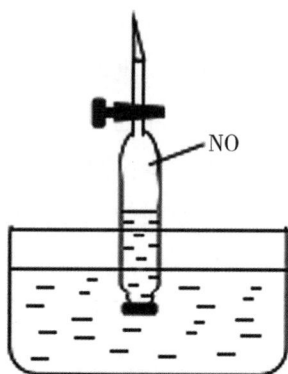

图1　NO 和 NO_2 的相互转化　　　　　图2　喷泉实验

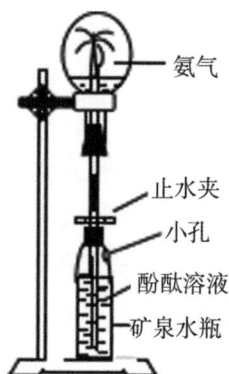

（2）借助化学实验，扩展思路。一个实验往往可以让学生观察到很多现象，提出许多问题，促使他们联想、对比，由此可扩展学生的思路。一堂课的演示实验不可能面面俱到，即使大部分时间都用于演示，其效果也有可能一般般，甚至会出现副作用。在启发学生思考的同时，需要对实验进行合理安排，合并同类实验，并尽可能做到精讲多练，选取一个实验进行分析、综合，让学生从思考中得出结论，从而扩展思维范围。

例如在讲"喷泉实验"时，学生已经知道 NH_3 和 HCl 气体与水的喷泉实验的装置、实验现象及反应原理，我进一步提出："你能否根据这个实验原理，改进该实验装置？"在我的鼓励下，学生又思考出好几套不错的装置，其中还有一组学生自告奋勇上台展示他们小组改进装置（见图2）的实验效果，引来阵阵掌声。在此基础上我追问："喷泉形成的实质是什么？你还知道哪些喷泉实验的原理？"经过小组内激烈的讨论，学生逐步归纳出喷泉实验的实质（在一定条件下气体被某种液体大量吸收，从而形成压强差）和各种喷泉实验的化学原理，思路得到大大扩展。后来学生开发了10种不同反应原理形成的喷泉，归纳了生活中各种喷泉现象，还提出了不少改进措施，这一成果荣获广东省青少年科技创新大赛二等奖。学生有无穷的潜力，只要教师敢于放手，学生就能通过自我摸索学到比教师灌输的要多得多的知识！

三、探究能力的培养

探究型实验是化学实验的一大特色和亮点，是培养学生探究能力的重要环节。可是不少学生在这块内容上无从下手，也得不到很好的磨炼。那么如何创造机会，让学生多做探究性实验呢？很多教师因为怕麻烦而多采取纸上谈兵的办法，这样是很难达到真正的探究效果的。其实要解决学生探究实验解题能力弱的问题并不难，我一般用两个办法：①在实验教学中补充几个启发性、探索性强的学生实验，如硫酸亚铁铵的制备、侯氏制碱法、菠菜中色素的提取、硝酸钾初品的提纯等（取自苏教版选修 6《实验化学》、人教版选修 2《化学与技术》），让学生到实验室再进行综合磨炼。②设计针对性练习。在学生做题训练方面，教师要学会放手（可以增加思考题），让学生在已有的知识基础上，提出一个或若干个探究点，自己设计实验、自己提问题、自己解决问题，只有这样才能真正地提高学生的探究能力，而不要只是简单地让他们"照方抓药"。

例如：为培养学生的探究能力，我在高三教学中额外补充了探究实验"菠菜中色素的提取"，其中，我要求学生结合 2008 年广东省高考题实验题"菠菜草酸根的提取和探究"，小组内互相设计思考题，最后学生提了很多有价值的问题：①为什么菠菜提取草酸根或色素都要研磨、捣烂，而不是像海带提取碘元素那样灼烧？②色素的浸取为什么使用石油醚—乙醇混合溶剂，你对萃取剂的理解是否有变化？③过滤浸取液为什么不用滤纸，而用棉花塞在漏斗颈部即可？④为什么过滤后要用水洗涤滤液？等等。然后各小组就这些问题进行讨论、辨析，很多学生豁然开朗，受益匪浅。

有些教师苦于找不到合适的探究素材，其实素材在教材中随处可见。例如：银镜反应是中学化学一个有趣的实验，我发动学生收集学术期刊中有关银镜反应条件的研究[①]、银废液的回收利用等内容，然后一起设计了以银氨溶液的量、乙醛的量、温度、反应体系、pH 等多个变量控制的探究实验题。该素材的选取根据与出发点是中学化学日常教学中的问题，再突破中学化学知识框架，从更广阔的视野设计试题，找到一个能够与高等化学结合的切入点。而从银的废液中提取银，即银废液的回收利用，在高等化学中是一个重要的研究课题，并且涉及的知识内容比较基础，与中学化学内容联系比较紧密，

---

① 姚如富. 有关银镜反应的研究［J］. 实验教学与仪器，1996（4）：39–40.

可以找到结合点。

四、问题与思考

问题：在放手初期有可能会出现这样那样的问题，如课堂没那么有序，甚至会比较乱；一个问题抛出去，讨论无边无际，放得出去收不回来，教学进度无法按计划推进；学生提问、质疑环节，学生不敢提问题或提不出问题；学生怕出错，不敢回答问题；学案设计难度不好把握，等等。其实不用太担心，教师的勇气和智慧是足以控制好并解决这些问题的。课堂秩序乱一点没有关系，学生能参与课堂、提高能力是关键，只要教师牵好主线，慢慢就能收放自如，一切尽在掌控中。学生没有问题、提不出问题或不敢提问题，说明教师平时没有调动他们的思维或者学生的主体性不强，其实学生的"封闭"很大程度上是因为害怕同学的嘲笑和教师的否定，这正好说明了教师要改变教学模式，敢于放手才对，教师应以合作者和学习伙伴的角色出现，让学生大胆地表达自己独特的想法，说出自己的疑惑。进行学案设计时要照顾到各层学生的程度，问题设计要精心，环环相扣，让后进生不被冷落、中等生有成就感、优秀生能提升。

思考：大胆放手更能培养学生的能力，放手并非不管，而是在教师不加讲述的情况下，学生能依靠自己的力量去获得新知识、寻求解决问题的方法。放手是为了让学生有更多的自主权，让学生找回自我，让他们在宽松、愉悦的氛围中去发现问题、分析问题和解决问题。学习者自己发现事物的关系和规律，能使学习者产生幸福感和自信心，从而提高其学习的积极性；学习者自己对知识进行系统化、结构化，就能更好地理解、掌握和记住学习的内容，也就能更好地运用所学的知识[1]。

教育家夸美纽斯在《大教学论》中这样描述其理想的教育："找出一种教育方法，使教师因此可以少教，但是学生可以多学；使学校可以因此少些喧嚣、厌恶和无益的劳苦，独具闲暇、快乐及坚实的进步。"

只要给予足够的时间，运用适当的方式，提供必需的资料和条件，学生完全可以依靠自己的力量去获得新知识，寻求解决问题的方法[2]。所以在教学活动中，教师在精心设计和引领的基础上可以大胆放手，让学生去学、去探

---

① 吴崇光. 教学心理 [M]. 广州：广东教育出版社，1993：35.
② 吴崇光. 教学心理 [M]. 广州：广东教育出版社，1993：35.

索、去实践，一定可以创设以自身兴趣和内在需要为基础、以主动体验和探索解决问题为特征、以促进主体创新意识和能力发展的课堂实践。

总之，无论是在演示实验教学中还是在学生分组实验教学中，教师都应该有意识地着眼于学生，同时敢于放手，让学生在更多的锻炼中提高能力。能用自己的一杯水引出学生的一桶水的教师才是优秀的教师。学生的潜能是无限的，只要教师精心设计，提供一个舞台，就一定能收获一片精彩。

营造化学课堂教学的趣味场

心理学研究表明，高中生课堂注意力集中的时间只有 10 分钟，对学生而言，自觉维持有效注意力的时间是比较短暂的，很少有谁能长时间地控制自己的注意力专注于某一件自己并不感兴趣的事情。如果教师不设法让学生形成情绪高涨、智力振奋的内部状态，那么知识只能得到冷漠的回应，因为不动感情的脑力劳动只会带来疲劳。就算是最勤奋的学生，会有意识地集中自己的注意力去理解和识记教材，但通常也会很快地"越出轨道"，丧失理解因果联系的能力。这也正是一些学生上课一段时间后思维跟不上教师的原因。要使学生注意力高度集中，思维活跃，教师在课堂教学中就不能一味地平铺直叙，而需要经常做出改变，如讲故事、演示视频、组织游戏等，尽量避免单调的重复。

另外，教育心理学认为，在积极愉快的教学氛围中，学生接受知识信息的能力会明显更强，注意力更集中，思维更活跃，反应更迅速，记忆更持久。这就意味着，教师要经常变着花招进行教学，营造化学课堂教学的趣味场，让古板单调的教学方式变得更丰富生动，变沉闷的课堂氛围为积极愉悦，这样不仅能激活学生的注意力，延长学生课堂注意力集中时间，同时能激励学生乐而愿学，更大限度调动学生学习的积极性和主动性，最大限度地发掘出学生蕴藏的学习潜力。我对化学课堂教学中"趣味场"的构建做了一些尝试，效果很好。

一、语言生动幽默

苏联教育家米·斯特洛夫说过："幽默是教育家最主要的，也是第一位的助手。"课堂上，教师幽默风趣、绘声绘色的讲解可以极大地调动学生听课的兴趣。例如，在讲解"胶体"中胶体微粒通过吸附会带有不同电荷、容易发生聚沉的知识点时，我突然拿出一支钢笔，说："这支钢笔是我年轻的时候别人送的，它对我来说很珍贵。我一直用的是狗熊牌的黑色墨水。（学生大笑）可是现在没墨水了，今天我也没带墨水，急呀！听说咱班某同学在用英雄牌墨水（走到那个同学旁边），把你的墨水借我用用？"学生很大方地把他的英雄牌墨水递给我。走回到讲台，我突然变脸："英雄同学，你想害我呀！要是我吸了你的墨水，我的钢笔就报废了，写不出字了！""啊？"学生都很好奇。"英雄狗熊不是一家人呀！他的墨水可能带正电荷，我的墨水可能带负电荷，电荷一中和就会发生炭粒胶体的聚沉，笔就写不出字了！这与河流入海口容易形成富饶的三角洲是一样的道理呀！"学生哈哈大笑之余茅塞顿开。

又如在谈到化学键的成键原因时，我是这样说的："每一种微粒都希望电子排布达到稳定结构。离子键就是，活泼金属想失去电子，活泼非金属想得到电子，一拍即合，大家都开心！共价键就是，谁都不想失去电子，可又都缺几个电子才到达稳定结构，怎么办？最后谁低头妥协了呢？谁都想挺直腰板做人！两种非金属元素巧妙地选择了一种合作双赢的局面——'资源共享'（共用电子对），皆大欢喜！"用形象生动的语言，把看似神秘的分子结构与自然社会联系起来，既亲切自然，又引人深思。正所谓给知识注入生命力，知识因此而鲜活。

二、因势利导，巧于点拨

在教学中，捕捉时机，灵活而有分寸地因势利导，常会获得意想不到的效果。在教授离子方程式新课时，有学生在黑板上写了这样两条离子方程式：$CuSO_4 + Ba^{2+} = BaSO_4 \downarrow + Cu^{2+}$ 和 $Fe^{2+} + Cl_2 = Fe^{3+} + 2Cl^-$。评讲时，针对第一条，我在 $CuSO_4$ 下方画一条线，故意皱着眉头说："人家想分开，你干吗非逼着人家凑在一起呢？这不是强人所难吗？"学生哈哈大笑，轻松记住了可溶盐要拆成离子。对于第二条，我双手一摊，做出一副无可奈何的样子，说："这式子我实在不愿改。"学生顿感好奇，我解释道："不是我对某同学有成见，而是他的溶液带电，他不怕触电，我怕电着。"这时学生恍然大悟，原来该离子方程式"电荷不守恒"。这样的教学形式，刺激强烈，效果显著。

三、善打比喻，化难为易

化学是一门研究微观世界和宏观物质相结合的科学，有些理论学生很难理解，教师也很难描述清楚。教学中，教师如能引用一些学生熟悉、富有情趣的事例作比喻，化抽象为具体，变深奥为简明，就能很好地帮助学生理解复杂的化学问题。如选必 1《化学反应原理》讲到强、弱电解质的比较时，我以一元强酸和一元弱酸做对比，把它们分别比喻成乐善好施的大方人和抠门的小气鬼，大方人有 100 元就捐出 100 元，小气鬼有 100 元却只愿意捐出 1 元，如果他们现在刚好有 100 元，问捐出来的钱分别是多少？如果他们现在都捐出了 100，那他们本来身上应该有多少钱呢？这样学生就深刻理解了浓度都为 1mol/L 的盐酸和醋酸电离出氢离子的浓度关系，以及 pH 相同的盐酸和醋酸的浓度关系。

再如必修 1 讲到周期律中金属性和非金属性的比较时，学生比较难理解"单质的氧化性（还原性）越强，则对应离子的还原性（氧化性）越弱"的知识点。我就给学生列举他们熟悉的骑自行车的感觉："如果是下坡，骑起来啥感觉？"学生回答："轻松、省力！飞一般的感觉！"我又问："反过来，上坡呢？"学生说："费劲，要消耗比较多的力气。"这样学生就能很容易地理解了。

四、巧妙新颖的新课引入

新课的导入是教学全过程的开端，它正如电影的序幕一样，可以引起学生的注意，激发学生的兴趣。化学小故事能抓住学生的心理，从一开始就吸引住学生的注意力，燃起学生智慧的火花，使课堂气氛很快进入活跃期。如在讲元素周期表的时候我绘声绘色地给学生讲了门捷列夫发现元素周期表的故事及居里夫人发现镭的故事，讲离子反应的时候我用了《三国演义》中"绝路问津"的故事。实验是化学教学的有力武器，它有着自己独特的魅力，学生对有声有色的实验都有浓厚的兴趣，并怀有好奇心，所以精心设计一些涉及新课内容又富有启发性、趣味性的实验可激发学生的上课兴趣并引发其对新课教学内容进行思考。如教学盐类的水解时，我设计了这样一个趣味实验：用一支大试管取 10mL 的 NH_4Cl 溶液，加入打磨好的镁条，一加进去马上会发生剧烈反应，产生大量气泡并伴有嘶嘶的响声。然后我提问："为什么一个盐溶液能发生这个现象呢？"学生便兴趣大增。而讲二价铁离子和三价铁离子的相互转化时，我话不多说，分别往两支装有 $FeCl_3$ 溶液的试管中加了 2 滴 KSCN 溶液，试管中溶液由棕黄色变成了血红色，再往其中一支试管中挤入柠檬汁并振荡，溶液又由血红色变成了浅绿色。这样的教学形式，有趣生动，再加上实验颜色变化明显，视觉冲击很大，学生的注意力会被牢牢抓住，而且能激起学生探究和学习的兴致。

五、巧妙引导，以图代文

有些知识点的讲解不一定需要大量的文字，反而一张可爱的图片会使学生耳目一新。如讲四种基本反应类型（化合反应、分解反应、复分解反应、置换反应）与氧化还原反应的关系时，我和学生一起画出了一张可爱的"猪笑脸"图（见图1），使学生记忆深刻。我曾经听过特级教师柳文龙的一场报告，他在"卤族元素"复习的教学中巧妙引导学生如何归纳繁杂的知识点，根据学生的描述在黑板上画了一棵树的形状（见图2），然后，便开始了解说：三条"树根"分别代表卤族元素的相似性（原子最外层均有7个电子、均能形成氢化物等）、递变性（即自上而下，随电子层数的递增，原子半径逐渐增大，核对外层电子的吸引力逐渐减小，氧化性逐渐减弱，气态氢化物的稳定性越不稳定等）、特殊性（如氟单质及其氢化物的特性，碘单质的升华及其与淀粉的作用等）；"树干"中的"节"分别代表氟、氯、溴、碘、砹五种元素；"树枝"向两边衍生的分杈代表物质间的相互关系，以氯及其化合物为代表；常见重要物质的性质、制法和用途，分别以"绿叶""红花"和"果实"点缀于树枝的杈点上。这俨然就是一棵"知识之树"。这样的引导和过渡自然流畅，让人耳目一新，不仅给知识的学习过程注入了生命和活力，也使学生感受到了化学的结构美和内在美，这样的方法使学习有血有肉、易记易学。这样的设计何其巧妙，不得不令人佩服呀！

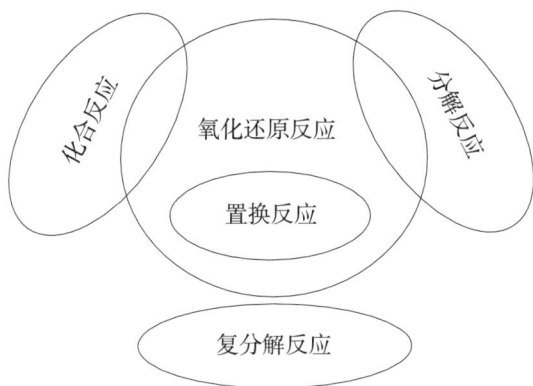

图1　四大反应类型与氧化还原关系图

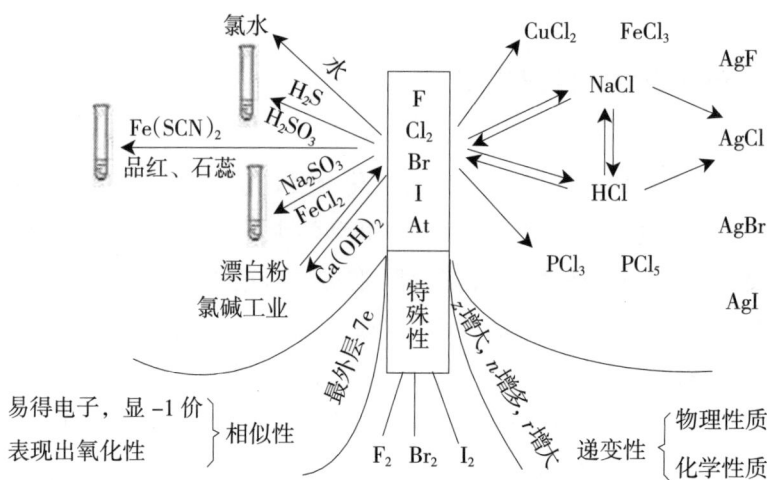

图 2　卤族元素知识之树

　　营造化学课堂教学趣味场，不是刻意的搞笑，而是结合教学内容和学生心理，用更多样的教学方法在准确传授知识的同时充分调动学生的积极性和课堂专注力。在这样的课堂氛围中学习，学生注意力高度集中而且心情舒畅、乐于学习，在轻松、愉快和笑声中获得人生的启迪，得到心智的训练，变机械学习、被动模仿为心领神会、主动思考，这样的课堂怎么能不高效呢？

基于"证据推理"的"四不"活力课堂探索

如何有效开展新高考选科走班背景下的化学教学？通过研究《中国高考评价体系》和近三年的高考化学试题，我们不难挖掘到一些关键信息：立德树人、学科素养、关键能力、情境教学、应用性、创新性。再看《普通高中化学课程标准（2017年版）》中明确提到化学学科核心素养有五个维度：宏观辨识与微观探析、变化观念与平衡思想、证据推理与模型认知、科学探究与创新意识、科学态度与社会责任。由此可见，基于证据的推理能力是新高考中的关键能力和必达的学科核心素养，是学生探究问题和解决问题的关键能力。同时，在《中国高考评价体系》和学科核心素养的指引下，新教材已经迅速做出相应变化，增加了"方法指引""科学史话""信息搜索""科学与职业"等板块。可见，新高考选科走班背景下，教师要比以往更加注重立德树人，注重学科关键能力的落实，注重借助各种情境调动学生参与课堂，培养学生的应用能力、创新能力，尤其是证据推理与模型认知素养的落实，对培养学生的科学思维和辩证思维有非常大的帮助，是值得教师大展拳脚的地方。

我在中国知网以"基于证据推理的化学教学"为关键词进行检索，只检索到20篇论文，其中5篇是关于理论探究的，15篇是基于证据推理的化学课堂教学案例分享，所涉及的基于证据推理的案例主要集中在初三和高一，如《金属的性质》《海水资源的开发利用》《CO_2的教学》《酸碱中和反应》等，可见目前一线教师对证据推理能力培养的课堂教学研究并不是很多。近3年，基于立德树人的理念，我一直以"四不"为核心思想，通过巧设情境和实验，开展"证据推理"的高中化学"四不"活力课堂探索，取得了非常好的教学效果，本文分享自己以高二两本难度较大的教材《化学反应原理》和《有机化学基础》为教学案例的活力课堂教学实践和思考，这是对基于"证据推理"的化学课堂教学探索很好的补充，期望能抛砖引玉，为新高考化学教学提供有意义的借鉴。

一、推理能力教与学现状

整理、分析近几年学生的高考答题报表和答题情况时，我发现学生对记忆性的内容掌握得比较好，但是在新情境的推理分析、知识的综合应用和创新性方面比较薄弱，得分率都比较低，有时甚至答非所问。学生之所以存在知识的综合能力和创新能力薄弱的问题，一定可以从教师平常的教学中找到原因。我向佛山市 5 个学校的学生发出的化学教学问卷调查结果显示，面对新高考要求和学情变化，很多教师还是墨守成规、照本宣科，没有充分重视提升学生的新情境推理分析能力、知识综合能力和创新能力。学生在问卷中提出了期望：希望在平常的化学教学中，老师注重证据推理能力的培养，精心设计教学内容和呈现方式，发展学生的科学思维，提高学生的建模水平，促进"证据推理和模型认知"化学核心素养的发展。

二、活力课堂教学模式

何为"四不"活力课堂呢？活力的核心思想是"四不"：①学生自己能解决的问题教师不讲；②学生没有思考过的问题教师不讲；③学生通过讨论互助能解决的问题教师不讲；④有学生会的问题教师不讲（由会的学生来讲）。放手不是不管，而是教师要以学生为中心，把更多的问题放出去，让学生去探究、去交流合作、去展示分享，让学生身体动起来、思维转起来，课堂活起来。活力课堂中学生思维活起来是重点。我会基于学生已有的知识经验提出问题，引导学生发散思维，进行知识的横纵交织，从理论证据角度通过合适的推理方式提出自己的猜想或预测，再从实验角度设计实验对预测进行证实或证伪，最终结合适当的推理方式形成结论，取得了非常好的教学效果。

三、活力课堂实例

（一）在《化学反应原理》模块教学中落实推理能力的培养

《化学反应原理》是高中阶段学生觉得最难的一本书，比较抽象，对推理能力要求比较高。教师要搭建好知识台阶，注重引导学生思考[①]，让学生积极参与课堂，通过一系列问题和情境引导学生积极寻找证据，能从不同视角分

---

① 董香香. 构建活力课堂 让学生主动参与化学教学活动 [J]. 求知导刊, 2021 (12): 47 – 48.

析问题，推出合理证据，并基于证据进行科学推理，如能从宏观和微观结合上收集证据，能从化学反应原理和实验角度收集证据。

【课堂实例1】

在"水的电离与溶液的酸碱性"教学中，如果教师只是照本宣科，然后反复练习，学生应付平常考试问题不大，可是高考时情境变化了可能就会手足无措了，同时也会错过一次非常好的培养学生科学思维的机会。在这个知识点上我是这样创建活力课堂、培养学生的证据推理能力的：先提出问题①"水能产生自由移动的离子吗？你能否通过设计对比实验的方法做出验证推理？"学生通过讨论可以轻松设计出对比实验（见表1）并动手实验［证据1］。我趁热打铁，继续抛出问题②"水的电离很微弱？除了这个小实验，你还能找出什么证据来证明这个问题呢？"并给出已知条件：在25℃时，1L 水（密度为 1 000g/L）中只有 1×10^{-7} mol 的水分子发生电离，而醋酸的电离度大概是0.1%。学生思考、小组讨论后会提出［证据2］：纯水电离出的 H^+ 及 OH^- 浓度只有1×10^{-7} mol/L，$55.6 N_A$ 个水分子中才有 $10^{-7} N_A$ 个发生电离，说明水的电离程度比醋酸的电离程度要弱。［证据3］：已知 $pH = -\lg c(H^+)$。组织学生用 pH 计测纯水的 pH 值，为 7.0。算出纯水电离出的 H^+ 浓度，为 1×10^{-7} mol/L。证据4：水电离的平衡常数表达式。先和学生一起推导出：

$$K_{电离} = \frac{c(H^+) \cdot c(OH^-)}{c(H_2O)}, \quad K_W = K_{电离} \cdot c(H_2O) = c(H^+) \cdot c(OH^-)；$$ 然后提供

实验测得数据：在室温时水中 $c(H^+) = c(OH^-) = 1 \times 10^{-7}$ mol/L，$c(H_2O) = 55.6$ mol/L；最后提问："你能算出水的离子积常数 K_W 吗？和 $K_{醋酸} = 1.75 \times 10^{-5}$ 比较，你获得什么结论？"学生通过计算分析、实验设计、小组交流碰撞和归纳分享，可寻找到多个证据，从而非常深刻地理解水微弱电离的内涵，而且最关键的是我是在引导而不是在灌输，学生的习得过程很愉悦。这正是活力课堂的魅力所在呀！

表1　导电对比实验

实验	1	2
操作	接灯泡	接灵敏电流计
现象	不亮	指针偏转
结论	水能导电，但是产生的自由离子极少	

【课堂实例2】

在高二选必1第一章"盖斯定律"的教学中，我没有直接给出盖斯定律的内容（不管化学反应是一步完成或分几步完成，其反应热是相同的），而是引导学生从三个角度入手论证盖斯定律、进行证据推理，使学生更好地理解内容，提高其模型认知和证据推理的能力。我设置了三个推理问题并发动学生小组讨论互助，学生非常活跃，上台分享的学生表现很出彩。问题①为生活模型［证据推理1］——"你和家人通过三条不同途径从山下 A 点到山顶 B 点，你觉得三条途径的海拔高度是什么关系？（如图1）你能否从登山的生活实例类比论证盖斯定律？"问题②为能量模型［证据推理2］——"图2中 ΔH_1 与 ΔH_2 有什么关系？（a）请你从物质变化和能量变化角度分析，为什么 $\Delta H_1 + \Delta H_2 = 0$？（b）你能否用数学反证法证明 $\Delta H_1 = -\Delta H_2$？"问题③为化学模型［证据推理3］——"已知：① $H_2(g) + \dfrac{1}{2}O_2(g) = H_2O(g)$　$\Delta H_1 = -241.8\text{kJ/mol}$；② $H_2(g) + \dfrac{1}{2}O_2(g) = H_2O(l)$　$\Delta H_2 = -285.8\text{kJ/mol}$；③ $H_2O(g) = H_2O(l)$　$\Delta H_3 = -44.0\text{kJ/mol}$。议一议：①式和②式有什么相同之处和不同之处？分析数据，ΔH_1、ΔH_2、ΔH_3 之间有什么关系？"

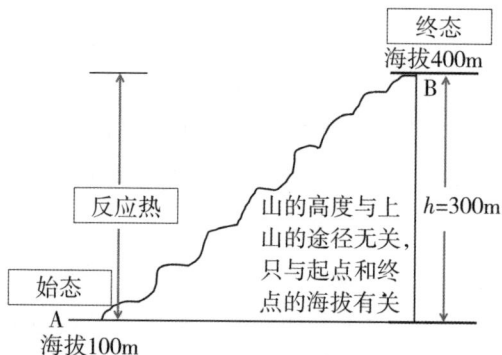

图1　生活模型

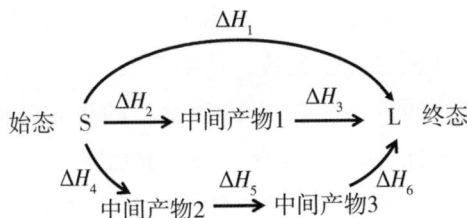

$$\Delta H_1 = \Delta H_2 + \Delta H_3 = \Delta H_4 + \Delta H_5 + \Delta H_6$$

途径2：经两步反应到达终态

途径3：经三步反应到达终态

…………

图2　能量模型

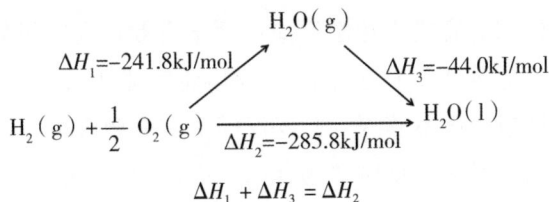

$$\Delta H_1 + \Delta H_3 = \Delta H_2$$

$$-241.8kJ/mol + (-44.0kJ/mol) = -285.8kJ/mol$$

图3　化学模型

【课堂实例3】

"离子反应"中一个核心的概念是电离，怎样发动学生动起来共同建构一个理论模型——电解质在水溶液或熔融状态下电离出自由移动的离子？通过精心设计，我提出5个连环问题，引导学生共同收集了3组实验证据、2个化学史实、2个生活证据进行共同推理，课堂充满了活力。我首先提出问题①"氯化钠固体和氯化钠溶液在微观组成上有什么相同和不同？"问题②"氯化钠是否在通电条件下才能发生电离？如何证明氯化钠溶液中确实存在自由移动的离子？你能通过实验加以证明吗？"学生通过小组讨论，引入［实验证据1］：氯化钠溶液和氯化钠固体的导电对比实验（学生实验）。追问问题③"氯化钠溶液能导电是氯化钠电离出的钠离子和氯离子的作用，还是水电离的氢离子和氢氧根离子，实验1能证明导电的是钠离子和氯离子吗？"学生又通过交流提出［实验证据2］：增加氯化钠溶液和氯化钠固体的导电对比实验。继续追问问题④"除了水溶液，还有什么其他方法使氯化钠导电？"以此来突破学生的迷思概念。［实验证据3］：熔融氯化钠的导电实验是一个创新实验，是在氯化钠固体不能导电的基础上，改用甲烷煤气灯加热至氯化钠固体熔化（1 分钟），电流表指针便会发生偏转，证明熔融的氯化钠可以导电。此时再插入科学史话［历史证据］——"电离理论"的建立过程：a. 阿累尼乌斯的电离理论的提出和论证。b. 1807 年，戴维成功电解了熔融的苛性钠，在实验中他注意到熔融的盐和碱是很好的导体。问题⑤"为什么运动后或者拉肚子常常需要补充电解质呢？"［生活依据］：因为运动后或拉肚子往往会造成电解质流失，补充电解质最常用的办法就是喝盐水，NaCl 溶液能够有效补充身体流失的钠离子和氯离子，迅速缓解体内的电解质平衡。

（二）在《有机化学基础》课堂教学中落实推理能力的培养

我在高中有机化学的教学实践中发现，学生觉得学习有机化学困难，主要是因为其在机械记忆有机物化学反应，而未有效建立有机物官能团与其性质间的关联，究其原因还是在于未能正确构建官能团特征反应的认知模型，对官能团结构和性质认识不够深入，仅仅停留在典型有机物特征反应"是什么"的层次，没有上升至该物质"为什么"，导致在"怎么用"阶段卡壳了。如何有效关联有机物官能团与其性质呢？我认为需要创设合理的体验式、探究式学习情境，打造活力课堂①，让学生在互动及尝试解决问题的过程中发展学科核心素养；通过问题引领、引导学生树立证据意识，利用证据对物质组成、结构、变化提出相关的假设，通过层层分析、逐步推理来证实自己的假设；引导学生利用各种模型（生活模型、实验模型等）来解释化学现象、验证化学规律。

【课堂实例 4】

在教学"芳香烃　苯"时，苯的结构很特殊，如果采用满堂灌的形式教学，学生就会懵懵懂懂，在后面的学习中屡屡碰壁。而如果采用探究模式，放手让学生动起来，构建活力课堂，它就会成为培养学生证据推理思维非常好的教学契机。我设置了探究活动"如何证明在苯分子中不存在碳碳单键和双键的交替结构？你们小组最多能找到几个证据？"学生很兴奋，通过小组交流互助，居然最终找到了 4 个证据。［证据 1］实验证据：苯不能与溴水反应而使其褪色；不能使酸性高锰酸钾溶液褪色。［证据 2］结构依据：苯是正六

---

① 徐祥. 巧拨妙引，点燃激情：高中化学活力课堂的构建［J］. 高考，2018（23）：199.

边形分子，6 个碳碳键长相同。苯分子中碳碳键长都相等，为 1.40×10^{-10}m，是介于单键和双键之间的特殊键。因为碳碳单键键长为 1.54×10^{-10}m，碳碳双键键长为 1.34×10^{-10}m。[证据 3] 同分异构体角度：苯的邻二取代物没有同分异构体，只有一种结构。如苯环为单键和双键的交替结构，则苯的邻二取代物有两种，所以苯只能是正六边形。[证据 4] 谱图证据：苯分子的 ^{1}H 核磁共振谱图只有一个峰，说明苯的 6 个氢原子所处的化学环境完全相同。

在活力课堂中，我常为学生的智慧和能力叹服。一旦构建了推导有机物结构的证据推理思维模型，遇到类似的问题，学生就有迹可循，能够轻松突破。比如再遇到确定甲烷分子的空间结构等问题，学生就可非常轻松地类推出两条证据：[证据 1] 键角为 $109°28'$，[证据 2] 甲烷的二氯代物 CH_2Cl_2 没有同分异构体。

四、问题与思考

化学学科素养的养成不仅需要掌握结构化的化学知识与技能，更需要在学习过程中形成科学态度、养成科学思维习惯。证据推理、模型认知是非常重要的科学方法，模型认知的建构其实就是综合运用科学方法的过程，而科学方法的运用离不开有理有据的推理。

教师可通过引导学生从实验探究活动、结构角度、反应原理的理论角度等多角度入手，使学生抓住证据提出假设，不断形成认识上的冲突，设计合理方案验证，获得科学探究的方法。在证据意识的牵引下，学生疑问有依，论证有据，可逐步养成证据推理的习惯，构建证据认知模型。在课堂教学中要让学生养成证据推理意识，教师在教学中不能一言堂、满堂灌，要学会放手，给学生多些舞台，让其多动脑多展示，让课堂活起来，有活力的课堂散发出的魅力自然会吸引学生爱上化学，何愁能力的培养难以落实呢？

巧用实验探究法，打造新高考高中化学活力课堂

受传统教学模式的影响，学生的动手及思维能力的发展存在一定的局限性，在此情势下，为了使教学模式更加高效，优化和完善教学内容，在新高考背景下构建高中化学课堂内容的过程中，必须强调学生对化学这门课程的学习兴趣，激发学生的学习潜能，使其在课堂上能够更加主动、更加积极，以进一步密切师生之间的互动关系，让化学课堂充满活力。实验是化学最有利的学科工具，有效利用实验探究是当前教学发展的必然趋势，也是打造新高考化学活力课堂的好武器。

一、实验探究法的构建基础

（一）教学理念的更新

为了更好更高效地应用当前实验探究式教学模式，在进行课程内容讲述时，必须对当前的内容做进一步深化改革，严格根据新课程标准的相关内容进行分析。教师要秉持先进的教学发展理念，转变自身的思想，不管是日常课程内容的教案书写，还是理论知识的讲述，都要站在学生的角度进行阐述和开展，让学生能够有效吸收化学知识，能够在课堂时间内掌握知识，并且能够独立自主地完成实验。在教师的精彩课堂设计和有效引领下，实验探究式教学模式可使课堂氛围更加有趣，让更多学生被化学实验的魅力深深吸引，这能更好地提升化学教学质量。

（二）学习兴趣的激发

改革后新教材上的实验都非常经典，其背后的功能强大，教师一定要重视发挥化学实验的功能，让它为增强学生的化学学科素养服务，为提升课堂活力服务。能开展的实验，教师应尽量开展，而不是只靠嘴巴说或让学生看网上的实验视频；课堂演示实验中，学生能做的部分尽量让学生来完成，而不是让教师唱独角戏；能设计成探究实验的就设计成探究实验，而非演示实

验。在各种化学课程内容的讲述过程中，教师必须秉持公平、民主的教学发展原则，与学生进行问题的讨论和分析，在课堂上要通过多种形式进行优化，充分激发学生对化学这门课程的学习兴趣，营造一种良好和谐的学习氛围，激发学生学习的积极性和主动性，有效培育和激发其开放性思维，强化其对化学问题的解答能力。

（三）化学实验室的硬件设备

对于部分学校来说，之所以会出现实验教学质量无法得到保障的问题，其根本原因是教学的硬件设施存在问题，为了使实验探究教学法得到有效应用，当前高中化学课堂硬件设施不足的问题亟待解决。好的教学条件，能够给予学生更多可操作的机会，这对学生自身创造性思维的发展具有积极的影响。为此，必须重视硬件设备的投入，以更好地服务于当前的课堂。

二、实验探究法在当前高中化学课堂中的应用

（一）明确实验主题

对于高中化学这门课程来说，实验是必不可少的环节，而实验探究法可以很好地培养学生的探究能力、实践操作能力，有助于提升学生化学学科核心素养。要用好实验探究法，就必须先明确化学实验探究的主题，这样才能够确保后期操作的顺利。提出实验主题时，教师要通过准确精练的语言和科学指导使学生理解当前的实验主题、实验目的，以及实验的注意事项和实验器材的选择。另外，教师也可以在课堂上给学生设置多种实验问题，这样既可让学生在问题的驱使之下进行探究、分析，也可为学生自身认知水平的提升奠定基石，这样能够在无形之中培育学生的感悟能力，进一步强化学生的实践操作能力。

（二）重视实验探究的过程

高中化学教师需对学生进行有效引领，使其能够自主地进行实验操作，在学生了解和充分掌握教材上的实验内容以后，再进行操作和实践，这样可为学生动手实践操作水平的提升创建有利的平台，与此同时，学生在具体的实验操作过程中也能够大致了解实验的准备步骤和注意事项，能更好地了解不同化学物品在使用过程中的特征、发生的化学现象，从而能强化学生对化

学物品的认识。同时，教师在对学生进行引导的过程中，也要对其所操作的一些实验细节及现象进行及时记录，促使其能够更加深入地了解和分析化学这门课程的体系，以此激发学生对化学这门课程的学习积极性和主动性。

具体的化学实验操作，有助于深刻掌握整个探究历程。以"化学能与热能"这一节为例，在教学时，首先要让学生明确本节是关于化学能与热能的内容，在进行实验操作的过程中，让学生知道化学在提高能源利用率及能源开发上有着突出的作用和贡献，以便为其搭建正确的科学能源观，体会化学这门学科的实际价值。在操作的过程中，要让学生进一步去了解化学反应中能量变化的主要表现，进而对吸热及放热的概念有大致的了解。

具体的活动探究，有助于学生在整个实验操作的过程中形成新的认识，进而了解和感知化学能及热能之间的转化关系，体会到定性及定量的实验方式。本次实验操作的教学重点是将化学能及热能之间的内在联系及相互转换作为探讨的关键点①。在教学吸热及放热反应的相关概念时，教师一定要进行正确的引导，使学生能够更加清晰、透彻地掌握该节内容，在进行具体的实验操作时要降低难度。在开始操作本实验之前，教师可以对学生进行提问："目前主要使用的能源有哪些？新能源主要指的是什么？在新能源开发及利用的过程中，化学应在哪方面做出努力？木材在燃烧时会发生什么样的变化呢？"通过提出这些问题，引出相应的课程内容。在实现探究之后的归纳阶段，学生完成相应的实验操作以后，必须对实验操作的步骤进行记录，及时地归纳和分析，对其实验的现象、猜想的结论进行总结，根据所观察到的实验现象与教师进行沟通和探讨，强化对化学课本知识的了解，以便在后期遇到类似的实验问题时能够进行有效解答②。

以"乙醇"的教学为例，我抓住核心知识点将这节课设计成以实验探究为主线的活力课堂，并将本节内容环环相扣地铺开，一气呵成。在设计实验、合作实验和归纳展示的过程中，学生沉浸于探究的快乐里，很有成就感，创新思维得到提升，课堂充满了活力。探究任务①：乙醇的物理性质。快速鉴别三瓶丢失标签的溶液（水、二锅头、75% 的医用酒精）及用酒精喷写的油性笔字迹——"爱心"。探究任务②：乙醇的分子结构。先让学生对乙醇的分子式进行猜想，组装两种可能的分子模型，然后通过对比钠与水、钠与乙醇、钠的保存实验现象，让学生有理有据地推导出乙醇的分子结构，从而自然而

① 王宇伟. 创新实验探究法在中学化学教学中的实施 [J]. 云南化工，2018，45（5）：253-254.
② 贾雪梅. 二氧化碳性质的实验创新及教学过程设计 [J]. 文理导航，2019（26）：45，47.

然地推导出乙醇和钠反应的方程式及比例关系。探究乙醇分子构型时，我采用了水果拼插的方式来进行，学生非常有新鲜感。探究任务③：乙醇转变成乙醛。先通过酒在人体内的一个变化过程，引出乙醇逐步氧化的过程。乙醇的催化氧化，我采用了一个常规铜丝分组实验和两个创新实验的方式来呈现，让学生耳目一新，兴趣高涨。探究任务④：乙醇转化为乙酸，先通过交警测酒驾引出乙醇被强氧化剂直接氧化成乙酸，然后让学生动手体验乙醇与酸性高锰酸钾和酸性重铬酸钾的变色实验。探究任务⑤：汽车也喝酒。用乙醇汽油的小视频引出乙醇的燃烧，最后让学生根据乙醇的性质推导出乙醇的丰富用途，建立"结构→性质→用途"的有机物学习模式，构建很好的思维模型。

（三）实验的结论思考

在应用实验探究法时，为了能够更好地激发学生的学习潜能，使其在操作的过程中能够主动地去思考、分析，在让学生进行及时归纳和总结以后，教师可以通过一系列的提问使其对当前实验操作的相关内容进行深入思考，并可在教师的有效引领之下提出自己的观点和想法，教师对其提出的问题进行进一步点评，让学生发现自己在整个实验操作过程中存在的不足。

以"甲烷"的教学为例，本节是要让学生对甲烷的原理及操作的技术实验，制作的方式，甲烷的物理性质、化学性质有一个更加深刻的理解，学生制取甲烷以后，得出相应的化学反应式，根据烷烃的性质及特征进行分析，了解当前实验操作过程中的试剂及仪器①。实验操作后，对学生提问："甲烷在空气中燃烧时火焰呈什么颜色？烧杯内壁如果有水生成，说明甲烷燃烧的产物是水吗？如果杯壁中有一层白膜生成，那么燃烧的过程中有什么样的气体产生？我们生活中使用的天然气的主要成分是什么？为什么在实验操作的过程中要保证试管干燥？为什么要让试管全部开始加热？"这一系列的提问能让学生再次记忆并巩固实验操作的全过程，强化对知识的了解，更好地掌握甲烷的颜色、气味、物理性质等，从而在后期学习时仍印象深刻②。

当所有实验结束以后，教师可以放手让学生自己进行总结，然后对学生所总结的话语进行补充和说明。学生可从"今天的实验中，我成功的关键是什么""失败的原因是什么"等方面出发归纳本节课所学的重要知识点。通过及时总结这些内容，学生能更加明确本节课的重点、难点，这对学生动手能

---

① 张为明. 新课程理念下高中化学有效教学的思考［J］. 数理化解题研究，2016（30）：77.
② 丛莉. 浅谈高中化学实验教学策略［J］. 中国校外教育：上旬，2018（16）：123.

力、实验设计能力、总结归纳能力、表达能力及思维能力的培育都有积极影响，而且因为有更多的机会参与课堂，学生的化学课堂学习兴趣也会变得浓厚。与此同时，还能够让学生养成一种安全意识、环保意识。

三、结束语

新高考选科走班背景下学生有了更多的学科选择权，高中化学课堂如何更有魅力？如何能吸引更多的学生爱上化学并有效落实化学学科核心素养？对于这些问题，借助丰富多彩的化学实验无疑是一个好方法。教师抓住核心知识精心设计实验探究可以充分调动学生的积极性，使其投入课堂。实验探究法相对于其他教学模式来说有着明显的教学发展优势，该模式既能够更好地强化学生对基本知识的了解，还能够更好地激发学生的学习积极性和主动性。教师与学生之间的共同配合、共同成长，能够为当前高中化学活力课堂的建构创建有利的平台。

巧借问题导学，建构新高考下高中化学活力课堂

化学与人类的衣、食、住、行及能源、信息、医药卫生等方面都有密切的联系，它是一门实用的学科。让高中生学习化学，不仅仅是为了应付考试，最终目的是让学生在教师的有效引领下学习化学理论知识之后，用这些知识去解决生活中的一些现象，为生产生活服务。教师在对日常教学内容进行讲解的过程中，必须重视其教学模式。问题导学的方式可将知识重点、难点分解，恰如其分地引发学生的深度思考，让课堂活起来，使教学质量得到保障、教学效率得到提高。

一、高中化学课堂的现状及问题导学法的重要性

从其现状来看，当前高中化学课堂的整体氛围相对比较沉闷，一方面是因为学生对教师的授课模式不感兴趣；另一方面，也是主要原因，就是学生不知道如何理解教师所讲解的理论知识。这种情况一方面会导致当前的教学任务无法有效完成，另一方面会对学生学习化学知识的进度产生一定的消极影响。对于大部分学生来说，如果不是考试的要求，根本不会想去学习化学这门课程。也就是说，学生在思想上对化学的学习不感兴趣，再加上其难度增加，很多学生会出现一种厌倦的心理现象。一部分化学教师在进行日常授课时，模式单一，教学内容比较枯燥乏味，基本上都是通过口头陈述的形式进行讲解，这会导致学生在学习的过程中不知道如何解答实际问题，理解抽象概念时存在诸多的困惑。

从化学学科的重要性来看，高中化学这门课程一方面是要让学生学习基本化学概念、理论知识；另一方面，还要在学习过程中使学生养成良好的学习态度和科研方法。要发挥化学的这些功能，就要让学生参与到化学课堂中去，喜欢上化学。可是，在学习一些抽象的知识时，很多学生会产生一种畏难的心理，不敢去分析，不敢去探究，因此，化学这门学科的魅力也无法真正地体现出来。这个时候，高中化学教师要对学生进行积极引导，逐一解决其存在的问题。也就是说，教师在进行日常内容授课的过程中，可以借助问

题导学法对教学方法进行更新和优化，通过问题的形式进行引领，使学生能够主动去思考、分析，在问题的驱使之下进行实验操作，以此验证自己的结论。这一系列教学任务的安排，一方面能够更好地强化学生的逻辑思维，使其动手能力及分析观察能力都得到提高；另一方面，也能够使学生对化学这门学科产生浓烈的探究兴趣，在问题的驱使下跟着教师的节奏开动脑筋思考，从而加强对化学的学习自信心。这种形式的学习能够让学生更好地参与到化学课堂中，脑筋转起来，促使学生不断进步，这种思想火花不断碰撞的活力课堂满足当前素质教育的发展要求和目标。

二、问题导学法在高中化学课堂中的主要应用

（一）利用情境进行提问

某些高中化学教师认为，提问会浪费课堂时间，会影响教学进度，或者是所提出的问题达不到预期效果，因此，他们会选择不提问或简单带过。其实，教师在具体的情境中进行提问能够促使教学效果达到最佳。教师在进行提问时，首先要给学生营造一个相应的学习情境，使学生在此驱使之下能够有一种亲自参与的感受，这种形式的学习体验更加丰富、有趣、生动，而且学生也非常乐意去学习。以"来自石油和煤的两种基本化工原料"为例，这一节能够强化学生对石油及煤的整体认识，对此，教师可以在上课之前搜集有关石油及煤的图片或视频资料作为引入，让学生观看，并设计系列问题对学生进行提问，让学生在思想上对其有一个基本的了解；之后再对石油及煤这两种化工原料在生活中的应用范围、重要性进行深入分析，使学生在此前提下进行相关内容的学习，为后期相关内容的学习做好铺垫①。

（二）结合生活解决问题

学习化学这门课程之后，理解了基本概念等理论知识，便能更好地将其运用于生活世界，去解决生活中的问题。教师可以充分利用这一特征，将所学的理论知识与实际生活相结合，使学生在了解化学理论知识的基础之上与生活中的化学现象进行联系。这样，学生就能够对学习内容掌握得更加牢固，

---

① 冯志健.基于化学实验培养高中学生创新精神的实践探索［J］.文理导航，2019（32）：53，56.

分析得更加透彻，这对其自身能力的提升具有积极的影响。与生活中的一些常见现象进行联系，能够更好地转变学生对生活的态度及观念，也能促使其生活方式更加科学化、合理化，与此同时，还能够让其更好地理解化学的概念、含义及作用，更好地实现当前活力课堂构建的发展目标。

　　以"乙醇"这一部分为例，教师可以基于学生生活中对乙醇的认识进行分享，让学生大胆地陈述自己对乙醇的认识。以"乙醇汽油的利与弊"为话题进行探讨，引发学生对社会问题的思考及警醒，强化学生的辩证意识，使其在共同探讨及分析的过程中，意识到乙醇与生活的密切关系。然后在这一基础之上，对乙醇的物理性质及化学性质进行讲解，在对物理性质进行讲解时，教师可以让学生观察乙醇的颜色、气味，并根据自己的生活经验对结论进行分析。在对乙醇的化学性质进行讲解时，教师可以对学生进行提问："乙醇的分子式是什么？它的结构又是怎么样的呢？能否通过物质的性质推断出物质的结构呢？乙醇的化学是如何断键的？把无水乙醇滴到加热的铜片上，为什么可以看到斑斓的颜色变化？将一根加热的铜丝从外焰移到内焰，为何会从黑色变成红色？"提出这一系列问题之后，再让学生进行实验操作，有助于对实验内容进行强化巩固[①]。在学习化学的过程中，学生不仅要主动关心自己的实验结果，还要对整个实验的过程进行及时记录和分析。实验结束以后，教师要对学生进行提问："本堂课中你的收获有哪些？学到了什么知识？学习完本堂课有什么样的感受？"在此基础之上给学生布置相应的作业，比如说将本节课的知识应用于实际生活中，或者是让学生收集多种资料。这种作业能够更好地加深化学与生活之间的联系，也让学生在无形之中感受到化学这门学科的无处不在及重要性。提问结束以后，教师可以对乙醇的物理性质和化学性质进行罗列，用清晰的思维框架图理清和说明它们之间的逻辑关系，以更好地激发学生的学习记忆力[②]。

（三）在交流中进行问题的深入探讨

　　在应用问题导学法的过程中，进行基本问题的解答，可以进一步拉近教师与学生之间的关系，并能在交流及分析的过程中有效解决学生的疑惑。一个人的知识，仅仅是个人的知识，但是在两个人甚至多个人的共同交流和探讨中，就会变成两个人或多个人的知识。在学习高中化学这门课程时，如果

①　李兆俭. 有效开展高中化学实验教学的策略探究［J］. 考试周刊，2020（33）：131 – 132.
②　林德武. 基于新课程理念下高中化学教学的创新［J］. 考试周刊，2019（49）：165.

学生一味地埋头苦干，不管他多么努力，最终的学习成果仍旧是他个人的，但是如果在同伴遇到困难或者有疑惑时进行交流和探讨，就能够更好地吸取他人的建议，掌握更多的学习技巧，将问题的探讨变得更深入，从而可完善一个人进行学习的过程中所存在的不足。在"盐类的水解"第一课时的教学中，我设计了 5 个探究问题进行环环相扣的导学，极大地激发了学生的兴趣，难点突破效果好，课堂充满了活力。探究问题①："盐溶液一定是中性的吗？为什么氯化铵溶液和镁条反应有气体放出（实验引入)？"探究问题②（在学生完成几个不同类型盐溶液的 pH 值后)："盐溶液的酸碱性与盐的类型有什么关系？"探究问题③："为什么不同类型盐溶液的酸碱性不同，它们对水的电离平衡有什么影响？"探究问题④："通过讨论分析归纳出盐类水解的定义。"探究问题⑤："探究盐类水解的条件是什么？反应实质是什么？有何规律？"最后结合各个小组探究的结果，学生自己归纳出了盐类的水解规律："谁弱谁水解，无弱不水解；谁强显谁性，都强显中性；越弱越水解，都弱双水解。"这比教师满堂灌的效果要好得多。

三、结束语

问题导学法的有效应用，一方面能够更好地激发学生对化学的学习欲望，另一方面可以更好地分解知识难点，提高教学质量。为此，教师必须重视问题导学，并不断优化自己设计有效问题的能力，提出的问题既要符合学生的认知，能激发学生的兴趣，又要巧妙地分解教学重难点，这样化学课堂才会更高效、更充满活力，也才会使更多学生感受到化学学科的魅力。

"四不"活力课堂显精彩

通过观察反思,我发现目前教育存在的问题有:重教有余,重学不足;灌输有余,启发不足;复制有余,创新不足。其实教学的艺术不在于传授本领,而在于激励、唤醒和鼓励。能用自己的一杯水,引出学生源源不断流水的教师才是优秀的教师。新一轮课堂教学改革的号角已经吹响,所有一线教师都应该行动起来,参与到这场改革中去。我愿意当第一个吃螃蟹的人,我希望自己是一个有教学特色的教师,因此我刻不容缓地投身到了这场课堂革命中。我的课堂改革目标是:让学生成为课堂的主人,让课堂变成激情飞扬的舞台。反复对比分析当今课改枪声最响的洋思模式、山西新绛模式、重庆凤鸣山模式等名校的课程改革经验之后,结合本土学生实际,我探索出了自己的特色课堂——"四不"课堂。这是一次大胆的探索和实践,是清醒又稳妥、理性又积极的深度思考。通过"四不",把学生推向课堂的舞台,让更多的学生有思考、展示的空间,让小组学生间的友谊更深,但这也更考验一个教师的课堂掌控力。

"四不"课堂的理论根据在哪呢?来自三个成熟的理论——布鲁纳的发现学习、布鲁姆的掌握学习和夸美纽斯的理想教育[①]。发现学习是美国心理学家布鲁纳积极倡导的一种学习理论,是指在教师不加讲述的情况下,学生依靠自己的力量去获得新知识、寻求解决问题的方法。发现学习的主要特点是学习的内容不是直接向学生提供的,而是要学生自行发现,然后将发现的内容内化。它的优点是:学习者亲自发现事物的关系和规律,能使学习者产生幸福感和自信心,从而提高学习者学习的积极性;学习者自己把知识系统化、结构化,所以能更好地理解、掌握和记住学习的内容,也能更好地运用所学的知识[②]。掌握学习是以美国心理学家布鲁姆为代表所倡导的一种学习方法。其核心思想是:只要提供最佳的教学资料并给予足够的时间,多数学习者都能获得优良的学习成绩,就是说能够学好。教育家夸美纽斯则在《大教学论》

---

① 吴崇光. 教学心理 [M]. 广州:广东教育出版社,1993:35.
② 吴崇光. 教学心理 [M]. 广州:广东教育出版社,1993:37-38.

中描述其理想的教育是："找出一种教育方法，使教师因此可以少教，但是学生可以多学；使学校可以因此少些喧嚣、厌恶和无益的劳苦，独具闲暇、快乐及坚实的进步。"把这三个理论结合起来，我们可以获得这样的信心：只要提供足够的时间，运用适当的设计，提供必需的资料和条件，学生完全可以依靠自己的能力去获得新知识、寻求解决问题的方法。所以在教学活动中，教师在精心设计和引领的基础上，大胆放手，让学生去学、去探索、去实践，一定可以创设以自身兴趣和内在需要为基础，以主动体验和探索解决问题为特征，以促进主体创新意识和能力发展的课堂实践。理论已经成熟，关键就看行动了。以下是我的"四不"课堂的整个推行过程。

一、思想碰撞，点燃课改

既然改革的目标是"让学生成为课堂的主人"，就一定要先得到学生的共识。为此，我举了尼格买提的例子，先让学生就《星光大道》这个节目展开讨论，在学生深度讨论并进行热烈辩论后，我巧妙点评道："尼格买提虽然只是一个主持人，但他主持的《星光大道》走出了很多优秀的人才，因为他把舞台留给演员，让他们充分展示自己！珠姐愿意当尼格买提，给你们一个足够大的舞台，所以，你们会是下一个草根明星吗？你想成为更优秀的学生吗？从今天开始，化学课堂我们要进行大改革，你们要做课堂的主人，有没有信心跟随珠姐动起来？""有！"（全班齐声欢呼）"四不"课堂改革就此点燃！

二、重新组合，建立课堂模式

围绕学生是课堂主人的中心思想，我建立了特色方案——"四不"课堂。核心理念是：只要有一个学生会的教师就不讲，教会别人才是真正的会。要打破常规模式，一定要先解决学生分组、学生评价、小组管理几方面的问题。

（1）分组方法。6～7人为一组最佳，将学生按成绩（从高到低分4个层级）、性格（分外向、内向）、特长等不同特点组合，做到组内异质、组间同质。

（2）学习评价。①课堂原则：以每堂课的评价结果为依据。一节课需要教师讲解5道题的话，该节课视为不合格，所有加分取消，并随机抽两个学生来展示，公布答案的学生被其他学生找出两个以上错误的话，其加分资格就会被取消（自己后来再跑上讲台进行修改且正确的，加分有效）。小组捆绑管理，一损俱损、一荣俱荣，共同成长。②计分情况：自学环节独立思考，学习专注，保持课堂安静的，加 1 分；交流、讨论的，一人次扣 0.5 分；小组长不组织、不督促、不规劝的，扣 0.5 分。讨论环节组内成员热情互助，主动交流，互学有效的，小组加 1 分；发现了新问题的，视问题价值加 1～3 分；有游离于合作互学之外的，一人次扣 0.5 分；小组长不组织、不督促、不规劝的，扣 0.5 分。探究环节提出有见地的好方案或方法的，加 2～3 分；能举一反三或论证的，加 3～4 分。展示环节凡是敢于上讲台展示的都加 1 分；小组配合默契、积极提供帮助、补充及时的，加 1 分；在他组展示时，认真倾听、记笔记、被教师表扬的，加 1 分；组内学力较弱（后 3 名）的组员进行展示的，加 2 分；分享展示思路拓展的，加 2 分；分享展示错误之处的，加 2 分；积极质疑的，一人次加 1 分；通过质疑发现了新问题的，视问题价值加 1～3 分；在他组展示时，不认真倾听、不尊重人、起哄的，一人次扣 1 分；小组长放纵组员违纪的，扣 1 分；小组长带头违纪的，扣 2 分；能归纳总结本课所学知识，形成完整的知识体系的，加 2 分。③学科作业：不按时完成作业的，一人次扣 0.5 分；抄袭他人作业的，一人次扣 1 分。④考试成绩：月考或期中考小组总分进步前 4 名的，分别加 3～6 分；期末考小组总分进步前 4 名的，分别加 6～9 分。

（3）小组管理。化学小组长负责本组成员学习方面的评价记录，科代表负责汇总各小组的评价结果，并反馈给科任老师。科任老师评选班级每周优秀小组和个人。科任教师应每周对学生课堂评分进行一次统计，每月进行一次小结，每期（或每个模块学习结束）进行一次总结，其结果作为学生"学分认定"的基本依据和学生综合素质评价的相关依据。并和班主任联手，在教室建立班级文化墙，展示优秀学习小组。展示资料包括优秀小组成员照片（集体照、活动照）和优秀事迹介绍（小组名称、成员、口号、特色、目标、成绩、科任教师评价等），也可以在班级论坛上开辟课堂改革优秀小组专栏进行网络展示。

三、课堂实践，检验效果

实践是检验真理的唯一标准。"四不"其实只是一种思想，体现这种思想的课堂形式不是固定的，在不同课型中可以灵活处理。我将"四不"课堂小组模式应用在了复习课、新授课、习题课、学生分组实验课四种课堂中，教学效果很好，学生的学习积极性高涨，敢说、敢讲、敢质疑，学习成绩明显提高，我也惊叹于学生的精彩表现！

（1）新授课。我通过导学案的设计，将整个课堂分成四步来渗透"四不"模式。第一步：情境自学；第二步：合作互学；第三步：展示激学；第四步：提升领学。其中有几个需要注意的问题：在第一步情境自学中，将时间安排在课堂之内，为便于管理与把握学情，自学内容应该是简单必要的，时间设计在 5~10 分钟为宜，自学内容可以采用问题导学，也可以是知识填空；在第二步合作互学中，要遵照小组学习的规则，包括对子帮扶、小组探究与群体共享；在第三步展示激学中，教师可以展示多种内容，如一题多解、思路展示，错误分享、问题展示，拓展分享、变式展示；在第四步提升领学中，可以是习题反馈，也可以问题提升或者探究延伸。

（2）复习课。课堂实录展示如下：①前一天晚上安排学生自己做好章节归纳。课堂上首先让学生以小组为单位交流 3 分钟，然后自认为最棒的三个小组派代表上讲台展示讲解（在电脑上装摄像头充当实物投影仪），其他学生评价后教师再点评。②学生根据归纳出来的知识点扮演考官：各知识点会出什么题型，怎么考（5 分钟）。③限时 20 分钟做针对性问题练习，然后任选三个小组派代表上讲台公布本组的答案，不太确定的答案可画问号（如果错误，扣一半分；不过不画问号，证明很确定，错了要扣全分），学生对答案进行核对，并给予 3 分钟的小组讨论时间，对不同答案进行讨论、辨析。④更正黑板上的答案，并解释理由，有不同意见的可以 PK（在这一环节教师先不做任何点评，让更多的学生展示不同思路，同时提高表达能力），PK 完毕教师方点评，只要有一组学生会教师就不讲，而是让这组学生派代表讲。学生核对讨论后仍然没有解决的问题，教师先给出答案，但不解析，让学生再重新思考、讨论一遍，有学生会就让其来解析，并重点说说其两次思路的不同之处，并对这部分学生大力表扬。凡积极主动站起来回答问题或上讲台公布答案或给大家解答问题的学生，都登记加分表扬。

（3）分组实验课。我设计的流程是：预习—合作交流—展示—归纳。以选必 3 学生实验"有机物的分离、提纯"为例。①前一天晚上安排学生预习（配有学案）。②课堂前 3 分钟小组讨论，交流昨晚的预习情况。③小组推选学生上讲台，自选一个专题：蒸馏、重结晶、萃取，结合 1 个实例就原理、仪器、操作、注意事项等方面进行讲解，小组内可以补充，其他小组可以随时提问。④点评、归纳。先同学点评，再教师点评，侧重讲重结晶。

四、几点体会，抛砖引玉

实行"四不"课堂改革一年，有过程的艰辛（需要提前设计学案、开始时别人的不理解），也有成功的喜悦。体会颇多，感触最深的有以下几点，希望与其他老师共勉，在此抛砖引玉：①学生思维比原来开阔。比如在手性碳 C_7H_{16} 的书写、有机物性质小结、同分异构体的书写时看到了各种各样的答案，放手后学生开阔的思维令人惊叹。②学生的表达能力有大幅度提高并敢于质疑了。教师要随时做好准备接招，尤其是对于实验班的学生。③大部分学生上课的积极性更强了，但个别学生可能会比以前更沉闷，因为他还没有参与到小组合作中，需要教师想办法调动。④课堂要活，课后要抓死，成绩才能好。不能只课堂热闹，因为普通中学生的自觉性还是有待提高的。⑤经常反思调整，才能找到更好的课堂形式。⑥改革需要魄力，需要付出努力，更需要坚持，"走自己的路，让别人说去吧！"半途而废的人是体会不到成功的喜悦的。⑦必要的板书不可少，以利于学生做笔记。

五、实施"四不"活力课堂后的学生评价

【评价1】

李兆基中学老师千千万，唯独珠姐不一样。珠姐是一位令我印象深刻的化学老师，她虽然只教了我短短一学期，但是她仅用一节课就让我永远记住了她。

和别的化学老师不同，珠姐特别喜欢做化学实验，很多时候她都带着化学仪器到教室，目的是要给我们展现一个有独特魅力的化学课堂。虽然有些实验比较简单，可以简单带过，但是珠姐的课堂上必须得有实验。很多同学都说化学不好学，难学易忘。可是我们班的很多同学跟我一样，觉得化学课是最轻松的，上课就跟玩儿似的，也不用害怕哪些知识点会遗漏，公式、化学现象之类的都不用太死记硬背，因为珠姐总有很多好办法让我们轻松记住它们，比如编口诀、故事联想、科学小魔术、实验等方法。而珠姐的实验教学是最令人印象深刻的，理论和实践相结合是最有效的。此外，疯狂的珠姐从不放过有挑战性的实验，记得有一个特别激烈的实验——好像叫铝热反应实验，就是铝粉和氧化铁高温反应发光发热的那个实验，这个实验是有一定危险性和难度的，但这些难不倒她，只见她一顿规范操作，反应物剧烈反应，火星四射、发热发光、高温铁珠滚落，有惊无险，课室里一片惊叹声和掌声。这次实验不仅把整个教室点亮了，更是把我们向往化学奥妙的心给点亮了。这个实验把好多别班的同学都吸引过来了，从此珠姐又多了很多小迷妹、小

迷弟。总之，珠姐的化学课不只是化学课，更像是一种表演，可有趣了。我的化学成绩在她的带领下一直顶呱呱，化学是我学得最好的一门学科，而我们班的化学成绩也一直稳居年级前列。（你不信？看珠姐课上可爱的表情包你就懂了，哈哈！）

（学生：昶生）

【评价2】

回想起我的高中化学课堂，用三个词形容就是：开心、有趣、有益。因为我遇到了一位有魅力的化学老师——珠姐，她的课真是太有活力了。化学课总免不了要做一些化学实验，有些老师会以教学视频来代替亲自做实验，但珠姐总是把实验付诸课堂。课前，她总是不辞辛劳地联系实验员，准备实验仪器，将实验仪器带到教室中，上课时在讲台上演示实验。有时候还会让同学们上讲台去跟她一起操作，有时会让我们自己设计实验，有时还引导我们进行实验创新，真是趣味满满！

在一次校园开放日的公开课上，珠姐带我们做水果电池。全班分成九个小组，每个小组都分有一些蔬菜、水果、金属片、导线及检测电流的电表。做实验时，我们将电流计、开关、导线串联，并在两个端点上接上电极，然后将两个电极插入实验水果中，察看是否有电。不出所料，电流表上的指针微微转动，我们都非常兴奋！诚然，毕业多年化学知识已经忘得差不多了，但是做过的化学实验却深深地印在我的脑海里。我深刻地记得，水果中的化学物质和金属片发生反应能够产生电能；氢气和氧气在燃烧的条件下可以生成水；钠放在水中，会浮在水面上迅速游动并且迅速反应，放出热量的同时还伴有"嘶嘶"的声音（释放出气体）；醋和酒反应可以产生乙酸乙酯，这就是为什么做菜时放醋和白酒会更香。

以前会说："珠姐好喜欢做实验啊！"现在回想起来，将自己代入珠姐的角色里便会懂得，珠姐喜欢的哪里是做实验，那些实验她都做过无数遍了，她热爱的是教育，喜爱的是学生。准备实验仪器是一件烦琐的事，但是为了调动学生的学习积极性，让学生能够亲身感知、体验实验、享受课堂，为了在学生心里种下化学的种子，珠姐不怕麻烦，乐在其中。我很敬佩！

除了课上的化学实验，珠姐还会在课下发动我们开展研究性学习，当时我们小组的同学选择做的是关于饮料成分的调查，自主设计实验、做实验，虽然最终只得到了一份稚嫩的实验成果，但我们都成就感满满！感谢珠姐不厌其烦的指导和妙招齐出的化学课。

　　很幸运可以遇到珠姐这样一位好老师，很感恩珠姐对我学业和人生的指导，很珍惜与珠姐的这份情谊。尽管她已经是富有经验的名师了，却依然不满足于现状，努力创新，不断进取，追求进步，可以说是"拼命三娘"了，她的这份教育热情也感染着我，作为未来的人民教师，我希望自己可以努力向珠姐看齐。

（学生：绮琪）

巧借力，做个快乐的"促进者"

　　工作时间长了，经常会听到一些埋怨和倦怠的声音："现在的学生越来越难教，抛个问题下去，要么乱答一气，要么死气沉沉，都不知道该怎么教了。""一节课竟然有 5 个家伙在睡觉，批评他们还不服气！"……这到底是学生的学习动力不足，还是填鸭式老办法学生不领情？教学的艺术不在于传授本领，而在于激励、唤醒和鼓励。学生的大脑不是需要填满知识的容器，而是需要点燃的火把①。

　　学习动机是直接推动学生进行学习的一种内部动力，它是学习的需要，是社会和教育对学生学习的客观要求在学生头脑中的反映；它表现为学习意志、愿望或兴趣等形式，对学习具有推动作用。要想使学习动机真正变成学习中经常起作用的、有效的动力，教师需要通过一定的诱因把学生的学习动机激发起来，这样才能使学习动机成为实际推动学习的内部动因。在教学过程中，教师要转化思想，敢于放手，借一点巧力，悄然打开丰富化学世界的大门，吸引学生不知不觉地进入其中，激发学生的学习兴趣，将学生学习化学的积极性调动起来，让学生快乐地学化学，从而构建化学学科主体性优质课堂。教师对调皮学生的借力使力，良好教学情境的创设，幽默智慧的课堂管理，生动宽松的课堂氛围，丰富有趣的化学实验，让学生兴奋的游戏、口号等，都是激发动力的好资源，就看怎样"借题发挥"了。如何做到巧借力，做个快乐的促进者？我结合自身实践，谈谈几点拙见。

一、借力捣蛋王，做快乐的教育"促进者"

　　普通班的调皮学生的情商和智商一般都比较高，但学习动机并不高，调动他们是一项有挑战性的工作。在一所普通中学教书，遇上一群捣蛋鬼那是常有的头疼事，不搞定他们，课堂纪律、教学质量就无法得到保证，更别说课堂的优质化了。但是如果不讲策略，胡乱交手，那肯定是吃力不讨好，头

―――――――――

　　① 潘菽. 教育心理学［M］. 北京：人民教育出版社，2001：84－87.

疼加脑大的。其实调皮的学生往往都比较团结，而且基本有一个最冒头的，这个人就是他们的头儿。老话说得好，擒贼先擒王。"王"者，老大也。处理得好，就可以点燃他的学习兴趣，对课堂教学管理起到不可估量的效果。借力捣蛋王，让我们教师做个快乐的促进者吧。

有一年，我中途接手了一个全校以捣蛋出名的普通班。很多老师去上课都比较头疼，因为这个班里有几个比较调皮的学生，被称为"八大金刚"，经常扰乱课堂秩序。而这些调皮的学生中，据我了解有一个比较有威信的捣蛋王——甲同学。甲同学的家庭条件很优越，有点小聪明，但学习兴趣不浓，所以各科成绩都不怎么样，同学们背后都说他是"死猪不怕浓硫酸烫"。刚接手的前两个星期，他带头说话、睡觉、顶撞老师，样样不落。我采用常规方法：谈话、批评、惩罚，但效果甚微。这个孩子到底在想些什么？作为教师的我有没有别的有效方法来改变他，让他快乐我也快乐呢？看样子，斗勇不行，得斗智了。我决定采用"借力捣蛋王"的策略。他不是捣蛋王吗？把他收住了，其他几个捣蛋鬼不也就搞定了吗？于是我用赏识的眼光去看他，去努力发现他身上的优点。他其实是一个很有爱心的孩子，他有他的可爱。比如每次捐款他捐得都不少，清洁教师办公室他也主动举手。虽然有人说他是为了逃避早读，但我不这么看，还当着全班同学的面表扬了他。我明显感觉到他对我的敌意逐渐消失了。课间，我还经常故意早一点到课室，和他们聊天，谈他们喜欢的话题如足球、八卦新闻等。8个捣蛋鬼的作业，尤其是他的作业，我每次都会认真批改并用文字给予肯定和鼓励。化学课堂上我还特意设计一些问题让他来回答，并对他答对的问题给予适时的表扬和肯定。期中考试前，我对他进行了一些学法指导并为他鼓劲，还和他约定：如果他能考到优秀，我请客。成绩出来，他竟然真的考到了优秀，他高兴坏了，第一个跑过来告诉我："老师，我成功了！谢谢你！我请你吃棒棒糖！"我趁热打铁，告诉他要记住自己也是块金子，对自己要有信心，要爱惜自己。甲同学认真地点点头。另外，我知道这个班是普通班，学生基础比较薄弱，上课时学生会比较沉默、容易走神，甲同学也不例外。所以，在他们班的化学课堂中我会充分发挥自己风趣、有激情的个性特征，教学语言生动幽默，使课堂氛围更轻松，偶尔还调侃他们两句，课堂笑声不断。比如周一下午第一节他们会比较疲惫，提问题没学生主动回答。有一天我讲课讲到一半突然停下来，说："你们不地道呀，都不吭声保存能量，就我一个人兴致勃勃地讲课，独乐乐不如众乐乐，下面我请一位学号和我的年龄差不多的幸运同学来回答。"30号以前的学生马上露出得意的笑容，30~40号的学生个个都很紧张，甲同学还在喊："40！40！40！"结果我突然喊："有请18号同学来回答。"哗！课室一片哗然，继而哈哈大笑。18号不服，我笑着说："我的心理年龄一直是18岁呀！"于是课堂一下子活了起来。慢慢地，这个班越来越多的学生喜欢上化学课，甲同学的变化最大，他各科成绩都有了质的提升，化学成绩更是进步飞速。而且他还自愿担当化学科代表，并且还是化学课堂的纪律监察员，把其他的捣蛋鬼管得服服帖帖。期中考家长会上我特意表扬了甲同学，他妈妈快乐地笑了。那一刻我也笑了，当教师真是一件快乐的事！我促使一个人见人批的"差学生"变成一个人见人夸的好学生、课堂的好助手，我真是一个快乐的"促进者"！

二、借力突发事件，做课堂教学的"促进者"

课堂上，总会发生一些我们意想不到的突发事件。充分利用和发挥好自己的教育机智，艺术地应对这些突发事件，不仅可以不影响其他学生的正常学习活动，巧妙而果断地将突发事件转化为有益的教育因素，让全体学生从中受到启发和教育，还能在师生间建立一座沟通思想和联络感情的桥梁。这种灵活应变的教育艺术是厚积薄发的结果，也可作为激发学生学习兴趣的催化剂。

有一天下午第一节课，我在上化学课，大家学兴正浓，突然学生们的眼光都"唰"地转移到了黑板的上方。"发生什么事了？"我抬头一看，原来是后排靠窗的两个男生用镜子把光反射到了黑板的上方。学生们个个瞪大眼睛想看我怎么处理。怎么处理？一招"借力使力"在我的脑海一闪而过，我微笑着走下去，手一伸，把镜子没收，不动声色地回到讲台。"看来你们这个班太喜欢物理了，这两位同学对物理的酷爱程度可见一斑！乙同学，你来说说这道光是以什么方式传播过来的？除了反射，光还有哪些传播形式？""丙同学，你说说照镜子时光是怎样成像的？""啊？"学生们先是大吃一惊，继而哈哈大笑，从此再没人敢上课偷玩镜子之类的东西了。这样可谓一举三得，既解决了事件，还复习了物理知识，又轻松收回了学生的心。再比如冬天时有学生课上发呆，我没有严厉地批评他，而是轻轻地拍了一下他的肩膀："想什么呢？思——念——春天？冬天已经到来，春天还会远吗？别思念春天了，好吗？"学生们哈哈大笑，这个学生也红着脸捂嘴偷笑并赶紧将思绪收回到课堂。课堂突发事件是现场生成资源，课堂有时会因"节外生枝"而变得更加美丽。这些意想不到的课堂突发事件，增加了学生对我这个化学教师的喜欢，进而也更喜欢学习化学了，我成了课堂教学的"促进者"。

三、借力化学实验，做教学的"促进者"

化学是一门以实验为基础的学科①。化学实验具有多种教学功能，在化学教学中注重以化学实验为手段，不但有利于增强学生的学习兴趣，帮助学生了解化学概念、认识物质性质、理解和巩固化学理论知识，而且有利于培养学生的实践技能。我认为，作为化学教师，我们可以巧妙借助化学实验，激发学生的学习兴趣、培养学生的学习能力，做教学的"促进者"。

如讲"喷泉实验"时，在学生已经掌握 NH_3 和 HCl 与水的喷泉实验的基础上，我进一步提出：在同一实验装置中，把液体换成 NaOH、气体换成 SO_2，同样进行实验，能否产生"喷泉"？因为没有做过这一实验，学生们的意见会产生分歧，我乘机引导学生进行分组讨论，让各小组分别阐述各自的理由并试图驳倒别人。学生分组完成了这一实验，并且很惊喜地看到了 SO_2 被 NaOH 溶液吸收产生的喷泉。在此基础上，我引导学生进行总结分享，学生自己推导出了喷泉实验的实质（在一定条件下气体被某种液体大量吸收）、各种喷泉实验的化学原理、生活中喷泉原理的运用，从而大大扩展了学生的思路，提高了其表达能力（尤其是站起来展示分享的学生），激发了其学习化学的兴趣。

在这样的思想碰撞和小组合作、大胆展示的实验过程中，学生可以感受到学习的乐趣，自然乐学、想学，教师不也就成了快乐的教学"促进者"吗？

四、捕捉学生的兴奋点，做教学的"促进者"

现在的学生获取信息的渠道很多，吸引他们眼球的事物实在太多太多。十七八岁的高中生的本性就是好胜、爱玩，好玩的事物会令他们很兴奋，也便能引起他们的关注。捕捉到他们的兴奋点，也就等于抓住了他们的眼球、他们的心。

听故事、玩游戏很好玩，能否将一些枯燥的教学内容以游戏或故事的形式呈现，让学生兴奋起来呢？对于复习课，大多数教师都会觉得不好上，很

---

① 冯克诚. 中学化学课堂教学方法实用全书 [M]. 呼和浩特：内蒙古大学出版社，1999：720-721.

闷，效果不好。而我会抓住学生爱玩、好胜的心理，在复习课时先让学生分小组自己归纳本章小结、做强化练习及小组互助消化问题，然后把重点、难点、常考点制作成"百万富翁"游戏内容，课堂上让各组、各班竞赛。结果每个学生都兴致勃勃，一副必胜的劲头。复习效果很好，他们甚至都不肯下课。2007 年我曾让学生在课外用玩"百万富翁"游戏的方法来复习，并排"龙虎榜"，效果也非常好。在游戏中，学生的积极性被调动起来了，他们学得开心了，教师也就成了快乐的"促进者"。

　　教育的资源是多方面的，只要我们善于捕捉，怎会"踏破铁鞋无觅处"？心存爱心，大胆放手，使一点巧劲，学生就会被调动起来，学习化学的兴趣就会被激发，教师就可以成为一个快乐的教育教学"促进者"，课堂优质化自然也不在话下了。

一段特殊而有趣的日子

——我的线上活力课堂故事

一个小小的新冠病毒搞得世界不得安宁，也为我们的教育教学工作带来了挑战。曾经，我也经历过线上教学的无力感，但是我始终相信新情况既是挑战也是机遇，只要多动脑多花心思，很多问题应该都能解决，说不定还会有意外惊喜呢！针对线上教学过程中出现的各种情况，我不断地总结反思并调整策略，教育教学效果越来越好，学生和我都感觉每一节化学课就是一次美好的遇见，我们都很期待每天的化学课。本文分享我的几个比较有效果的小招数。

我发现效率高的网课有以下特点：上课内容有趣，内容吸引人；上课的教师有趣，上课方式和课堂氛围吸引人；教师招数多，会"抓人"。所以我就重点在这几方面做文章。

一、手有粮，心不慌——多手准备

线上教学受网络质量影响很大，各种平台随时都可能会出现状况，尤其是刚刚开始实行线上教学的时候，所以每个教学内容我都做了好几个预案。①录制知识胶囊。从大年初七学校发出网上录课的通知后，我当晚即开始录制微课，而且坚持每天都录，到正月十二已录制好了10个知识胶囊。由于教学内容的设计、录制的效果都很好，我录制的知识胶囊不断被同行和学生转发，每个胶囊都帮助了约四百个学生，10个知识胶囊累计帮助了四千多人，其中3节录像课《有机物的分类》《有机物的结构特点》《等效氢》还被收入顺德区教育资源网，供其他化学教师共享。②网络主播直播教学。对于难度不大又与生活关联紧密的内容，我会采用网络主播的方式进行教学，学生看到我在镜头里风趣地打比喻，拿起家里的糖、酒精等授课时，学习兴趣就高涨起来。③直播教学。对于难度大的知识点，我会采用钉钉或腾讯会议直播。因为做了充分的准备，所以我的线上教学很从容、淡定、流畅，这个平台塞车了，我立刻启用另一个平台；录好的知识胶囊打不开，便立刻转为直播教学。直播教学网络塞车，我就立刻发放知识胶囊。

二、润物细无声——德育有痕

学生在家孤军奋战久了会疲惫，甚至会消极，于是我思考：除了化学，能不能再给学生渗透一些美德和有趣的东西呢？我开辟了课前 3 分钟的美德时光。我会配上轻音乐、嵌入突出主题的照片，娓娓道来，讲故事讲人生。学生非常喜欢这个环节。目前我们已开辟好几个系列，比如：润物细无声——分享亲情，润物细无声——分享师生情，润物细无声——谈读书、荐好书，润物细无声——谈人生的视野（站得高，看得远；行得远，懂得多），润物细无声——谈阳光的心态……

三、利用朗诵来滋润学生的心灵

刚开始实行网课的时候，我发现有些学生有抵触情绪，而且心态比较消极，于是就选了两篇很温暖的美文《跟温柔的人在一起，真舒服》和《风》（杨绛），朗诵后分享给学生，学生很喜欢，感觉很温暖，消极心态即有所减轻。而某次月考结束后，我发现个别学生有些懈怠，就又选了一篇美文《别抱怨读书苦，那是你看世界的路》朗诵分享给他们。

四、打造趣味化学课堂

无趣的课堂听起来很累，我结合学科特点，努力打造趣味化学课堂来吸引学生。方法有：①趣味实验引入。②让学生参与设计实验。③巧用化学小故事。④化学与生活的联系。⑤生动的语言、真诚而期待相遇的心。⑥多互动，让学生有参与感，让学生觉得课堂是他的，他是主角。要知道主角永远比听众更投入！

"超级变、变、变"

实验过程：

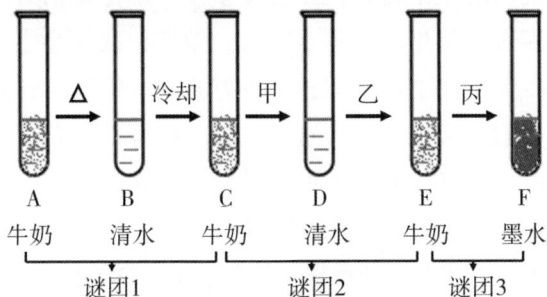

图1　苯酚变色魔术图

五、"死缠烂打"，一个都不能少

网课不可能人人自律，遇到迟到、中途溜号、想挂机（人在心不在）的情况怎么办呢？我的招数是"死缠烂打"！像膏药一样黏住他，每次一定要有处罚反馈，尤其是刚有苗头的时候切记不能姑息，我们都知道法不责众，开头不管好，后期蔓延开后就管不住了。具体的招数有：①每一次的作业、考试、学生回答问题，都要及时点评和反馈。②无规律点名，每次上课我手里都会拿着学生的花名册，随时点那些在互动板块回答问题少的学生或者是可能溜号的学生，有时甚至还杀个回马枪，让学生猝不及防。③迟到满三次，给你一个表演大舞台（拍摄2分钟的表演视频，至少露脸30秒）。每一节课我都严查考勤记录，先私聊了解情况，有客观原因迟到的给予关心和提醒，无故迟到的则在班群里公布名单。高中生爱面子，最怕表演。当时3个班抓到5个学生进行表演，表演很精彩，心情很无奈，他们都表示再也不敢迟到了！当然，己所不欲，勿施于人，想要服众，教师也要做好自律的头，我迟到也要表演哦！④我从来不迟到，每节课都提前5分钟打开轻音乐，调试好设备满怀期待地等候学生；我每天坚持读书朗诵，传递坚毅的力量；每一节课的课件我都精心设计，绝不做拿来主义；为了学生，我甚至在医院和机场角落都会给学生声情并茂地上直播课。

六、意外的惊喜

这段时间的网课教学还给了我意外的惊喜：第一，因为每节课我都精心给学生编制适合他们的习题（52 次作业），2 个多月的网课，积攒了一本针对性很强的优秀习题集（220 页）。第二，几乎与每个学生都加了微信，虽然一天到晚回答学生的问题很辛苦，但是交流多了，师生感情升温了不少，尤其是那些本来沉默寡言的学生都获得了关注。第三，我学会了很多新技能。第四，一路走来的经历积攒了很多写论文的好素材。第五，让好几个学生当上了耀眼的主角，他们平常很内向，这让他们变得开朗自信了。第六，打开了一条新的交流通道，了解和关心了更多学生，建立了平常上课收获不到的友谊，为以后的教学奠定了更好的情感基础。

　　路漫漫其修远兮，我会不断反思，不断总结，继续前行！

聚焦新高考，构建高效化学活力课堂

化学，是一门知识与能力相结合的课程，仅靠单一的讲解是难以落实教学目标的，需要从学生实际出发，精心设计教法，为其提供多元探究的平台，让其在动手操作中加深对要点的理解，进而培养学生的创新精神。因此，作为教师，要充分认识了解新高考制度下化学学科的育人目标，以生为本，努力促进学生学科素养的全面提升。

一、培养情趣，调动思维

"兴趣是最好的老师。"有效的课堂，尤其是高效的课堂，需要教师关注学生兴趣，充分调动其求知欲，让其在内在需求的驱动下主动参与课堂，积极开展学习，以获得丰富、有趣的学习体验，为后续深入的探究奠定扎实的基础。以"物质的量"教学为例，这部分内容属于分子结构理论，相对来说比较枯燥，如果直接以讲解授知，则难以化解抽象内容。因此，就要设计生活情境：水，是生命之源，一般来说正常人每天摄入的水量是 3 000mL，对于它的分子数，如果采取人工数数的方式，那么需要 42 万亿人花费 100 年的时间才能数完。对于这一信息，学生会觉得不可思议，这时，就可提问：正常人每天摄入的水分子数量是多少？物质的质量与分子数量之间有什么关系？这两个问题的提出会让学生很感兴趣，基于新课学习的内容，将知识与生活联系起来，会让其在探究中更有信心。在思考的过程中，学生就会运用数学经验解决化学问题，从而在实际运算中加深对这一概念的理解，以此把握内涵，强化对定义的把握，无形中构建新知识体系。学生学习兴趣的激发在高中化学课堂上十分重要，这能引导其解决生活中的实际问题，促使其在思考中运用经验，唤醒思维。长此以往，就能培养学生良好的思考能力，让其在获取相应生活知识的同时产生解决生活实际问题的兴趣。

二、夯实双基，突出主体

双基，即基础知识与基本技能，简称知识与技能，是课程学习的载体，也是新课程三维目标中的基础性目标。过程与目标、情感态度与价值观是知识与技能的生成物，一旦离开双基，便是"空中阁楼"，独木难支。基于以上认知，就要加强对基础知识、基本技能的重视，引导学生将"地基"打好，扎实掌握基本概念、定理，充分内化，以备探究之需。在夯实双基的过程中，要加强学生对知识概念的理解，让其在认知的基础上消化、吸收，尝试与旧经验融合，以此完善知识结构。仍以"物质的量"教学为例，这一块涉及的知识概念较多，如"摩尔""摩尔质量""气体摩尔体积""摩尔浓度"等，其中"摩尔"是重点概念。在教学时，就要清楚指出：mol 是表示物质的量的单位，并且 1mol 物质所含的分子数为 6.02×10^{23} 个。在讲解这些概念时，要适当引导学生辨析，使其对分子数量的关系有明确的认知，如以"1mol 物质的质量在数值上就相当于什么"等问题启发学生，让其在简单思考中得出结论：1mol 物质的质量在数值上就相当于这种物质的相对分子质量。在此基础上，就可顺势提问："你知道物质的量的单位如何书写吗？"由此进行板书，借助单位的拆分，辅以解释，帮助学生加深印象。在这之后，就可进一步提问："气体摩尔体积是指 6.02×10^{23} 个气体分子所占的体积，那么摩尔浓度表示什么？"鼓励学生思考，借助已有经验得出结论：摩尔浓度是单位体积溶液中所含物质的摩尔数（物质的量）。这样一来，就能抓住时机促进学生内化理解，鼓励其对有关知识、经验进行二次会意，为新知识的掌握奠定基础。在这一过程中，要加强对学生的关注，时刻关注其认知动向，在关键知识点进行提问点拨，以促进理解，及时掌握。

三、创设情境，深化理解

问题是教学的线索，也是思维的起点。如何借助问题激发学生，提高课堂质量，是当下亟待解决的问题。在设计教学时，可立足教材，把握要点，针对重点问题进行设计，并结合学生已有经验，让其在真实的情境下展开思考，以推动教学。有效的问题情境不是简单的问题堆砌，而是将课堂与生活联结，为学生提供有趣的探究平台，使其主动参与。这样一来，就能最大限度提高课堂效率，让学生发挥自身主体功能，在情境引导下突破难点。在教学"化学平衡"时，考虑到这部分内容难度较大，就可联系生活中常见的现象进行引导，例如：我们都知道，水在温度到达零点时就会结冰，出现"冰水"，那么，为什么冰水的温度是 0℃？对于这一问题，学生可能会表现出茫然，感觉既熟悉又陌生，不知不觉中对将要学习的内容产生兴趣。至此，整个新课课堂就有了"良好的开端"，学生对新知内容充满期待，就可抓住时机进行讲解，让学生在倾听思考中清楚认识到：冰在融化过程中要吸收热量，而水在结冰时要释放热量，处于"冰水"状态时这两个过程会达到平衡，所以温度会维持在0℃。至此，学生对新知内容有了初步了解，就可导入新课：化学平衡实际上也是一个动态平衡，正反应速率与逆反应速率相同。同时，引出"当温度升高时，化学平衡就会向着吸热方向偏移，反之就会向放热方向偏移"。如此，学生就会对这一内容产生兴趣，想要透过表面深入内里了解。

在课堂教学中，尤其是新课环节，要抓住学生已有认知，借助其熟知的情境展开引导，鼓励其由浅入深思考。这样的教学方式不仅能提高学生学习的兴趣，还能加深其学习印象，让其在情境中自主思考，充分发挥主观能动性，有效落实课堂目标。

四、探究学习，培养能力

在新高考背景下，要关注学生发展，让其在课堂学习中不仅能掌握知识与技能，还能收获学习方法、学科思维，逐渐学会自主学习、质疑、思考及创新。基于这一目标，在教学中就要注重学生思维能力的培养，设计有趣的探究性学习，让其在实践操作中解决问题，收获发展。在传统教学中，化学课堂大多数是知识讲解，鲜有探究性学习，以致学生能力的培养上存在缺失，难以促进素养发展。针对这一问题，就要借助探究性学习进行改善，着重培养并提升其学科能力。在教学"物质的量"时，"摩尔"是一个十分重要的概念，是学生理解"摩尔质量""摩尔体积"及"摩尔浓度"的重要前提，在高考化学中，每年都会考查，意识到这一点，我就围绕"摩尔"这一概念设置了探究性学习。首先，提问学生："物质由分子构成，分子的多少决定物质质量的多少，根据这一关系，你能提出哪些问题？"由此，激发学生探究意识，唤醒其已有认知，加深其对"物质的质量"与"分子数量"的认知。随后，就可呈现数据表（见表1），引导学生分析，并谈谈发现的问题。

表1　对比感知"物质的量"

物质名称	质量（g）	分子式	相对分子质量	分子数（个）
单质碳	12	C	12	6.02×10^{23}
水	9	H_2O	18	3.01×10^{23}
硝酸根	31	NO_3^-	62	3.01×10^{23}

然后展开讨论，鼓励学生发表看法，将自己的发现分享在小组里，并在全班进行交流，逐步得出结论："任何物质中 6.02×10^{23} 个分子的总质量在数值上等于其相对分子质量"，帮助学生建构、完善知识框架。这一教学模式能充分激发学生思考，让其在解决问题的过程中不断发散、碰撞，逐步加深对重点知识概念的理解，并在之后的学习中灵活运用。在这一过程中，教师要充分发挥引导作用，在学生需要帮助时及时提供指导。

总之，新高考背景下高效化学课堂的构建不是一件易事，要结合新课改、新课标精心设计教学方案，从学生实际出发，为其"定制"课堂形式，为其提供多元的学习体验，使其在收获丰富知识的同时领略学科魅力，进而叩开化学殿堂的大门。

基于雨课堂的有机化学实验教学活力课堂初探

——以"乙醛的性质"教学为例

随着新一轮课程改革的深入推进，特别是随着教育信息化的快速推进，基于新一代互联网技术的智慧课堂得以迅猛发展，许多教育教学智慧平台应运而生。雨课堂是一款由清华大学在线教育办公室组织研发的教学平台，其功能依托最常用的微信平台和 PowerPoint 办公软件，无须繁复的安装步骤，操作简单，却可以大大增强课堂的交互性，易于分享和及时评价，特别是可以及时采集教学各环节的数据，实现精准教学，近年来得到很多一线教师特别是高校教师的积极使用，效果理想。我在普通高中有机化学基础模块的教学中曾使用雨课堂进行辅助教学，发现雨课堂能有效提高高中有机化学实验教学的课堂效率。本文以"乙醛的性质"教学为例，谈谈基于雨课堂的高中有机化学实验教学活力课堂的实施方法。

一、当前高中有机化学实验教学的不足

有机化学基础是普通高中化学课程中重要的选修模块，是高考的重要考查内容。但有机化学基础模块的开设时间大多是在高二下学期，存在着既要完成新课教学又要尽快进入高三一轮复习的矛盾，导致本课程的教学课时数往往偏少，特别是本应开设学生实验的课时往往被演示实验代替，甚至被压缩或挤占，最终影响本模块的学习效果。

在高三总复习时我们可以明显感到学生的有机化学实验水平和能力普遍较低。针对这一情况，我们在教学中也曾尝试保证充足的课时，特别是保证安排必需的学生实验，以提高学生对有机化学实验的掌握水平，但实际情况还是不能令人满意，很多学完不久的实验知识，在高三复习时学生仍然仿若新知。

所以，我们认为，导致当前有机化学实验教学效果较差的主要原因不单单是教学时间不充足，应该还有如下三个方面的原因：一是在多媒体信息技术飞速发展的今天，以传统的幻灯片教学为主的授课方式，不能很好地适应

新时代青年学生的特点和需求，知识的共享性和交互性不足导致教与学的有效性较差；二是学生对有机化学实验的预习效果不理想，虽然教师反复强调预习的重要性，但由于学生对预习不重视，加之传统的预习方式多为课本要点的知识填空，学生往往只是简单抄录，效果并不理想；三是现有的实验教学模式多以演示实验为主，或先由教师在实验前示范讲解，学生再按书本上的步骤和实验台上的仪器药品机械地进行操作，存在教学方法单一、学生机械照搬、实验积极性不高、实验效果缺乏及时评价等问题。

二、雨课堂能有效提高高中有机化学实验教学效率

1. 课前：预习课件显身手

传统教学的模式是教师做好教学设计、课件和导学案后，在课前将导学案发给学生预习，学生通常也只能根据课本和导学案的纸质文案进行阅读和填空，这样的预习往往停留在抽象的表层，学生预习的积极性不高，多是被动地把课本上的文字抄写到导学案上而已，这样的预习无法获得清晰直观的效果，特别是无法准确把握实验的操作注意事项和成功关键。

雨课堂的使用则可以很好地提高预习效果。以"乙醛的性质"教学为例，课前，教师制作对应预习课件，预习课件的主要内容包含乙醛的组成、结构、性质等，而重点是乙醛的银镜反应和与新制氢氧化铜的反应，教师可以利用录屏、录像等手段将相关实验的内容录制成实验视频，然后点击"插入慕课视频"，在右侧的"插入音视频"处将录制好的视频上传至雨课堂"我的资源库"，待系统审核通过后，就可以插入PPT课件中。这样，学生在课前用手机打开预习课件时，不仅能预习文字知识，更能通过观看标准视频来获得实验内容的直观感受，了解实验的要点。对于较复杂的银镜反应实验，可录制成银氨溶液的配制和乙醛的银镜反应两个分步操作视频，并配上语音讲解和文字说明，让学生通过课前预习真正了解银镜反应的操作注意事项和成败关键。若学生预习期间有不懂和疑问，可以直接在课件相应的幻灯片上点击"不懂"标记，也可以在平台上直接向教师发送信息进行互动答疑。为了增强预习的积极性并对预习效果进行评价，在预习课件里还可以设置若干预习效果检测题，通过适量的练习题检测学生的预习效果。这一点利用雨课堂的习题编辑功能非常容易实现，系统能自动识别和批改选择题和填空题，学生能即时看到自己作答的正确率。另外，雨课堂还能实时记录学生有无进行课前预习及预习时长，这样教师在上课时就可以做到心中有数，了解学情，精准

施教。

2. 课中：实验 PK 争第一

课堂上，根据学生预习情况，对于学生易掌握的知识如醛的定义、组成、结构、命名及物理性质等，教师可通过雨课堂实时发送随堂习题的形式进行温习和巩固，也可以利用点名模式随机点学生回答；而对于本节课的重点——乙醛的氧化反应，则可利用雨课堂在线授课方式进行实验探究和验证学习。

因为学生课前已经预习了相关实验的内容，所以实验的探究和验证能够顺利开展，学生若在实验中仍有困惑不懂之处，可以随时观看大屏幕或在自己手机屏幕上循环播放标准视频，然后继续实验。

为提高学生实验的积极性，实验前，教师要向学生明确实验内容和任务，并要求学生不仅要完成乙醛的银镜反应和与新制氢氧化铜反应的实验操作，还要求各小组把整个实验过程拍成视频作品在全班分享展示。由于实验过程要拍成视频作品进行展示，所以各小组做实验会格外认真，尽量规范操作，并力争实验完美成功。

实验结束后，各小组可将视频作品以雨课堂投稿形式进行分享，同时还可推送到微信群分享交流，教师指定或利用雨课堂的随机点名功能选 2～3 个小组进行汇报展示和 PK。被选中的小组派代表上台讲解和汇报，并利用交互式白板或大屏幕放映实验作品，在交流展示中学生可认真倾听、互相学习借鉴，并找出实验中的问题，共同改进。PK 的结果可以由教师评判，也可以在课前制作成投票题推送到现场进行投票，对于获胜的小组，可利用雨课堂的积分功能对该组学生予以加分鼓励。这样的汇报展示，可通过交流分享使各小组的实验情况得以相互补充和印证，而且能最大限度调动学生参与实验的积极性，同时也有利于将课堂还给学生，让学生成为课堂的主体和主人，有利于培养学生的合作学习能力和沟通表达能力。

相比于传统的实验课，基于雨课堂的教学模式，避免了传统的演示实验中教师一人唱独角戏、台下几十名学生看热闹的弊端，也克服了传统分组实验学生积极性不高、照方抓药、机械操作、闹哄哄、做好做坏一个样的弊端。同时，这样的实验课也可以积累学生亲手实验的视频素材，尤其是一些优秀的实验视频可以作为标准实验视频保留下来，学期末时就可收集整理成学生自己的实验视频资源包，有利于复习和回顾，特别是可以用于高三备考复习，可以大大提高化学实验复习的效率。

3. 课末：巩固小结多样化

首先，可以利用习题进行巩固小结。雨课堂具有在课堂中随时发送习题的功能，所以可以利用习题进行课末小结。在课前可把本节课的重点内容设计成若干道课堂练习题，例如以选择题形式考查银镜反应实验操作的正误，以填空题形式考查乙醛与新制氢氧化铜反应的实验操作顺序和现象，以填空题形式考查检验醛基的实验步骤、现象与结论的描述等，在课末小结时发送给学生进行作答，利用雨课堂的限时功能要求学生在规定时间内上传答案。教师发送习题后，教师端会即时出现学生的答题实况，最后还可展示各题得分情况，学生的作答情况系统会自动记录并生成课堂得分。

其次，可以利用投稿功能进行巩固小结。利用雨课堂的投稿功能，教师可以让学生在投稿中提交自我课堂小结，也可以利用投稿进行知识点的朗读、听写或化学方程式的默写。这样一来，不管班级学生有多少，都可以实现人人投稿和小结发言。课后，教师可以查看学生上交的投稿，分析数据，了解学生对知识的掌握情况，以利于下节课的针对性复习和讲解，或者根据学生课堂上的答题情况、弹幕情况及投稿中反映出的实验错误和问题进行总结，利用雨课堂将结果再反馈给学生，利于学生改进提高。实际上，利用投稿功能进行小结能有效克服课堂时间太紧而无法充分小结的弊端，丰富课末小结的形式和内容。

最后，也可以将实验操作、现象、结论等内容设计成正误判断，让学生通过弹幕进行判断，既可增强课堂小结的交互性，也能全面小结实验课的内容；还可以将实验的内容用装置图的形式呈现出来，让学生找不同、找错误等，促进知识的理解和迁移应用。

4. 课后：作业反馈即时化

雨课堂有强大的课后作业和试卷发布及线上自动批改功能，可以即时展示学生答题情况，统计得分率，这非常有利于有机化学实验内容的作业反馈。即使是主观题，学生在答题纸上作答后也可以很方便地拍照上传，教师可用类似于网上阅卷的方式，快捷地对学生的作答予以评判。这种课后作业反馈方式既能减轻教师批改作业的负担，又能快速反馈学生作业的作答情况，实现学情的精准分析和教学的精准实施。另外，教师还能利用雨课堂试卷制作功能组织全班或全年级进行化学实验的线上考试和测验，对学生的阶段学习情况进行准确又及时的评价。

总之，使用雨课堂学习平台，可较好地解决当前有机化学实验教学模式单一、学生接受知识途径单一、交互性不强的弊端，也可较好地改善学生分组实验中简单模仿、照方抓药、走过场式的不足。雨课堂丰富多样的组织形式和课堂互动方式，可充分调动学生的学习积极性，特别是可提高课前预习的有效性，激发学生探究化学实验的乐趣，提高学生的参与度。雨课堂还能有效记录学生课前、课中、课末、课后的各项表现并予以及时客观的量化评价，这可促进学习效果的及时反馈，有利于减轻师生日常教与学的负担，能显著提高有机化学实验课教学的效率。

让学生喜欢上我们

——谈谈新课程教学的体会*

新课程改革的大力推行，高中的普遍扩招，使得身为高中教师的我们同时面临双重压力：既要积极改变观念，跟上新课程改革的步伐，又要使出浑身解数应对生源质量的大幅度下降，努力提高教学成绩。经历了多年的新课程教学，我最大的体会是"用心就可以做得更好"，只要我们积极应对，上学生喜欢的课，做学生喜欢的教师，一切都能迎刃而解。几次的期末统考中，我带的三个班的成绩都遥遥领先，这就是强有力的证明。

一、上学生喜欢的课

要让学生喜欢上我们的课，光靠和谐的师生关系是不够的，也是不长久的。现在的学生获取信息的渠道很多，吸引他们眼球的事物也很多。如果我们的课上得很沉闷，照本宣科，那就只能充当催眠曲或耳边风，不会留下什么痕迹，更别说提高成绩了。因此作为新课改的教师，要想方设法在课堂上吸引学生，要想办法使教学内容变得生动有趣，要想办法使课堂管理变得机智幽默、能收能放，上学生喜欢的课。以下是我在课堂教学中的几种做法：

（1）创设机会让学生成为课堂的主角。①知识游戏化：把简单知识设置成游戏，调动学生的好胜心。②让学生多动手：有些抽象的内容学生很难理解，讲了好几遍还是掌握不了，动手是一个很好的方法，特别是作为实验学科的化学，更是要利用好动手的机会。比如有机物的结构式，给学生动手的机会，让学生自己来组装分子模型，那结构式的书写就是小菜一碟了。再比如醇的还原性不好理解，就让学生动手做乙醇和不同氧化剂的反应，学生不仅能容易掌握而且很久都不会忘记。因此，我经常补充很多学生探究实验和演示实验。

（2）与学生互动，注重学生的反馈信息。我们面对的是活生生的学生，

＊ 此文荣获顺德区论文评比一等奖。

我们上课的最终目的是让学生理解、接受知识，所以上课过程中我们要注意学生的反应，否则，无论我们讲得多精彩，学生听不懂都等于白讲，绝不能为了赶进度而无视学生的茫然。讲完一道题后，若发现很多学生眼神茫然时，我会停下来问他们有没有听懂，需不需要再讲一次，如果还是听不太懂，便会耐心地讲第三遍、第四遍，有时甚至需要换其他方法进行讲解。直到绝大多数学生点头，我才过到下一个知识点。如果讲一遍后教师就不耐烦了，学生就会认为自己很差，就会越学越没信心。

（3）处理课堂突发事件要机智、幽默，点中要害。学生的性格不同，处理方法要随之变化，这样才能收到好效果。以下我举几个课堂处理的例子：①上课讲话。对策：击中要害。高一（11）班有一个男生比较情绪化，他和他座位后面的一位女生谈恋爱，上课时总不时转头和那位女生讲话。我用眼睛瞪了他两次，但效果不佳。他克制两分钟后又忍不住要回头。我停下来，注视着他说："我已经给过你两次机会了哦，再有第三次你就得站起来，持续注视那个你想和她说话的人3分钟，可好？"效果立竿见影，他脸红了，不好意思地低下头，再也不敢回头，整节课都很认真。②学生散漫。对策：倒计时把心收回来。这个方法几年来我一直在用，而且都取得了很好的效果。我的课很少有学生迟到，上课铃一响，我就会倒计时数三秒，没坐到位置上的就要受罚。当然罚的内容有很多：帮忙拿实验仪器、擦黑板、唱歌等，一开始推行的时候有点麻烦，但绝不能手软，哪怕违规的是自己特别喜爱的学生，也要一视同仁。现在我的学生已形成条件反射，一响铃立刻冲回座位。③上课有学生吃零食。对策：第一次我会走过去点一下他，第二次我就会大张旗鼓地没收他的零食，下课后分给其他同学吃。让他丢了面子又丢零食，赔了夫人又折兵。④有学生上课偷看镜子。对策：让学生自己不好意思。我会对他说："哎呀，你很帅，再照镜子会帅爆的哦！"他就会很不好意思地把镜子收起来。⑤内容比较枯燥，学生状态不好，昏昏欲睡。对策：我会先不着急上课，而是先调动学生的情绪。绘声绘色地讲一个化学史小故事或小笑话，或者把教学内容和生活联系起来。我平时会收集一下化学史故事，听到很好笑的笑话也会有意识地记录下来，此时正好派上用场，小笑话或化学史故事会让学生捧腹大笑或吸引他们的注意力，精神状态就大有改观。

二、布置学生喜欢的作业

作业是落实教学的重要手段，怎样发挥好它的作用呢？我们要钻研学生的心理，布置学生喜欢的作业。①严格控制作业量。量太多，学生觉得很难做完，就干脆抄袭了事。高一未选科时，我每天都会布置作业，有课的当天布置20分钟题量，没课的当天布置10分钟题量。②认真精选题目，做到难度适当，又能体现个体差异。我经常会布置A、B两类题，A为必做题，B为选做题，提供给愿意钻研化学的学生，满足不同需求。③作业、练习及时批改、讲评。这一点很重要，不及时批改、讲评，其实就会跟不布置差不多，而且时间长了学生就没有做你这科作业的激情了。④多样化的作业。在新课程背景下，我们应抛开传统的作业模式而选择布置多样化的作业。如：阅读作业——课外阅读新教材中的"阅读材料"和"选学内容"，然后写出知识点；口头表达作业——背诵1~18号元素；家庭小实验等。⑤检查作业的方式多样化。练习的检查不需要全批全改，随机批改一半，或者课堂上抽查，或采用等级管理制（组长检查组员，科代表检查组长，教师再抽查），这样既能解放教师，让教师有更多的精力去备课、搞教研，又能调动学生能动性。这个方法要想保证有效，就千万别让学生摸透教师的规律。

三、做学生喜欢的教师

十几岁的中学生是很感性的，要让他们喜欢上你的课，首先要做一个让他们喜欢的教师。我经常揣摩学生心理，也经常换位思考，甚至经常回想自己高中时是如何看待教师的。那么学生会喜欢什么样的教师呢？

1. 自信、有激情

情绪是可以相互感染的，如果教师很投入、很有激情，学生就更易被带动起来、活跃起来。如果教师自己都没有激情，一天上8节课的学生就更会昏昏欲睡，容易走神。无论是公开课还是平时的课，无论这节课事先备得多么认真，每次上课前五分钟我都会停下所有的事情，酝酿激情、排除杂念，并把知识点在脑海里过一遍。这样做的目的就是要把自己的激情调动起来，让内容更熟练，让自己更自信。另外，无论遇到什么事，教师都要保证不带情绪到教室里去，否则会使自己心情低落或过于激动，而且对学生也不公平。

2. 以身作则

要求学生做到的，自己要先做到，正所谓"己所不欲，勿施于人"。比如，我规定学生不可以迟到，迟到要主动受罚，我就一直提醒自己不能迟到，也一直都会提早到教室。可有一天课间有位家长来访耽搁了一些时间，我冲到教室时还是迟到了两分钟。为了服众，严明纪律，虽然五音不全，但我还是当众唱了一首《大西瓜》，学生听得很开心，为我的说话算话竖起了大拇指。后面的教学效果也证明了这一点是对的：有样学样，教师以身作则，学生就会信服你。我的学生迟到，即便不小心迟到一点点，他们也会乖乖受罚，毫无怨言。

3. 坦诚，勇于承认错误

教师不是圣人，犯一点错并不为过，但如果犯错后死要面子，不肯承认，只会令学生不再信服你。诚恳、真诚地认错会给学生留下知错就改的好印象。每次不小心犯了错，我都会诚恳地道歉，并且表扬他们的细心。有时我也会故意反着来，幽默一下。比如被学生挑出我的一个小错误，我会故意大声地表扬他们："哎哟，眼力不错哦，火眼金睛，珠姐故意设置的小错误居然都被你们看出来了。"学生哈哈大笑，说："珠姐真狡猾。"

4. 因材施教，坚持"一把钥匙开一把锁"

学生中会有先进生、中等生和后进生，这是客观存在的事实。对此，很多教师的做法是"抓两头带中间"，这种做法在班级工作中能发挥一定作用，但我认为不免失之偏颇。对待不同层次的学生，岂是一个"带"字了得？班主任应力求一视同仁，给予所有学生同样的关心、爱护，对不同层次的学生采用不同的教育方法，做到因材施教。

(1) 先进生要"扶"。先进生无疑是素质好的学生，他们的智力较好，学习精神较好，但是他们同时也会存在一些不可忽视的问题，诸如有些学生不能正确看待自己，不愿帮助他人；有些学生依仗智力好，会忽视勤奋；还有些学生一旦遇到困难和挫折，就一蹶不振。对此，教师要扶他们一把，培养他们树立正确的价值观，教育他们养成刻苦勤奋的精神，锻炼他们具备自信自强、敢于迎接挑战的竞争心理。只有这样，才能让先进生一直先进，立于不败之地。

(2) 中等生要"拉"。对于一个班级的学生，教师最早认识的往往是先进生和后进生，中等学生是最迟认识的。事实上，中等生是大多数，做好这部分学生的工作，对全面提高教育教学质量具有举足轻重的作用。这部分学生因常年处于中游，久而久之会失去进取心，他们比上不足，比下有余，甘于居中游，再加上科任教师的不闻不问，他们往往会成为被"遗忘"的学生。其实这部分学生的潜力很大，可塑性强，拉一拉就上来了。教师要帮助他们认识到甘居中游的思想就是甘居落后的思想，安于现状就是倒退，来增强他们的危机感、紧迫感。平时也要多关心他们，使这部分学生感受到教师的关心，树立主人翁意识，从被遗忘的角落里走出来，充满信心，真正成为学习的主人。

（3）后进生要"托"。转化后进生历来是热门话题，也是个非常棘手的问题，我们要舍得花精力、花感情去托后进生一把，使他们能尽快赶上去。要做好后进生的工作，首先是要和他们交朋友，了解他们；其次要有信心，坚信只要我们是诚心诚意的，并有针对性地开展工作，就一定会有收获的。

5. 欣赏和赞美，让爱飞扬

欣赏和赞美是有效实施教育的态度，是有效教育的重要途径之一。真正的欣赏是指不仅欣赏学生的优秀品质，还要学会欣赏学生的缺点和失误。曾经有位名人说过："世界上没有垃圾，只有放错了地方的资源。"只有真诚、毫无偏见的欣赏和赞美，学生才会从内心深处予以认同，才会感激教师的教育、肯定教师的诚意，才会不自觉地朝教师期望的方向迈出步子。在我的化学教学工作中，我从不掩饰自己对学生的爱，也从不吝啬对学生的欣赏和赞美。

以上只是浅谈我在新课程教学中的一些体会和做法，抛砖引玉，期待见到更多更好的新课程教学的成功做法。

巧用活力课堂发展学生解决问题的能力

——基于核心素养角度解析 2022 年广东高考化学试题

2022 年是广东新高考的第二年，化学试题贴近高中化学教学实际，发挥了"立德树人，服务选材，引导教学"的核心功能，全面覆盖"核心价值，学科素养，关键能力，必备知识"的考查内容，实现了"基础性，综合性，应用性，创新性"的考查要求，重点考查学生运用所学知识分析问题和解决问题的能力。仔细研究 2022 年全国各地高考试题，尤其是广东高考化学卷，关于 2023 年的高考化学教学，我获得重要启示：平常教学务必抓好基础，落实好基础知识、基本实验技能的教学工作，并注重知识迁移、思维建模，发展学生面对新情境解决问题的能力。本文对 2022 年广东高考化学卷进行详细剖析，希望更多的高三教师在备考过程中摒弃"题海战术"，多角度切实发展学生解决问题的能力。

一、2022 年广东高考化学试题的特点

1. 试题内容布局合理，难度梯度科学

在难度设计上，如图 1 所示，广东高考化学试题中容易题和困难题都不多，比重仅分别为 14.29% 和 9.52%，以中等难度（较易、一般）题为主，占 76.19%，难度梯度是比较科学的。在试题内容的布局上，试题内容全面，涉及四个模块：化学反应原理、元素化合物、有机化学、化学实验。其中，化学反应原理模块仍然是占比最大的模块，不过比重略微下降，占 32%，这也是广东试题难度比全国卷下降带来的必然影响。2021 年开始，化学成为四选二学科，出题权下放到广东，整体难度下降，平均分升高，因此反应原理的比重下降了一点（学生觉得反应原理题比较抽象，所以难度较大一些）。其次是元素化合物模块，占 30%，元素化合物的考察方式很多，可以出古文化题、选择题、化工题、实验题、离子反应、氧化还原反应。有机化学的比重比较稳定，占 16%。2023 年高考"有机化学"和"物质结构"将不再是二选一，而是二者都是必选，如何考呢？目前还没确定，但是高三教师可以先扎

实做好这两个模块的备课，一轮复习时间紧张，所以可以选用以题带考点，每周滚动复习一次的方法。

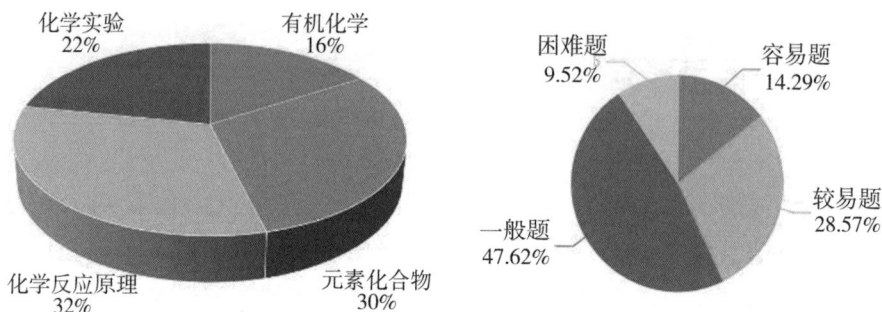

图 1　高考试题知识模块和试题难度分布图

2. 试题分层设计，有较好的选拔功能

试题分层设计，设问由浅入深，对推理论证能力有一定的要求，计算量适当。试题可从多个不同的角度进行思考分析，一道题会考查多个知识点，力求体现基础性，选择不同的方法会产生不同的效果，并能够有效地区分不同能力水平的考生。如 17 题就是一个非常好的设计问题，由浅入深，对学生能力要求逐步提高。（1）问、（2）问很基础，考察的是基本的实验能力，只要是进过实验室操作过物质的量浓度溶液配置的学生，都可以轻松作答。这两个问题的巧妙之处在于不仅很好地区分了学校落实实验教学方式的差异，是实实在在让孩子们操作实验，还是老师讲实验或用视频实验教学，也让大部分的学生先拿到基本分，稳定考试心态。不过可惜的是，这两个基本实验操作问题的送分竟然没送出去，全省的正答率仅为 50%。这再一次提醒教师和学生：2023 年高三教学必须重视课本、重视基本操作。实验教学必须让学生动手，并养成好的实验习惯。（3）问难度增加，配以实验的问题，考察了变量控制、平衡移动原理。（4）问和（5）问增加了新情境，能力要求比较高。（6）问又回落到一个基本生活问题，考察一个常见无机酸的用途。但是这个题的得分率也不高，原因是学生没注意到"无机"二字，而且平常也没留意生活中酸的用途，缺乏理论联系实际的意识，没养成学以致用的习惯。

3. 选取真实情境，突出价值观念引领

试题情境素材取材广泛，围绕与化学关系密切的材料、生命、环境、能源与信息等领域，对应用于社会生产实践的化学原理进行考查，充分体现了化学学科推动科技发展和人类社会进步的重要作用，凸显化学学科的社会价值。第 2 题以北京冬奥会、神舟十三号、天宫课堂、"华龙一号"核电为情境，考查天然有机高分子、化学变化、同位素等概念；第 3 题以广东省馆藏文物为情境，考查的是金属材料、无机非金属基础知识；第 6 题以劳动、生产活动为背景，向学生展示了化学在生产生活中的重要作用，同时也树立了劳动美的价值观，对于科学态度和社会责任的落实起了推动作用。

二、2023 年高考化学备考的策略

1. 加强理论联系实际，发展学生解决问题的能力

2022 年广东高考化学更注重考查学生解决实际问题的能力，在 2023 年高考备考时，务必重视引导学生注意学以致用，感受化学与生活的联系，发挥化学的工具作用。在备考时创设联系生产生活实际、科学技术进步的真实情境，考查学生建立化学思维模型、灵活运用所学化学知识解决实际问题的能力，促进学生核心素养的培养和发展。

2. 注重创新情境，增强开放，提升学生思维

观察 2022 年广东高考化学试卷的多个试题，尤其是 17 题，不难发现高考出题在往多样化的分层设问方式的角度变化。试题加强了开放性、辩证性，在综合分析和解决问题过程中激发学生创新意识，引导教学注重对学生思维能力的培养。教师应打破追求唯一标准答案、总结答题套路等导致学生思维僵化、固化的学习与复习备考模式。

无情境不命题，高三教师一定要在平常教学中摒弃简单粗暴的题海战术，平常课堂教学中要有意识地增加真实情境，拓宽情境来源，更好地引导学生思考问题，提高其在真实情境中解决问题的能力。创设不同的生活实践情境和学习探索情境①，并通过增强思考题的开放性和灵活性来培养学生的思维，摒弃对化学知识点的"死记硬背"。

3. 融入中华优秀科技文化，增强学生文化自信

高考化学试题中古文化题是很多学生信心不足的题目类型，原因有两个：①语文功底不好的学生古文知识不过关，读不懂题目；②实验操作不熟，不能快速从古文情境中关联化学实验。因此高三教师在平常教学及限时练、周

---

① 唐劲军，梁舒敏. 基于"科学探究与创新意识"素养视角的高考化学试题分析 [J]. 化学教学，2020，11（10）：85 - 87.

练、月考题中应该多渗透古文化题，让学生多了解中国的古代科技，以浸润的方式提升学生解答古文化问题的能力。

4. 深化基础，注重能力，引导教学减量提质

2022年高考化学注重对高中化学核心、主干内容的考查，不偏不怪，引导教学落实课程标准要求，应教尽教。深化基础性考查旨在引导中学教学依据课程标准进行，教师要重视新教材，经常回归教材，帮助学生牢固掌握基础知识、基本实验等，减少基础分丢失的情况。在具体的情境中考查学生对化学本质的理解，引导学生知其然，更知其所以然，逐渐形成对化学知识模块的全局性、整体性认识，引导减少"机械刷题"现象。

5. 加强实验设计，发展学生实验探究能力

化学是一门实验学科，实验是学生理解化学知识和化学本质的重要工具①，也是教师培养学生化学学科素养的重要途径和方式。2022年高考化学试题在实验原理的理解、实验方案的设计、实验仪器的选择、基本仪器的使用、实验数据的处理、实验结论的得出和解释等方面加强设计，考查学生的实验能力和科学探究能力，充分发挥了对高中实验教学的积极导向作用。因此高三教师教学时务必要重视实验探究，多引导学生设计实验方案、动手做实验，切实提升学生实验能力。教师还应该扩大自己的视野，多阅读学术期刊，而不仅仅是教学期刊，了解化学前沿科技，把一些科研探索方法传播给学生。

三、思考

分析2022年高考试题，尤其是广东高考试题，总结吸取教训，对2023年高考备考有很好的指导作用。正所谓努力很重要，但是没有方向的努力是白费功夫。2022年的高考化学试题，不管是全国卷还是广东卷都传递了一个很明确的信息：试题的开发性、情境量在增加。要想考得好，一定要重视发展在真实情境中解决问题的能力，这样才能以不变应万变，做到能力在手心不慌。而要让学生的能力落地生根，教师必须舍得放手、巧于放手，多给学生锻炼的机会，不要满堂灌、不要包办，学生只有多动手、多体验，才能增长能力。2023年高考是新教材、新课程标准、新高考的一年，是挑战也是机遇，找准方向好好备考，坚持践行"四不"活力课堂，我相信我们能行。

---

① 汤希雁，黄剑锋. 基于化学学科理解的高考化学试题分析 [J]. 数理化解题研究，2021，9 (20)：60-61.

巧用线索法，构建知识链

新课程背景下的课堂教学更加注重培养学生的学习能力，重视改变学生的学习方式，教师要加强对学生学习策略的培养，引导学生主动参与学习，善于独立思考，强化学生合作、探究的学习意识，发展学生获取新知识、分析和解决问题的能力。实践证明，线索教学法是一种引导学生主动参与学习、主动获取知识的好办法。什么是线索？线索是贯穿整节课、将各知识点串联起来的一条主线，它的作用就像链条一样，串联起零散的知识点，把各个部分联结成一个统一、和谐的有机体，即一线串珠法。从教学心理学方面来说，线索教学法类似于心理学中的内在联系记忆法，即寻找各知识点的内在联系，便于理解和记忆。如果说丰富而生动的材料是一颗颗珍珠，那么线索就是将这些珍珠串联起来的一条线。课堂教学过程中的线索有知识线、学生认识发展线、问题线、活动线、情境素材线、教师讲授线，等等。如果使用得当，会使课堂内容多而不乱，浑然一体。巧用线索教学法，就可很容易将知识脉络构建起来，大大提高教学效率，尤其是对于那些理解性要求不高、识记要求高的知识模块。化学教师该如何帮助学生寻找课堂教学内容的线索，巧妙运用线索帮助学生构建知识脉络呢？我结合自己的教学实践做了一些思考和尝试。

一、使用线索教学法的本质原因

1. 学科特点的需要

化学教学需要线索教学法。比起数学和物理，化学是一门相对比较杂、碎的学科，它不仅要求学生有较强的思维能力，而且要记忆比较多的内容。不会整理、没有知识体系的学生，常常忘东忘西，久而久之，就会对化学产生畏惧感。分解到每一节课，一节化学课中教师会讲授多个知识点，如果教师能够在上课设计中有意识地引导学生找到一条知识的主线，去探寻各个知识点之间的逻辑关系，将不同的知识点用一条线索串联起来，形成一个有机整体，这样就可帮助学生构建知识脉络，那么化学知识就会变得零而不散，学生学习化学时就会有有序思维，而不是痛苦记忆。

2. 遗忘规律的需要

艾宾浩斯遗忘曲线表明，遗忘的速率是很快的，如果知识缺乏内在的联系，那么各材料就会变得零散而没有意义，这样的材料更难记忆，遗忘的速度会更快，即便花了很多时间去记忆，也容易混淆。而引导学生找到各知识点之间的内在联系，把它们串起来，形成有线索的记忆，记忆效率就会高很多，理解起来也就会容易很多。

3. 教学组织的需要

使用课堂教学线索能让课堂教学首尾呼应、过程流畅、结构清晰、重点突出，体现出课堂的整体性和逻辑性，不但有利于教师对知识的有效输入和输出，而且有利于课堂教学的有效组织和调控，还有利于学生有效获取、记忆和运用整节课堂的内容。

二、教学实例应用

【案例1】

必修2第三章第二节"发展中的化学电源"可以采用问题线索法来引领学生思维发展，促使学生对化学的认识从宏观现象扩展到微观角度。对于该节内容，核心是抓住"发展"两字。何谓发展？发展即不断地进步。教学线索锁定为引导学生用发展的眼光看问题，不断挑毛病，带着一双挑剔的、追求完美的眼睛去挑出前一种电源的不足，从而确定要改进的方向（即下一代电源的优点）。找到这一条线索，学生就可顿然领悟，知识脉络就会清晰起来。课堂上学生可沿着这条线索顺藤摸瓜，不断深入提问，不断挖掘，知识的掌握程度就会如芝麻开花——节节高。如对于一次性锌锰干电池，学生可以挑出毛病：作为负极的锌会越来越薄，正极又有氨气生成，所以这种电池的毛病就是电流小、不耐用，且容易发生漏液。那么怎么改进呢？学生就会联想到：最好不要有气体生成，锌不要变成可溶的离子。这样碱性锌锰干电池就应运而生了。学生还能大致推导改进后的碱性锌锰干电池的反应原理，因为他们能够很容易理解负极产生的锌离子可以用生成沉淀的方法来避免锌外壳变薄，电解质变碱性之后就可以避免正极生成氨气，所以学生也就能够自然而然地写出加入碱性条件后的电极反应式。此时再放一下某电池的广告，效果会更好！（一个小男孩在脑袋上画个光环，自豪地喊"××聚能环，锁住能量，一节更比六节强！"）碱性干电池的广告，会让大家眼前一亮，它确实比以前的干电池更耐用了，而且也不用再担心漏液腐蚀电器的问题了。接下来可引导学生按这个主线互相追问："碱性锌锰干电池就完美了吗？人们是不是满足了？它还有没有可以改进的地方？"通过追问和讨论，学生可自己找到碱性锌锰干电池的毛病：虽然放电时间延长了，但始终是一次性电池，只能用一小段时间，然后就作废了。于是可想到充电电池，想到二次电池，而对各种二次电池的学习同样可以用这个线索法推进，而且教师这时可以完全放手了。这样的处理不仅过渡自然、知识连贯，而且学生获取知识也会变得更主动。

【案例2】

在高一的元素化合物的学习内容中，以"金属及其化合物""非金属及其化合物"为例来说明线索教学法的重要性。这两个知识模块里的方程式很多，尤其是氮和氯的变价又多，学生常常记不住，记了又忘，忘了再记，反反复复很辛苦。但是若引导学生以化合价的变化为线索，从左到右元素化合价逐渐升高，从最低价到最高价依次变化，从右到左化合价从高变低，而相同的价态再从主线上往上或往下画出分支，把对应的常见物质写出来，那化合价的变化就变成了线索。要求学生写出各个物质之间的变化关系，而且选择用方程式进行表达，学生的思考就会变得非常有序。因为他们知道从左到右化合价是不断升高的，发生的是氧化反应，所以需要加入氧化剂，那么他们就会从大脑中储备的常见氧化剂（教师应该要求学生熟记常见氧化剂：酸性高锰酸钾、硝酸、过氧化氢、氯气、次氯酸……）中挑选出适合的，再根据氧化还原反应的原理（有升必有降）推导出对应的产物。而右边的物质变成左边相应的物质，化合价不断降低，那么发生的就是还原反应，所以需要加入还原剂，学生会在常见的还原剂中进行选择。分支上是同一价态的，化合价没有变化，则发生的是复分解反应。如此推导，思考变得有序，而且方程式也能在理解中记住。养成这样的思维习惯，考试中遇到陌生的方程式也便不会再畏惧。遇到化合价变化的，可根据氧化还原反应的原理推测出产物；前后化合价不变的，则可用复分解反应的原理推导出来。这样，陌生方程式的书写就会变成一个容易得分的点，而不再是一个畏惧点。

从这个案例可看出，以化合价为线索，可很容易地构建出元素化合物知识模块中各物质相互转化的知识脉络，有助于学生理解和记忆繁杂的方程式。

三、思考

化学为自然科学中的一门基础科学，自然科学的研究方法都可适用，如观察方法、实验方法、逻辑方法等。化学教学要致力于培养学生的化学科学素养和科学思维品质。在教学中教师巧设线索，可引导学生通过科学研究方法获取知识和培养能力，有效推动课堂教学。正如叶圣陶先生所说："教师之为教，不在全盘授予，而在相机诱导。"巧妙的教学线索能增强教学的层次感，使教学步骤清晰，知识脉络清晰，要求清楚，目的明确，便于学生的理解和运用，更有利于激发学生的学习兴趣。但是，要用好线索法，教师需要在备课中做好设计：哪节课需要设置线索？怎样设置线索？用知识线、学生认识发展线索、问题线、活动线、情境素材线、教师讲授线中的哪一条？而且问题线索的设计还要有一定的深度、广度和梯度。在教学中妥善地解决好这些问题，才能达到事半功倍的效果。

活用课堂小结，让化学教学更有效

一堂完整、精彩的课，尤其是知识点繁多的化学课，应该是"有头有尾"的，不仅要重视新课的导入，也要重视课堂的结尾。但奇怪的是，教师的导入往往扣人心弦，尤其是公开课的情境导入，教师更是会绞尽脑汁，整节课学生热情投入，问题设置也深入浅出、环环相扣，而临近下课却草草收场：要么来不及进行课堂小结，要么教师用一两句话一带而过，要么让学生说一说"这节课你学会了什么？"这些都会让人感到虎头蛇尾，课堂效率无形中会打折扣。那么，究竟什么样的课堂小结能被称为"精彩"？如何精心设计出精彩的课堂小结来提高课堂教学的有效性呢？下面我结合自己的教学实践和思考谈几点看法。

一、重视课堂小结的原因

化学学科知识点繁杂的特点决定着课堂小结的重要性。首先，课堂小结有助于发挥"近因效应"[①]。"首因效应"和"近因效应"研究证实：人们要记住在排列顺序中居首位或末位的记忆对象所花费的劳动量，比记住在排列顺序居中的记忆对象所花的劳动量约少一倍。根据这个理论，精彩的课堂小结可以帮助学生将一节课诸多的教学内容进行系统概括、深化，便于记忆，这就是"近因效应"。其次，化学的知识点多而杂，课堂小结有助于帮助学生形成知识框架，掌握学习的方法和要领。就某一节化学课而言，由于时间关系，许多学生对教师讲授的内容往往掌握得比较零散且不牢固，而且化学需要记忆的知识点又比较多，易混淆的知识点也不少，当前化学教学中不少学生共同的反馈是化学"学得会，记不住""相似概念易混淆"，这会慢慢滋长学生的畏难心理。而概括性较强的课堂小结就可以去繁就简，促使学生对课堂学习中获取的各个知识进行重点加工、转移和储存，使其与大脑中储存的有关知识联系起来，组成有序的结构，达到帮助记忆、突出重点、理顺思路

---

① 索尔所，等. 认知心理学 [M]. 邵志芳，等译. 上海：上海人民出版社，2019：28-35.

的效果。这样既可减轻学生的学习负担，又容易让新知识与旧知识产生联系，为后面的学习打下基础。

因此，巧妙的课堂小结对提高课堂教学有效性有着举足轻重、画龙点睛的作用，不容轻视！

二、各种巧妙的课堂小结形式

怎样才能让课堂小结精彩起来呢？通过学习和实践，我发现课堂小结其实大有文章可做，而且不同类型的小结形式有着各异的功能和操作要求，其类型的选择要根据教学内容、学生实际及教师个性等变量的不同来调整。

1. 串联法

串联法小结就是运用"由点到线、由线到面、由面到体"的方法，帮助学生将新学知识形成系统或纳入已有知识的系统中。这个方法在元素化合物知识模块的学习中特别适用。一般建议以化合价的变化为主线，从单质出发，依据化合价的变化关系将物质串联成线。如必修1中"氯""氮"这两节的小结，我都是让学生以化合价为主线将各物质串联起来，然后根据化合价的升高或降低选择合适的氧化剂或还原剂写出反应方程式。这样，零散的知识就会被串成一个小网络，而方程式的书写也会变得有规可循，可通过推导写出，而不用死记硬背。并且一旦教会学生这种方法，在非金属及其化合物、金属及其化合物的学习中他们自己就可以做好归纳整理。

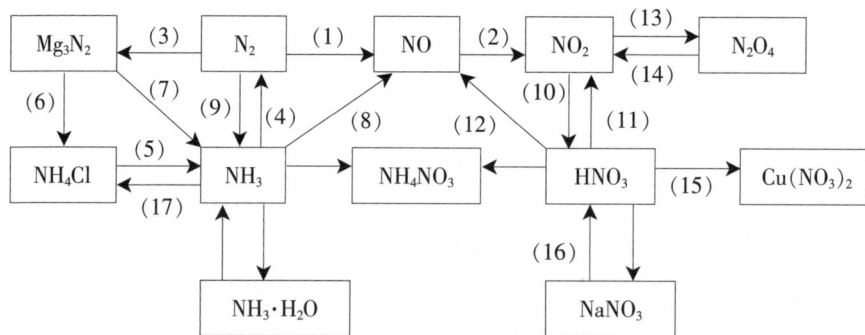

图1　N 的变化网络图

2. 悬念法

悬念法小结是指在概括新课主要内容的基础上，加以适当的延伸，从而巧妙地引出某些既与新课有联系，又与下一次或之后授课内容有关的新问题，让学生欲答不能，欲罢不忍，从而巩固本节内容，又为之后的教学创设悬念，埋下伏笔。例如在"化学反应原理"的教学中，讲完原电池后，可做如下结尾："通过本节课的学习，大家已经知道，将化学能转化为电能的装置叫原电池。反过来，将电能转化成化学能的装置叫什么呢？它的工作原理又是怎样的，和原电池工作原理有什么不同呢？下节课咱们再来好好研究研究。"学习能力好一点的学生听完这段小结岂能罢手？

3．首尾呼应法

写文章讲究首尾呼应，讲课也是如此。在新课的引入时可设置一些有思考价值的主问题或趣味实验，并且不要揭示答案，激发学生通过学习这节课自己找到答案。于是学生自然就会带着兴奋迫切地开始学习，新课快结束时，学生会个个抢着来揭秘，尤其是揭秘趣味引入实验，学生更是开心。例如在必修1"离子反应"的课堂教学中可以这样设计：先以《三国演义》中"绝路问津"的故事引入，将学生的好奇心激发起来但又故做神秘："欲知详情如何，请听本回分解！"学生个个兴致勃勃，想通过这节课的学习把谜底找出来。上完新课后，首尾呼应："我们已经学完了离子反应，现在谁可以揭开'绝路问津'故事里的谜底，超越诸葛亮给我们指点迷津呀？"学生个个摩拳擦掌，抢着回答，课堂效果相当好。这样既强化了重点，又提高了学生的应用能力，还带动了课堂氛围，何乐而不为呢？

4．共性归纳法

共性归纳法就是通过观察分析，归纳各知识点的共性，方便记忆和理解。化学的知识点比较零散，这是众所周知的。例如，有机化学是一个庞大的体系，系统性虽然比无机化学要强得多，但教学刚入门时学生还是比较容易混乱，尤其是烷烃、烯烃、炔烃、醇、醛、酸、酯等的分子通式，学生总是搞混，推导不出分子式、结构简式。教师如果能和学生一起通过分子模型的比较，分析归纳出"有一个双键（碳碳双键、碳氧双键都行）或成一个环，该分子的氢原子就比烷烃少两个"的结论，并示范一两类物质，那学生很快就可以自己推出其他类物质的分子通式了。再如教学有机反应类型加成反应、取代反应、氧化反应时，可从各类反应中归纳出化学键断开和形成的共同点，方便学生理解和运用。

5．断键归纳法

在有机化学反应的学习中，方程式的书写既是重点也是难点，但如果学生弄清楚了反应中有机分子的断键位置，书写反应方程式就会非常轻松了。如选必3"醇"这节内容中，醇的反应类型很多，是所有有机物中反应类型最多的，所以学生容易混乱。上完新课后，补充一道练习题，及时对化学键的断键做一个归纳小结是非常有必要的。

【练习】乙醇分子结构式如右图所示，根据乙醇化学性质及所发生的反应，填写下列断键情况（用序号）：

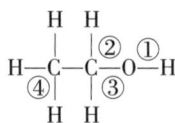

(1) 置换反应：与活泼金属 Na 等反应，断键_____。

(2) 氧化反应：与 O_2 催化氧化生成乙醛，断键_____。

(3) 取代反应：与浓硫酸共热反应生成酯，断键_____；

与浓氢溴酸共热生成卤代烃，断键_____；

与浓硫酸在 140℃ 下生成醚，断键_____。

(4) 消去反应：与浓硫酸在 170℃ 下生成乙烯，断键_____。

6. 谐音归纳法

所谓谐音归纳记忆法，是指所记忆的对象跟其他事物之间是彼此相连续地被感知着、表象着或思考着的[1]。当一个熟悉的知觉、表象或思想与所要记忆的对象谐音时，就可以用谐音来记住记忆的对象。如选修4的中和滴定部分有三种指示剂：酚酞、石蕊、甲基橙，学生只有熟记它们的变色范围和酸碱色才能完成滴定实验的考查，但偏偏很多学生总是记不住变色范围和颜色，导致实验题失分。如果讲完实验后利用谐音联想进行归纳小结，让学生在欢声笑语中记住这个难点，中和滴定实验题自然就不怕了。石蕊变色的 pH 值范围为 5~8，可联系为："石雷（蕊）有把吗？无把（即 5~8）。"酚酞的 pH 值变色范围为 8~10，可记忆为："老酚太太高寿？已八十了（即 8~10）。"甲基橙的 pH 变色范围为 3.1~4.4，可这样归纳记忆："假的秤准不准？请三姨（3.1）来试试（4.4）。"

7. 讨论小结法

离下课还有几分钟时，设置短时间的讨论、争辩，不仅可打破教师"唱独角戏"的局面，而且有利于提升学生的辨析能力、思维能力、口头表达能力。如在讲选修4中影响化学反应速率的因素这节内容时，可在最后 5 分钟

---

① 冯克诚. 中学化学课堂教学方法实用全书 [M]. 呼和浩特：内蒙古大学出版社，1999：206-209.

设置几个问题进行以小组为单位的讨论争辩：①增大体系的压强，反应速率一定加快？②增加任一反应物的物质的量，反应速率一定加快？③增加液体的体积，反应速率一定加快？引导学生抓住影响反应速率的因素进行辨析，可使其越辨越明。这样既可在无形中把影响因素中易出错的知识点归纳出来，又可开发学生思维，提高学生的表达能力。

8. 口诀法

口诀法是指把难记忆、难理解的某些知识点规律归纳小结成朗朗上口的口诀，以帮助理解和记忆。在教学"氧化还原反应"和"盐类的水解"时，这个方法很好用。指导学生将盐类水解的规律归纳为口诀："有弱才水解，无弱不水解；谁弱谁水解，谁强显谁性。"学生就可轻松搞定盐溶液酸碱性的判断、弱酸弱碱的强弱比较等题型了。

9. 对比小结法

化学教学中有不少知识点比较相近，学生易混淆，将这些知识点进行比较辨析是非常有必要的，例如原电池和电解池、离子键和共价键、电离和水解。

三、体会

课堂小结是课堂教学 45 分钟的重要组成部分，精彩的课堂小结能起到画龙点睛的效果，切忌流于形式。常言道，教学有法，但无定法。因此，化学课堂小结远不止这几种，且不是固定不变的，我只是在抛砖引玉。课堂小结要想做好，教师在备课的时候就要结合教学内容把课堂小结的形式、内容和时间安排准备好，这样才能达到预期的目的，不至于被"正课"挤掉。课堂小结做得丰富多彩、有魅力，何愁课堂不高效呢？

"争前、夺后"教学成效高

课堂是教学的主阵地，但教师要在有限的授课时间内完成预定的教学内容，并要让程度参差不齐的大多数学生听懂、理解、掌握，除了优化课堂教学外，我认为，做到"争前、夺后"，可达到事半功倍的教学效果。所谓"争前、夺后"，就是指适当地利用好课前和课后时间，促进学生更有效地理解知识、更合理地安排学习。本文就新课程中的化学教学，谈几点"争前、夺后"的做法和体会。

一、课前铺垫，注重学习认知规律

高中化学中有些概念比较抽象、难于理解，基础较差的学生很难很快接受。因此教师应该对要教学的知识点做通盘设计，对一些较难理解的概念、方法进行提前渗透、铺垫，让学生可以有序学习知识。例如必修 1 第三章第二节中首先出现碱性氧化物的概念，氧化铝的学习中出现了"两性氧化物"的概念，第四章 SiO_2 的学习中要掌握酸性氧化物的概念。这样的安排不符合学生的认知规律，难于接受、理解，容易混淆。我做了以下调整：在第二章"物质的分类"的教学中补充酸性氧化物、碱性氧化物的概念，并添加物质的分类的练习，这样既可强化物质的分类，又可在对比学习中刺激学生感官，使其印象深刻。学习第三章金属氧化物时再遇到碱性氧化物，只需简单复习，同时对两性氧化物的引出也就水到渠成了，对于这个知识点，学生犹如见到似曾相识的"朋友"，并不会感到陌生，这种知识的铺垫，是从学生的认知规律、知识整体性和关联性出发，进行有目的、有计划地设置，所以可使教学取得较好的效果。

二、课前预设，注重知识承前启后

在新课前教师有目的地布置学生预习、阅读课本，指导学生复习相关旧知识，并布置适当的小题目以增强预习的效果，为讲授新课做好充足的准备，这样可提高教师讲授新课的效率。例如在学习必修 1 第三章第一节"金属的化学性质"时，学生在初中已接触过一些金属如铁、镁等，教师可以调动学生的知识储备，对该内容采取边讲边实验的教法，并在课前设计小问题让学生预习，效果会好很多。设计的问题要注意前后的衔接和针对性，如：①举例说明金属能发生哪些化学反应。②金属有哪些物理通性？③使用镁之前为什么要打磨，还有哪些金属也要打磨？④镁和铝是活泼金属，为什么不密封保存？⑤钠在金属活动性顺序表中排在镁和铝的前面，它可以与哪些物质反应？如何体现它的活泼性？怎样保存钠？……这些问题的预设，可让学生找到学习之源，后续的学习便会顺乎自然了。

三、课外交流，注重获取反馈信息

一节课上得再生动，教师自我感觉再好，学生听不懂都枉然。所以新课程下教师要放下架子，课后多与学生交流，多收集反馈信息，以便调整教学，为学生服务。教师应多与学生谈心，师生间真诚坦率的对话不但可使教师进一步了解学生的学习情况，还可获得学生对自己教学的评价、建议等宝贵信息。应当指出的是，开展师生谈心活动要创造宽松的氛围，抱着虚心听取意见的态度，不要高高在上，只有这样学生才敢说真话。此外，对少数学生的误解和偏见应和蔼地予以解释，无意中给个别学生造成的伤害也应真诚表示歉意。

除了与学生交流谈心，教师也可根据自己想要了解的内容，精心设计问卷进行调查，然后根据问卷分析结果及时调整自己的教学。如在开学初，可设计问卷：你心目中一个优秀的化学老师是什么样子的？你希望化学老师如何上课？开学一个月后，可设计问卷：你满意老师现在的教法吗？希望老师在哪方面改进？在期中、期末总复习中，可设计问卷：你喜欢哪种复习方式？①讲授法；②实验法；③习题法；④讨论法。问卷调查时，答卷上可以让学生不署名，宜当场收卷。这种问卷调查所反馈的信息的针对性、真实性很强，会对教学有相当不错的参考价值。

四、课后强化，注重学习方法指导

导致高一学生学不好化学的因素之一是学习观念和方法跟不上。刚升入高中的学生大多数会坚持已有的方法，相信自己的老习惯，把初中的习惯和方法照搬到高中，继续以记忆为主要特征的学习方法，死记硬背。针对这种情况，教师可有意对高一学生进行以抽象思维为主要特征的学法指导，不仅在课堂上，课后也要渗透、强化、落实。该学习方法的核心是思考，而思考的主要方式就是多联系、多总结、多对比。根据化学知识的特点，教师可对学生如何联想、如何总结、如何对比进行指导，并在课后练习、作业、单元小结、复习中强化。学生可通过模仿老师的思维方法，逐渐养成科学的思维习惯，以适应高中课程的学习。例如学习 SiO_2 性质时，可以和 CO_2 对比学习，忘记了 Na_2SiO_3、$CaSiO_3$ 的化学式时可根据 Na_2CO_3、$CaCO_3$ 推导出，这种联系学习可让学生找到良好的记忆方法，而无须再死记硬背了。

此外，我们经常会遇到这样的学生：课堂反应很好，好像教师讲的他全懂，可一做作业又反映作业难、不会做，考试的时候则书本知识失分严重。仔细分析，其实这类学生还是学习方法有问题。他们大多拿起习题就想直接做，而不先复习教科书，认为书上知识太简单，不值一看。这类学生在课堂上其实只是表面听懂了，并没有进行巩固和内化，对知识的掌握还不够确切，课后不阅读教科书，仅凭在课堂上听的内容就想解题，当然会存在一定的困难。解决的办法是教师要强调教材的重要性，并讲授一些阅读的方法、要领和技巧，指导学生阅读教材，引导学生学会自己发现问题，并力争自己解决问题。久而久之，学生会体会到阅读教材对提高理解、巩固和解题能力的帮助，尝到阅读教材的甜头，就会重视教材，自觉自愿地改变自己不科学的学习方法。同时，教师再有意识地不时布置一些阅读性作业，更有助于学生养成阅读教材的习惯。

五、课后提升，注重知识巩固发展

课后作业是新授课的延续，能巩固新授课所学知识，是认知的第二次飞跃。它不仅能深化教学过程，促使学生把知识转化为解题的技能技巧，提高新知识的运用能力，同时也是沟通教和学的桥梁，是信息反馈的重要途径。新课程改革背景下，教师不能再走过去封闭、僵化的"一刀切""齐步走"的模式，不能再喊着"量中求质""锯响就有末"的口号，使化学作业成为化学教学改革的世外桃源，而不与课堂教改同步。教师应该自觉废止"多而杂"的模式，实行"少而精"的模式，减少学生负担，体现学为主体，让学生成为作业的主人，变"要我做"为"我要做"。要达到这一点，我认为可从以下几方面入手：

1. 努力使作业形式多样化

在新课程中，内容的编排比以前丰富、生动，习题类型更多样化，所以教师可结合新课程布置多样化的作业。除书面作业外，还可布置以下形式的作业：①阅读作业。新教材结合教学内容，提供了较多的阅读材料和选学内容，以开阔学生的知识视野和培养学生的自学能力。②口头表达作业。如元素周期表 1～18 号元素，常见酸和碱，盐的溶解性，氧化还原口诀，盐类水解口诀，常见指示剂（甲基橙、酚酞、石蕊）的变色范围等需要熟记的内容。③实践活动类作业。如课外活动（研究性学习活动、兴趣小组活动）、社会调查（环境污染后果的调查、吸烟的害处等）、参观学习（参观造纸厂、化工厂等）、网上查阅、角色扮演（如要求以小组为单位，课后扮演不同角色，讨论是否应该停止使用铝制饮料罐）、家庭小实验（如高一讲胶体的时候，可让学生在家用手电筒照射鸡蛋清观察现象；讲金属及其化合物时，可安排学生在家完成水壶中水垢的清洗）等。

2. 努力使作业内容层次化

新教材的教学内容富有弹性，便于因材施教，所以教师可根据学生情况精选习题，布置适量有代表性、不同要求层次的习题作业，满足不同层次学生的学习需求，让成绩差的学生有信心学下去，让成绩好的学生"吃得饱"，同时也让学生脱离"题海战"，减轻其负担。我每年所教的重点班和普通班的作业都会有差异，而且每个班还会设置必做题和选做题。教授高三时，第二轮复习中我会采取菜单式作业的形式来满足各层学生的不同需求，很受学生欢迎。何谓菜单式作业？教师不布置固定的作业，学生根据自己的实际情况向教师写小纸条索要作业，比如实验装置选择题专练 10 题、不同情境化工流程题专练 3 题、实验探究题专练 5 题等，虽然教师找题会比较辛苦，但是这样的作业学生做得开心，而且实效性强。

3. 努力使作业内容生活化

新课程教材内容丰富有趣，与社会生活有很大的联系，教师可根据实际情况，编些贴近生活的、有趣的习题，以加强化学与生活的联系，从而提高学生的学习兴趣。如学习 $NaHCO_3$ 时，可让学生找找生活中哪些地方用到了它。

4. 努力使作业形式游戏化

在章节复习或期末复习或学习内容比较单调的知识块时，很多教师会感到课堂效果不是很好，学生总是提不起精神。这是因为单调的方式、熟悉的内容激不起好奇心强的高中生的兴趣。十七八岁的中学生最明显的特征是好玩、喜争强好胜。那教师就可以把那些单调的内容变成竞技的材料，把课堂变成比赛的舞台，组织各种小竞赛，如各组竞赛画知识网络图、小组互相提问题看哪个小组能把对方考倒，甚至可以模仿江苏卫视《一站到底》节目开设擂台赛（为最后诞生的"战神"发放奖品并贴出英雄大彩照，增加其吸引力），从而调动学生的热情。再如对于变化繁多的化学方程式，理解能力强的学生不在话下，但刚入门的学生或基础薄弱的学生就会比较害怕，甚至有不少学生认为比记英语单词还难。虽然学生可用对比法、类比法、网络法等来帮助记忆，但是时间一长还是比较容易混淆。某次无意中我接触到广东中山某位教师发明的化学趣味扑克牌（每张牌的正面写有一种元素，并配有该元素单质的彩图及该元素的性质介绍，越活泼的物质代表的牌越大，根据反应方程式可以组成一个顺子），心中一喜，又可以利用游戏法帮助学生轻松记忆了。以自愿为原则，每两个学生合伙买一副化学扑克牌，先两两对打，再四人对打，然后每个小组各派一个代表竞赛，为了赢牌，学生会主动深入研究物质的性质。于是课间打闹的少了，以玩带学，多数学生都通过这副牌记住了很多元素的性质和方程式。

另外，"课后"巩固阶段中还应该采取有效的措施以防止和减缓学生的遗忘。化学的内容比较杂，很多学生常常是学了后面忘了前面，期末时忘记期中的知识，尤其到了高三时，对高一、高二的知识点、反应方程式的印象会很淡薄，这会给后续学习和复习及知识的综合应用造成困难。艾宾浩斯遗忘曲线表明，遗忘的进程是不均衡的，先快而后逐渐变缓。这表明所学知识在24小时内复习便可保持较长时间的记忆，以后复习的频率可逐渐放慢，即可达到减缓和防止遗忘的目的。教师可据此把复习工作安排在整个学习过程中，而不是集中在考试前，尽量做到复习新知"不过夜"，检查"不过周"。典型又易错的习题要反复练习，单元考核时可结合前面的知识进行，所谓"滚小雪球"，跨学年则"滚大雪球"。后一章或高二阶段的学习中可每周布置适量的前一章或前一阶段化学方程式的书写、知识运用等作业，以减缓对前一章、前一阶段所学内容的遗忘。这样着力不多，效果不错！

以上是我在化学新课程教学中"争前、夺后"的一些做法和体会，这些做法在新课程教学中取得了较好的教学效果，我所教班级的化学成绩稳居年级平行班前列，期望拙文能起到抛砖引玉之效。

用化学史故事点亮新课程

儿童启蒙，每每始于故事。童稚好动，也贪玩，但即使是最顽皮的儿童，一听说讲故事，也无不喜形于色，顷刻间就安静下来。故事对于高中生同样具有惊人的魅力。每天9节课，学生其实很累，我特意观察了学生听化学史故事时的表情，哪怕只是引入一段小小的化学史故事，学生都会很兴奋、很开心，尤其是加入了丰富的图片和视频，再配上教师绘声绘色的讲述，学生就更喜欢了，有点困意的学生也立刻精神起来。而化学史故事可不仅仅是提神醒脑的催化剂哦，它的功能大着呢！通过讲好化学史故事，我们可以向学生阐述化学发展的历程，展示化学家们在研究中所采用的科学方法、化学实验，以及科学家成长背后的故事。当我们向学生展示化学发展史上一道道美丽的风景线后，化学家的形象就不再是平面的，而是立体而丰满的，化学假说和理论的建立也没有我们想象中的那么简单，它们的发展过程曲折而艰难。走进那些化学史故事，深入了解化学史上这些真实的人和事，经历他们的科研过程，学习他们的科研方法，感受他们的科学精神，有助于学生主动构建化学基础知识和基本技能，有利于学生体验科学探索的过程，深化其学习科学研究方法，有利于加深学生对科学本质的认识，发展其创新精神和实践能力，有利于学生形成严谨求实的科学态度。

"三新"（新课程、新教材、新高考）高考背景下的高中化学活力课堂，都在强调情境教学，无情境无教学、无情境无命题，情境教学很重要，但我认为背景教学同样重要。所谓背景教学，就是把知识背后的化学史故事告诉学生，让学生知道知识的来龙去脉，让学生知道科学家的研究故事。如何巧用化学史故事点亮学生的心灵，打造别样的精彩活力课堂，实现立德树人，使更多的学生自发地爱上伟大的化学家和化学课堂呢？我觉得大有文章可做，只要教师肯用心，定能让化学史故事的魅力散发出来。正如著名化学家傅鹰先生所说："化学给人以知识，化学史给人以智慧。"

可惜的是，当我们意识到化学史故事的魅力和育人价值，希望能通过化学史故事介绍知识背景时，却会发现课本中只是很简要地插入一些化学史故事，或者只出现一个科学家的头像，无法据此讲清楚物质发现的来龙去脉，也无法生动地展示化学家背后的探索故事和科学家的成长故事。于是我们希望能找到一本符合高中生的化学史故事文本做教材，或借鉴一下前人开发的有关化学史故事应用的校本课程，或者借鉴其他教师上课用的化学史故事PPT课件，结果我们跑遍几大图书馆，并登录各大网站进行查找，科学家的故事、趣味元素故事是能找到几本，但内容都非常简单，尤其是实验探究部分更是寥寥几行，根本无法学习满足高中生的实验探究需求，仅适用于小学生或初中生的课外阅读。

面对这样的状况，我决定迎难而上，自己开发化学史故事教材。2020年新高考改革一推动，我就开始挖掘化学史故事的育人功能，着手开发精美的化学史系列故事，把化学史故事作为立德树人的抓手，见缝插针地为学生讲化学史故事，带领学生探秘化学史，走进科学家背后的故事，让学生的精神滋养落地生根，让更多的学生自发地爱上化学，爱上化学课，用化学史故事点亮新课程教学。我连续两年主动申请开设的四期校本课程"化学史故事"成为学校的明星优秀课程，期期爆满。年轻教师说我像一束光，打开了一扇构建化学活力课堂的好窗户。在我的感染下，好几所学校的教师（李兆基中学的苏忠波老师、杨创文老师、李志敏老师，郑裕彤中学的龚新强老师，乐从中学的谢正平老师，文德学校的戴莹瑾老师，容山中学的张鸽老师）也主动加入了化学史故事的开发团队。

2019—2022年，我在四所学校进行了第三次教学实践大检验，不仅在本校检验，同时还在其他三所各具特色的不同层次的高中（郑裕彤中学、乐从中学、文德学校）进行了检验。检验时从学生、教师、学校出发，对课程进行多维度评价，再结合评价对该课程进行优化。现在，《探秘化学史，走进科学家》校本课程已经非常成熟，其不仅适用于我校的校本课程选修教学，也适用于佛山市各层次的高中校本教学，有借鉴意义和推广意义。《探秘化学史，走进科学家》这本书不仅可以用作校本课程选修课的教材，还可以用于化学第二课堂活动、化学兴趣小组、课堂情境引入，也是一本适于高中学生的科普读物。

参与课程开发的8位老师（我、苏忠波老师、杨创文老师、李志敏老师、龚新强老师、谢正平老师、戴莹瑾老师、张鸽老师）的教学成绩及所教学生品质均有明显提升，这证明化学史故事的应用有助于打造化学活力课堂，无论是作为开课前的情境引入，还是课中的知识背景呈现、课尾的知识拓展，其都可调动学生学习化学的积极性，并帮助学生深入了解知识的内在，而科学家成长背后的故事又可滋养学生的心灵。比如在苯、苯酚、碳酸钠和碳酸氢钠、电离、氯气等知识点的教学中，我都渗透了化学史故事，学生非常喜欢，教学效果非常好。

【案例1】

在"苯"的教学中，我插入了"苯的发现"这个故事，带领学生踏上"苯的发现之旅"，很好地激发了学生的兴趣。故事如下：①19世纪初，英国和其他欧洲国家一样，城市的照明已普遍使用煤气。当时伦敦为了生产照明用的气体（也称煤气），通常将鲸鱼和鳕鱼的油滴到加热的炉子中以产生煤气，然后再将这种气体加压到13个大气压，储存到容器中备用。在加压的过程中产生了一种副产品——油状液体。②1825年，英国科学家法拉第（Michael Faraday，1791—1867）首次发现了苯。他将制备煤气后剩余的油状液体进行蒸馏，在80℃左右时分离得到了一种新的液体物质——"氢的重碳化合物"。这项工作持续了五年。③1834年，德国科学家米希尔里希（E. E. Mitscherlich，1794—1863）通过蒸馏苯甲酸和石灰的混合物制得了该液体物质，并命名为"苯"。

【案例2】

教学化学反应原理模块中的"酸碱盐溶液的电离"时，我插入了化学史故事——化学界明日之星"阿伦尼乌斯"。1859年，阿伦尼乌斯出生于瑞典，他从小精明聪慧，文学、数学、物理样样难不倒他。十七岁考上父亲的母校乌莎拉大学，两年后快速毕业，开始攻读物理博士学位。一开始，阿伦尼乌斯的研究领域是光谱，不过他意识到，想要精通物理，就必须接触更多化学与数学知识，于是他选择了当时与物理、化学都有重叠领域的电学。其中，他最感兴趣的就是当时著名的瑞典科学家克莱夫所研究的"电化学"课题。由于阿伦尼乌斯拥有非常优秀的实验能力，瑞典科学院物理研究所埃德伦德教授很赏识他。除了平常的研究以外，阿伦尼乌斯在闲暇之余也从事很多独立研究。在反复进行的电化学实验中，阿伦尼乌斯在稀释溶液的过程中发现了一些奇特现象：溶液的导电性竟然会变大！他觉得很纳闷，这跟电学大师法拉第主张的"分子在通电时被分离成正、负离子团"的观点发生了冲突，如果通电就能把分子"电"成离子的话，浓度越浓的溶液，离子应该会越多，导电性会越好！可他观察到的现象却是——越稀的溶液导电性越好；不是电力越大，溶液导电性就越好。这让阿伦尼乌斯好奇心大爆发，他开始设计一连串的实验，想解开"电力""离子浓度"与"溶液导电性"三者间的关系。为了从理论上概括和阐明自己的研究成果和创见，他发表了两篇论文：第一篇《电解质的电导率研究》叙述和总结了实验测量和计算的结果；第二篇《电解质的化学理论》是在实验结果的基础上，对水溶液中物质形态进行了理论总结，专门阐述电离理论的基本思想。

【案例3】

讲反应热中"盖斯定律"的时候，我用了实验视频的方式为学生插入盖斯定律发现的故事。①法国化学家拉瓦锡和法国数学家、天文学家拉普拉斯，利用冰量热计（即以被融化了的冰的质量来计算热量）测定了碳单质的燃烧热。②1836年，盖斯利用自己设计的量热计测定了大量反应的反应热，并依据氨水、氢氧化钠、氢氧化钾、石灰分别与硫酸反应的反应热总结出了盖斯定律。

巧用概念图，提升化学课堂教学效果

概念图教学模式即以化学概念作为化学课堂教学重点，通过展示图谱来帮助学生理解化学学习规律。应用合适的概念图教学，高中化学教师可帮助学生建立完整的化学逻辑思维，并基于实验教学为学生提供一系列可视化思考空间，让学生在学习理解过程中形成自己的科学观念，可转变思维去理解化学知识的具体形成特点。教师也要基于学生学习的基础，应用思维导图进行由浅入深的课堂引导，形成独属于学生的概念体系，完成化学课堂教学质量的提升。尤其在新高考选科走班后，学生的流动性增大，思维差异变大，化学课堂教学难度加大，概念图教学模式势必会在落实学科核心素养和化学课堂管理上发挥积极作用。

一、利用概念图进行整体化教学设计

概念图可以辅助化学教师进行课堂设计，根据实际的教学目标对整个教学内容做出调整，并选择与之对应的概念图谱。使用概念图谱对某一章节的知识点进行展示，可帮助学生由某一特定知识点联系发展到一系列的知识点，实现化学教学的由点到面及学生的深度理解。

在高一新教材"海水中的重要元素——钠"的教学时，图 1 就是利用概念图进行教学设计的一种样例。教师可对金属钠的知识进行衍生，通过讲解钠的存在、钠的用途、钠的制法、钠的保存，让学生理解钠在生活中的应用。接着教师可以从另一角度切入，从钠的物理性质和化学性质展开讲解。从物理性质角度来看，钠是一种质地较为柔软的银白色金属，它的密度比水小、导电性良好、熔沸点较低。而钠的化学性质则是较为活泼的，其可与非金属物质反应、与水反应、与盐反应，发生剧烈的化学变化，并产生较多的水蒸气。又如在教学"氯及其化合物"时，教师可着重从无机非金属物质的化学性质展开探讨。先用图片展示氯的几种重要化合物如氯化钠、氯化钾、盐酸的应用作为引入，再从氯的这几种重要化合物展开课程讲解，使学生理解氯气是一种氧化性较强的非金属物质，而氯元素在生活中也广泛存在。它的重要化合物氯化钠是食盐的重要组成部分，而其构成的盐酸在工业领域则有着较为广泛的应用。在此基础之上，教师可利用概念图进行教学。以氯气作为主干向四周做出分支，让学生了解氯的化学性质和物理性质；再与之前所学过的钠的化学性质进行对比，让学生了解钠是金属物质中还原性较强的，而氯气则是无机非金属物质中氧化性较强的。两者在化学领域内都具有较为重要的地位，它们的各类化合物也给人们的生活带来了很大的改变。教师同样也可以在教学时鼓励学生自主地去思考各类化学物质的用途与制法，让学生理解其化学性质和物理性质。通过这样的概念图教学，教师可由某一特定化学知识延伸出一系列的化学知识，为学生提供一个可视化的思考空间，让整个化学课堂的教学质量得到保障。

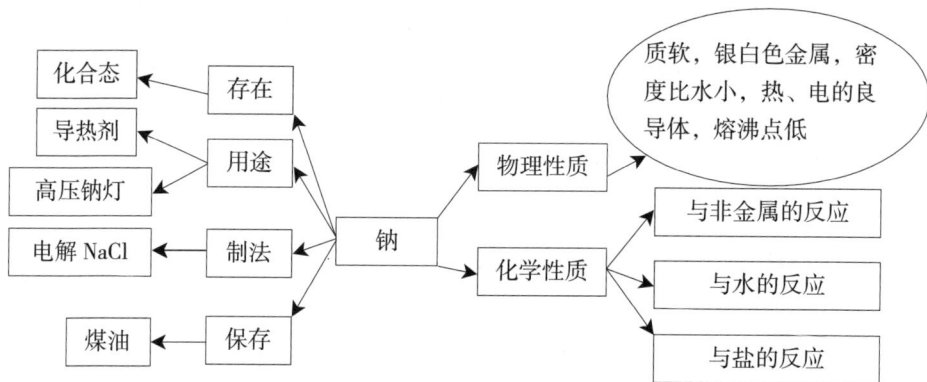

图1　金属钠概念图

二、应用概念图构建学生的化学知识网络

在刚开始接触零散的化学知识时，学生往往是无从下手的。即使一些学生能够记住这些化学知识，但更多学生都无法找到不同知识点之间的联系。此时，教师可通过概念图教学方法帮助学生理清各化学知识之间的脉络，由此寻找到知识学习的整体内涵。

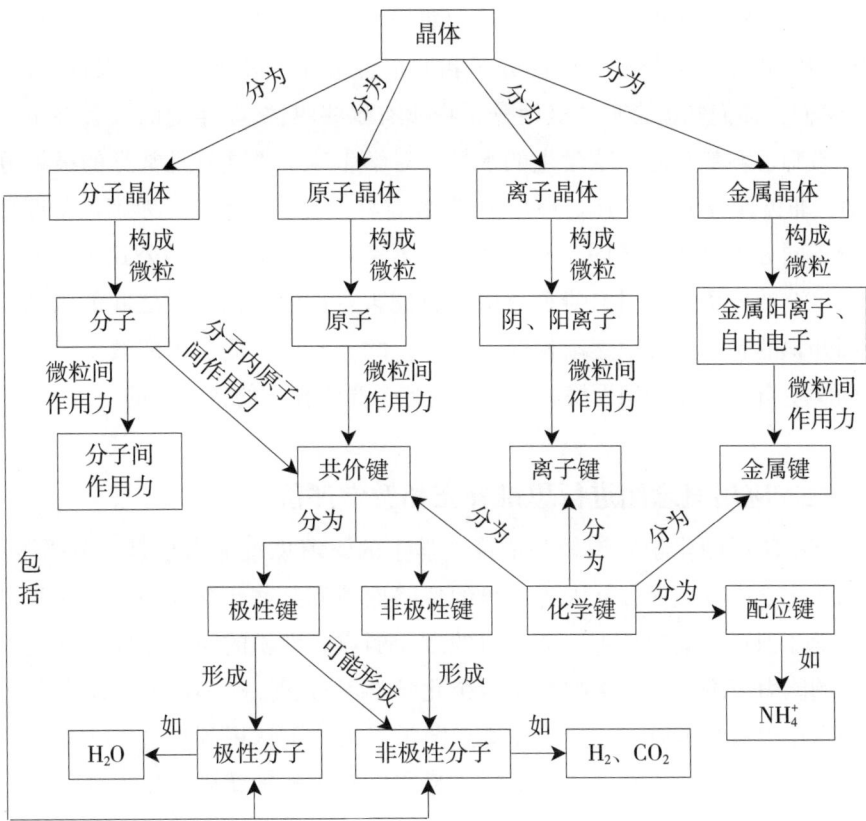

图 2　晶体的知识网络概念图

图 2 是一个典型的知识网络概念图。教师可通过此概念图向学生完整地介绍晶体概念体系，使学生认识晶体的基本物理性质和化学性质。教师首先可以从晶体的具体分类进行介绍，让学生认识到晶体可以分为分子晶体、原子晶体、离子晶体、金属晶体四大类；接着教师可在课堂上提出问题："同学们，你们知道为什么晶体可以被分成这四大类吗？科学家是依据什么将其进行分类的？"在问题的引导之下，学生大多会仔细观看概念图；在探讨过程中，他们也会逐渐了解到是因为组成各类晶体的微观粒子不同，才出现了不同类型的晶体。例如构成分子晶体的就是分子，构成原子晶体的则为原子，构成离子晶体的为阴、阳离子，构成金属晶体的为金属阳离子和自由电子，构成它们的物质不同，导致了各类晶体化学性质的差异。分子晶体的作用力大多为分子间作用力，而原子晶体的则为共价键，离子晶体的为离子键，金属晶体的为金属键。其中，化学键有共价键、离子键和金属键三类，共价键

又分为极性键和非极性键。极性键和非极性键的组成类型不同，加上分子空间构型的差异，又分成了极性分子和非极性分子。教师接着可以提出问题："同学们，你们知道常见的极性分子物质有哪些吗？"学生此时大多并不太了解。教师可顺势拿起一位学生的水杯，对学生说："这就是常见的极性分子H_2O，非极性分子则有H_2、CO_2等。"在这样的完整体系下，教师可帮助学生区分不同分子之间的异同。这时学生也不需要去背诵大量的公式了，他们可通过已有的概念知识对自身概念图进行完善，理解不同物质之间的区别，在新旧知识的整理连接中逐渐构建一个完善的概念图。概念图的教学模式能够帮助学生自主构建知识网络，也可提高整个高中化学的教学质量。

三、应用概念图进行思维补充和教学评价

高中阶段的化学知识较为散乱，学生的学习思维能力也是十分受限的。他们在化学课堂上很容易因为自身的忽略而遗漏某些化学知识点，这些遗漏的化学知识点会成为学生后期学习的致命弱点。堆积的问题会导致学生解决问题的能力下降，严重影响学生整个化学学习过程。教师可通过概念图教学法揭示化学概念本质，让学生在概念图学习模式下认识到自己以往学习中所存在的错误。例如在教学"氧化还原反应"时，教师就可以使用图3所示的概念图进行教学。教师可先对氧化还原反应的反应性质、反应过程和反应产物做出阐述，让学生理解氧化还原反应各概念的相关联系，再在课堂上提问："对氧化物来讲，得电子和失电子对应的分别是什么反应？氧化还原反应的实际反应原理是什么？"学生会在探讨过程中了解化合价降低表现为氧化性，化合价升高表现为还原性，它的反应过程分为还原反应和氧化反应这两种。学生通过观察能直观地了解到氧化反应和还原反应是一类相对的反应，并不是与氧气的反应，反应的实质就是电子的得失。

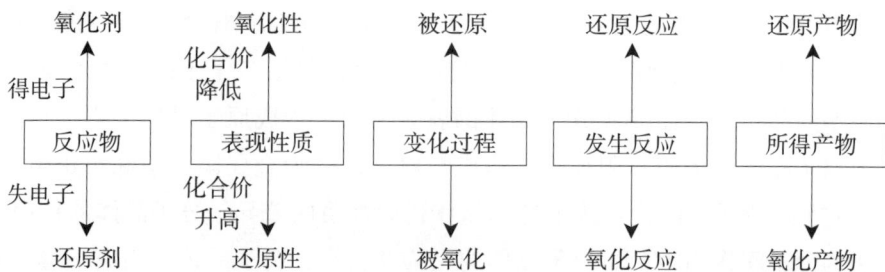

图3 氧化还原反应概念图

在概念图教学完毕之后，教师也可以针对学生在课堂上的具体学习效果做出评价。如在教学选必 3"有机化合物"时，教师就可以要求学生在每节课程开始之前拿出一张白纸，将自己所掌握的与有机化合物相关的知识全部书写下来，根据自己的理解来构建出概念图。然后教师再对学生所绘制的概念图做出评价，在评价过程中切记要保证学生的学习自信心，多给予学生一些激励评价，帮助学生在互补学习过程中理解知识重点。这样的评价过程既能够巩固学生学习过的有机化合物知识，更可丰富学生对某些有机化合物空间结构的了解。学生能够在批判思维建立过程中感受到化学知识的魅力，并可根据各单元的知识结构重新构建概念图。

教—学—评是化学课堂教学的连贯过程。在教学理论方面做好课堂整体教学设计；应用概念图帮助学生发现错误，构建学生的知识网络；应用概念图对学生思维进行补充，做好教学评价，由此可实现对学生认知方式的改变，让概念图成为支撑学生学习发展的一种重要技术。广东新高考选科走班已经实施了三年，我进行了三年的新高考教学实践检验，结果证明，合理应用概念图，确实可提升化学课堂教学效率，是一种值得尝试和推广的教学模式。

巧借多元课外活动，培养化学核心素养

随着新一轮课程改革的推进和实施，高中化学课堂的教学越来越重视对学生化学核心素养的培养和发展。化学课外活动是利用课外时间对学生展开延伸性教学，其内容具有广泛性、开放性、趣味性，形式上具有灵活性、多样性、可实践性等特点，丰富的化学课外活动在激发学生的学习积极性、引导学生自主学习方面具有天然的优势和影响力。教师如果能够充分借助化学课外活动的教学力量，组织多元化的活动形式配合课堂教学，不但可以丰富学生的课外生活，发展学生的特长，促进学生全面发展，还可以培养学生的探究意识、创新意识、社会责任意识等，实现培养学生化学核心素养的终极目标。

一、阅读活动，拓宽视野

在高中化学的教学过程中，最常见的化学课外活动形式就是课外阅读。教师可以组织学生搜集并阅读课外读物，使学生了解历史长河中化学学科的趣闻逸事，同时，可以要求学生认真阅读、仔细思考，通过读书报告会、化学手抄报等形式展开阅读分享，帮助学生拓宽视野。

例如，对于必修 2 第二章的"化学反应与能量——化学能与电能"，为了更好地配合这一课中原电池内容的教学，我利用周末组织学生开展了有关"锌空气电池"的阅读分享活动。我提前通过搜寻书籍和网络整理出了一篇从结构、功能、工作原理三个方面介绍绿色电池——锌空气电池的阅读材料，让学生利用周末的时间自由展开阅读。同时要求学生在阅读之后对比课堂所讲的原电池，总结一下锌空气电池的优点或者缺点，发布在班级微信群中与大家分享。学生们对课外阅读活动都十分感兴趣，争先恐后地发表自己的看法，学生 A 说了锌空气电池的优点："电池的正极材料是活性炭、铜网，负极材料是金属锌，没有有害物质，无毒环保。"学生 B 则相反，发现了一个锌空气电池的缺点："空气中的二氧化碳（CO_2）会通过透气膜与电解液中的氢氧化钾（KOH）反应，生成碳酸氢钾（$KHCO_3$）或者碳酸钾（K_2CO_3），从而影响电解效率。"通过课外阅读，学生对原电池这一部分的内容理解得更加透彻了。

　　教师在组织学生开展课外阅读活动时，要注意做好阅读指导工作，提前确定阅读主题，帮助学生挑选优质的阅读材料，指导学生明确阅读重点。同时，教师还应尽可能地为学生提供更多的阅读渠道，拓宽学生的视野，点燃学生学习化学的热情。

二、制作活动，凸显创意

　　高中的化学内容涉及很多工艺制品、化学试剂的反应原理，对于这些内容的教学，教师可以利用课外时间指导学生开展化学小制作活动，如制作化学标本、简单的实验仪器，自制化学试剂、工艺制品等，还可以让学生制作讲解实验过程的幻灯片，指导学生通过动手操作来激发学习的积极性，引导学生尽情施展才华，实现创意。

　　例如，在学习完选必2第一章"原子结构与性质——原子结构"的内容之后，为了进一步培养学生的动手能力，我组织学生开展了原子结构模型小制作活动。我将班级学生每五人分成一个小组，安排学生利用一个周末的时间，使用生活中的废旧物品或日常材料制作碳（C）元素的原子结构模型（6个质子、6个中子、6个电子）。学生制作的模型形状各异，充分体现了他们的想象力和创造性。无论模型如何，学生都十分享受制作原子结构模型的过程，充分感受到了学习化学知识的快乐。活动结束后，学生表示："这项活动不仅考验了我们对原子结构知识的掌握程度，更考验了我们的动手能力、空间结构能力及想象能力，真是让我们受益匪浅。"

　　在高中繁多的文化课程压力下，动手操作是能够点燃学生情绪、调动学生学习积极性的有效教学手段之一。教师组织学生开展课外化学科技小制作活动，一来可以有效缓解学生的学习压力，使学生在轻松的氛围中感受到化学的魅力；二来可以锻炼学生的动手能力，发展学生的化学核心素养。

三、实验活动，自主探究

　　化学实验是高中化学的重要组成部分，但课内的实验往往会受场地和时间的限制，并不能充分锻炼学生的动手能力、给予学生自主探究的空间。因此，教师可以筛选一些合适的实验，组织学生开展课外化学实验，引导学生利用课外时间展开自主探究，培养学生的实验能力和探究意识。

　　例如，在讲解完必修 1 第二章"化学物质及其变化"的内容之后，我组织学生开展了化学兴趣小实验——食醋中总酸量的测定。我指导化学兴趣小组，以氢氧化钠溶液作为滴定溶液，将食醋与氢氧化钠溶液的反应近似地看作醋酸与碱的反应：$NaOH + HAc \longrightarrow NaAc + H_2O$，再以酚酞作为指示剂展开自主探究实验，让各小组自主讨论，设计食醋中总酸量的测定实验。随着一次次讨论与积极的尝试，学生提出了很多行之有效的实验建议。学生 A：食醋在进行实验之前要用蒸馏水稀释，以便淡化食醋的颜色，有助于观察实验终点时试剂颜色的变化。学生 B：因为会受到水中溶解的二氧化碳的影响，稀释食醋样本的蒸馏水必须先进行煮沸。学生 C：氢氧化钠溶液也会吸收空气中的二氧化碳……经过学生们的认真探讨，食醋中总酸量的测定实验逐渐成形。

　　教师组织开展课外化学实验，既可以配合课堂内容的教学，在课内教学的基础上加强实验操作技能，加深学生对课堂知识的理解和认知，还可以结合社会热点问题，指导学生展开一些与新技术、新能源或环境问题相关的生活实验，以培养学生的科学观念与社会责任感，为培养学生化学核心素养事业添砖加瓦。

四、竞赛活动，深度漫溯

　　除了以上课外活动形式，教师还可以通过组织竞赛活动的形式来激发学生的学习积极性。竞赛能够激发学生对胜利的渴望和追求，从而促使学生认真努力地完成竞赛。教师利用课外时间开展竞赛活动，可培养学生在课外时间学习化学的习惯，引导学生探索化学知识的奥秘。

　　例如，在教学人教版高中化学必修第二册第一章"物质结构　元素周期律"时，为了激发学生学习的积极性，引导学生深层次地探索化学的奥秘，我利用课外时间组织了一场知识问答竞赛，题目大多涉及的是本章内容和化学常识，如：①最外层电子数是次外层电子数的 3 倍的元素是什么？（氧元素 O）②在元素周期表中，最高价氧化物对应的水化物酸性最强的是什么？（高氯酸 $HClO_4$）③请列举出三种生活中的丁达尔效应现象。（树林现象、暗室现象、胶体现象等）④元素周期表……学生纷纷积极地为知识竞答做准备，连续几天，班级中的化学学习兴趣高涨。不仅如此，几名学生在准备知识竞赛的过程中发现自己没有懂丁达尔效应的原理，便追着我询问每个丁达尔现象在生活中对应的例子，深度探究了这一知识点。

　　教师在组织学生开展课外化学竞赛的时候，可以根据当前的课堂教学内容制定多元化的竞赛形式，如专题实验探究、趣味实验表演、实验讲解等，还可以结合相关专题开展知识问答等竞赛形式，引导学生探索深层次的化学内涵。

　　综上所述，化学课外活动不仅能够有效补充和延伸化学课内的教学内容，帮助学生理解和巩固化学知识，还可以锻炼学生的实验操作技能，提高学生的主动性、积极性，培养学生的创新意识和实验意识。因此，教师要坚持有组织、有计划地开展化学多元课外活动，使活动内容切合学生的学习情况，让学生不仅在课堂上，在课外也能感受到化学的魅力，激活更多学生学习化学的兴趣，并在参与中潜移默化地提高用化学解决问题的能力，为培养学生的化学核心素养助力！

巧设任务驱动，培养学生实验能力

化学是一门以实验为基础的学科，化学实验教学在培养学生化学方面的能力中扮演着重要角色。新一轮课程改革特别强调发展学生的核心素养，广大化学教师担负着发展学生化学学科核心素养的重任，其中，利用化学实验教学进行核心素养的培养，是化学学科的独特途径。在化学实验教学中，培养学生将动手能力、思维能力、表达能力等结合起来的能力，不仅有利于培养证据推理、科学探究等化学学科核心素养，还有利于学生形成未来发展所需要的正确科学态度、价值观念和关键能力，更有利于培养有创造能力和科学精神的高素质人才，最终完成应试教育向素质教育的转变。因此在实验教学过程中，教师若能巧妙设置任务进行驱动，给学生更多的体验机会，让学生动起来，有意识地渗透能力的培养，一定可以在润物细无声中把能力培养落到实处。如何巧借实验教学设置任务驱动以培养学生动手能力呢？我结合自身实践，谈谈几点拙见。

一、操作能力的培养

在化学教学中，无论是演示实验还是学生实验，都对学生的操作能力培养有着重要的作用。实际上，学生亲身体验实验操作的效果远比单纯观察教师演示实验的效果要好得多，更重要的是，让学生来演示实验特别有利于培养学生的操作能力。对此我的做法是：将学生分成若干个实验小组，然后把整学期的演示实验分配给各个实验小组，让每个小组承担一定量的演示任务（包括课前实验仪器的准备、课上实验的演示和讲解、课后仪器的清洗和归还等），并开展小组演示效果评比。为了确保学生演示实验能成功，教师需提前一两天通知演示实验的小组进行充分的课前准备，该小组组长应根据实验难易程度和组员能力差异进行合理分工。然后教师提前对他们进行培训，先是教师示范，再是学生模仿操作，一遍、两遍、三遍，务必做到学生能操作规范、讲解清晰明了才放手，否则学生在课堂上一紧张，演示实验极有可能变成纠错实验。高中生有好胜心理，为了不输给其他组，各个小组都会非常卖力，甚至连仪器的洗涤都暗暗较劲呢！课堂上进行演示实验的时候，下面的学生看同学演示比看教师演示还认真，个个瞪大眼睛，希望挑出别人的操作错误来为自己小组加分，课堂教学效果比教师演示效果要好得多！每个学生都有上台演示的机会，所以这种做法非常有利于培养他们的操作能力。

学生分组实验是提高学生操作能力的最主要形式，但是，由于学生的基础参差不齐，个性差异较大，所以分组实验容易出现秩序混乱、实验随意等情况，反而在培养学生动手操作能力方面效果不甚理想。为提高分组实验教学的效果，特别是培养学生规范的操作能力，我的做法主要有三个：

第一，教师在实验课前要做足准备，设计好实验课的内容，最好是把实验过程画成流程图，制作成 PPT 课件，在课堂上展示出来，让学生明确整堂课的实验内容和流程，这样可以避免学生盲目做实验或"照方抓药式"做实验，有利于师生把控实验课的进度和节奏。

第二，教师在实验前要统一讲清实验的内容、目标、注意事项和要求，特别是要让组长发挥好组织作用。分组实验开始后，教师要经常、及时地进行巡视，不能放任学生自由发挥，要通过巡视及时纠正学生实验过程中的各种不正常表现，比如要求学生全面观察实验现象、规范操作并如实记录，防止学生抄袭实验现象和数据或私自增减实验步骤等。

第三，可利用技术手段如实记录分组实验的情况，加强交流和分享。我在分组实验课上尝试让学生用手机把实验过程拍摄下来，然后及时上传到班级微信群中进行分享展示交流。这样要求时，学生进行分组实验的热情会特别高涨，实验操作也会特别规范认真，这样的分组实验课对学生操作能力的培养效果十分理想。

二、思维能力的培养

化学实验的过程就是开发学生化学学科思维能力的过程。高中化学实验的内容非常丰富，特别有利于培养学生的直觉思维、形象思维、抽象思维、发散思维等多种思维能力。其中发散思维的培养非常有利于发展学生的科学探究、创新精神和实践能力等化学学科核心素养。所以在化学实验教学中，既要让学生掌握知识，也要着重培养其发散思维能力。

所谓发散思维，就是从多角度、多途径认识同一事物，是一种多维辐射状思维，通俗地讲就是一题多解、一物多用。从这个意义上讲，发散思维其实也就是创造性思维，是一种求新求异思维。高中化学实验教学中有许多内容都非常适合培养学生的发散思维。

（1）巧妙利用实验异常，让学生主动展开发散性思维。

在化学实验教学中，实验经常有异常情况发生，若巧妙创设情境，利用实验的异常情况设疑，则可极大地调动学生展开发散性思维的积极性。例如，在做氢氧化亚铁的制备实验时，教师可以有意让学生用普通滴管按常规步骤操作，将氢氧化钠溶液滴入硫酸亚铁溶液进行制备，这样肯定不能看到白色沉淀产生，而是会有灰绿色沉淀并逐渐变成红褐色。在这个异常情况发生后，若教师直接问他们异常的原因，很多学生就会简单地把课本上的话复述一遍，印象会很不深刻，而此时教师若是提出探究问题 "如何成功制得白色沉淀，你能设计出几种不同的方案？" 则会非常有思维深度，学生们想成功看到白色沉淀的兴趣就会大增，立刻展开各种方案的设计，这样，发散性思维的培养也就水到渠成了。

（2）给学生一个方案，让他们创造出更多个方案。

有些化学实验中，由于学生的知识面不够宽，如果教师不提供一个方案，学生的发散性思维就很难展开，这时就需要教师抛砖引玉，先给学生一个方案，然后让学生进行分析，在这个方案的基础上发散开来，创造出更多方案，教学效果就会非常理想。例如，在学习氯气的实验室制法时，可以利用气体收集装置的选择对学生进行发散思维能力的培养，但如果直接把问题抛给学生，让学生设计出收集氯气的各种不同装置的难度太

图1 气体收集装置

大，因为学生初中积累的气体收集装置只有向下排空气法、向上排空气法及排水法，要设计出更多的收集方案，是很难的。这时，教师不妨先把如图1所示的多用途型收集装置展示给学生，让学生分析原理和可行性，然后让学生由此发散开去，设计出不同的收集方案。

三、表达能力的培养

表达能力是学生必须具备的一种基本能力，重视学生表达能力的培养既有益于发展学生的思维力、创造力，也有利于中学化学教学目标的全面落实。实验操作表达是人们表达实验思想和设计的语言，它是化学学科的独特语言。但从高考的得分情况看，学生的实验表达能力较差，主要表现为：用词不当；层次不清，缺乏逻辑性；表达不全或以偏概全，答非所问等，从而导致高考

中不必要的失分。

所以教师在实验教学中也应有意识地培养学生的实验表达能力，具体可以从以下几个方面着手：

（1）多给机会，鼓励学生大胆表达和交流。不论是演示实验还是分组实验，在实验前后，教师都要给足时间和空间让学生进行表达和交流，让学生的表达能力得到必要的训练。这样做一方面有利于学生的自主学习和合作学习，体现学生的主体性；另一方面，可以让学生在互相倾听中相互纠错，相互取长补短，共同提高。熟能生巧，说得多、交流得多了，表达能力自然会不断提高。在这方面，我的做法是穿插结合使用个别提问、组内交流、组间展示三种方式，并合理控制时间和频率，让各种层次的学生都有机会发言和表达，特别是那些基础薄弱或者内向的学生，他们可能在教师提问时比较被动，在组间展示时缺乏勇气和自信，但他们在组内发言时的负担和压力还是比较小的，这是提高他们表达能力最有效的方式。

（2）设计习题，强化书面表达的规范性。只有口头的表达和交流是远远不够的，要提高学生的表达能力，还必须进行书面表达的强化训练，这样就可以有效避免学生会说但不会写，或者口头表达过于生活化的问题。我在教学中会有意识地在课堂引入或课堂小结阶段，在导学案中设计相关的实验表达的填空题，让学生进行书面表达的训练，严格要求学生运用准确的化学实验语言规范化陈述实验操作和现象，严防学生用生活语言代替化学语言。例如，在配制一定物质的量浓度溶液的实验前，设计填空题"检查容量瓶是否漏水的方法是＿＿＿＿＿＿＿＿"，在课堂引入阶段，让学生先填空，再自己动手进行实验，实验后再回头看填空题的表达是否全面、科学、规范，并进行纠错完善。再如，做完酸碱中和滴定实验后，在课堂小结阶段，设计填空题"以酚酞为指示剂，用氢氧化钠标准溶液滴定盐酸溶液，滴定终点的现象是＿＿＿＿＿＿＿＿"。学生刚刚结束滴定实验，对现象印象会很深刻，但要全面准确回答需要较强的表达能力，填空练习就是一种全面规范表达的强化训练。

（3）多给模板，抓表达的全面性、科学性。高考中，学生对实验的表达经常不全面、不科学、抓不住关键。对于此，我认为，教师要有意识地进行方法指导，要引导学生进行总结提炼，形成重点题型的表达模板，这样可以大大提高学生的表达能力，教学效果非常好。例如，学生在描述实验现象时往往会表达不完整，所以我跟他们一起总结出了"海、陆、空三军共同作战"

的表达模板，即在叙述实验现象时，从溶液变化、固体变化、气体变化三个方面进行描述，这样就可避免描述不完整的问题，学生特别容易接受，印象特别深刻，在之后的表述中，这种遗漏错误就很少见了。再如，在如何检验装置的气密性的表达中，学生往往顾此失彼，抓不住关键，我和学生将表达模板分析归纳为"密闭装置—增大压强—形成水柱"，这样答题时就容易多了。还有，将检验和鉴别题表达模板概括为"取样—试剂—操作—现象—结论"的五部曲，滴定终点现象的表达模板为"最后一滴—立刻变色—保持30秒"。

总之，在化学实验教学中，无论是演示实验还是学生分组实验，都应该有意识地渗透能力的培养，把学生的能力培养当作一项重要任务去落实完成。最新版高中化学课程标准特别要求教师要重视开展"素养为本"的教学，要开展以化学实验为主的多种探究活动，培养学生适应未来学习、工作和生活的关键能力。只有很好地培养和提升学生的操作能力、思维能力、表达能力，才能避免"高分低能"，才能真正实现素质教育，才能更好地实现高中化学教学的培养目标。

以例及类，巧妙突破高考"平衡图像"类考题

近几年各地的高考试卷中出现了大量涉图题型。《高考化学考试说明》中也提出了明确要求：能通过对自然界、生产、生活和科学实验中化学现象及相关模型、图形和图表等的观察，获取有关的感性知识和信息，并运用分析、比较、概括、归纳等方法对所获取的信息进行初步加工和应用。传统的高三第一轮复习中，教师都要进行烦琐的分类讲解，但学生答题效果却不佳，有事倍功半之嫌，累了教师又苦了学生。我大胆改革、去杂求简，大大提高了图像复习的效率，而且学生读题、答题能力有所增强。

1."平衡图像"的高考现状

自2010年起，广东实施"3＋理综/文综"考试方案，该方案中，试题难度下降了但综合性却更强了，既保证了考试的公平性，又考查了学生的综合素养和综合能力。2020年，广东开始推行新高考，就"平衡图像"这个知识点来说，纵观全国各地高考化学试题，尤其是广东省高考化学试题，会发现化学平衡图像题占的比重不小，而且年年都考（详见表1）。奇怪的是虽然难度不大，学生的得分率却不算高，这点不得不引起高三教师的重视。究其失分原因，一是平时的训练不够扎实，面铺得太大，要点不突出，导致学生读图能力不够强，答题不扣得分点；二是教师不重视思维的拓展，导致学生灵活性不够，应对"意外"的能力不强。高考命题素有稳中求新的特点，2010年、2011年、2012年连续三年考了读图（基本稳定在第31题或第32题），2012年高考突然增加了与化工流程结合的题，而且考查的是画图，反应方程式也从可逆反应转为不可逆反应。出题何其巧妙，难怪不少缺乏灵活性的学生在此丢分。

表1　2010—2012年广东高考平衡图像题的考查情况

高考年份	题号	分值（分）
2010	31题（2）读图填空	4
2011	31题（1）读图填空	4

（续上表）

高考年份	题号	分值（分）
2012	31 题（3）画图、32 题（4）读图填空	4 + 4
2020	7 题、10 题（2）（4）	6 + 5
2021	14 题、19 题	4 + 5
2022	13 题、155 题、19 题（2）②③	4 + 4 + 8

2. "平衡图像"的重要性

为什么高考喜欢考平衡图像？因为图像体现了数形结合，它对知识进行了高度的概括，同时平衡图像题灵活可变（符合高考命题稳中求新的特点），能更好地考查学生的综合素质和科学素养，自然而然成了高考命题的宠儿。所以高考新课标考试说明中明确要求学生具备对图形和图表等的观察和分析能力，全面地考查学生分析、比较、概括、归纳问题的能力，是高考考查学生综合能力的一个重要方面。

3. 由例及类，巧妙破解"平衡图像"

关于学生在平衡图像考题中的丢分情况，我觉得是完全可以避免的。平衡图像的 4 分乃至 8 分，普通中学的考生不仅要拿，而且要力争全拿。在2023 年的高三第一轮复习中，我通过引导学生研读高考试题增强了学生对高考的关注度，通过由例及类、各个击破提高了学生的读图能力，通过变式训练和巧妙留白拓展了学生的思维，提高了他们应对"意外"的能力，仅用2.5 课时就巧妙破解了难点"平衡图像"的专题复习。整个教学流程包括：研读——读高考题；分类——突破技巧（学生讨论归纳后得出）；典例解析——形成解题思维模式；强化练习——消化解题技巧；高考体验——真枪实战；巧妙留白——提高反侦查能力。

（1）引导学生研读高考题目。

决心越大，行动的效果越明显。高考真题是最有说服力的证据，既然平衡图像年年都考，那么平衡图像的重要性就根本无须教师多费口舌，把考纲和近三年的高考平衡图像题汇总呈现，学生自然会被震撼到，学好平衡图像的决心就会瞬间高涨。另外，教师和学生共同研读高考题目，有助于帮助学生树立信心和更好地形成备考合力。

（2）简化分类、各个击破、强化读图。

平衡图像是一个庞杂的体系，各种各样的图形不计其数，各种教辅资料、期刊都无一例外地在平衡图像的复习中力求详细稳妥，至少要分出八类，每一类都苦口婆心地讲呀练呀，学生看得眼花缭乱，教师也讲解得疲惫不堪，结果是吃力不讨好，一考试学生就乱了，答题难中要害。根据大脑的记忆规律，越简洁的东西越易牢记。所以对于纷繁的平衡图像专题，提取同类项，简化分类，强力攻破就显得尤为重要。我将各种典型图像约 30 种汇总在一张纸上，要求学生以小组为单位对各种平衡图像进行重新分类，要求类别越简化越好。通过讨论，不同的组得出了不同的分类，有的小组根据横坐标分成时间图像、温度图像、压强图像，有的小组则根据纵坐标分成物质的量浓度图像、体积百分含量图像、转化率图像、产量图像等，要么概括不全，要么种类太多。最后经过激烈的讨论和不断的修正，我和学生达成共识，将其概括为四类图像：①定量—时间图像（囊括了 $c-t$ 图像、A% $-t$ 图像、转化率 $-t$ 图像等所有定量关系和时间的图像，为高考最常考图像，尤其是以温度或催化剂为变量的题目）；②多变量图像（至少有两个自变量）；③帽盖图像（外形像一顶正放或倒放的帽子的图像）；④平衡线参照图像（提供一条平衡线，对比分析各点的图像）。分类简化了，学生的思路就清晰了，强力攻破也就不在话下了。这里的强力包括：教师的精心设计、学生的手脑投入、学生的小组合作和学生的更多参与，这些都有助于内化吸收。

【第一类】定量—时间图像

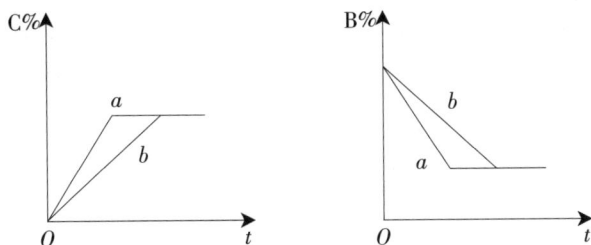

（a 为用催化剂，b 为不用催化剂）

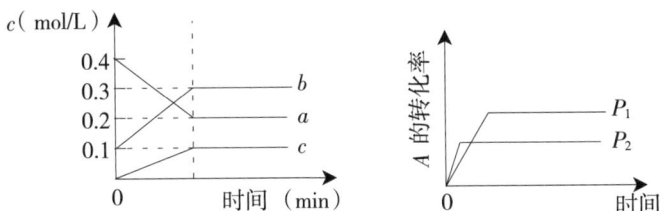

破解技巧：①看准坐标意义，牢记平衡移动原理；②拐点代表平衡出现；③先拐先平，速率大（有催化剂、温度升高或压强增大）。

[典例1] 可逆反应 $mA(s) + nB(g) \rightleftharpoons pC(g) + qD(g)$ 中，当其他条件不变时，C 的质量分数与温度（T）和压强（P）的关系如下图所示，根据图中曲线分析，判断下列叙述中正确的是（　　）

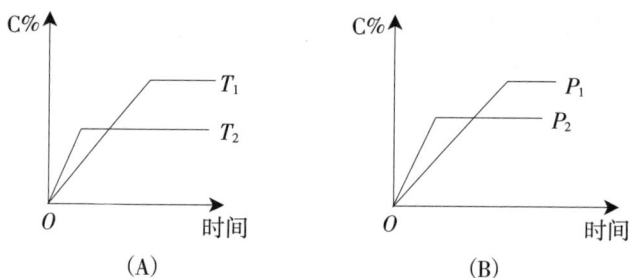

（A）　　　　　　　　　（B）

A. 达到平衡后，若使用催化剂，C 的质量分数增大

B. 平衡后，若升高温度，则平衡向逆反应方向移动

C. 平衡后，增大 A 的量，有利于平衡正向移动

D. 化学方程式中一定有 $n > p + q$

解析：根据"先拐先平，速率大"，推断出 $T_2 > T_1$，$P_2 > P_1$，再看纵坐标比大小，温度越高，C% 越小，故升温平衡逆向移动，B 正确。压强越大，C% 越小，故增压逆向移动，正向为气体计量系数大的方向，D 错。催化剂同等程度影响速率，不影响平衡移动，故 A 错。增大固体的量浓度不变，不影响平衡，故 C 错。

【第二类】多变量图像（至少有两个自变量）

[典例2] 转化率（百分含量）—时间—温度（或压强）图。

对于反应 $mA(g) + nB(g) \rightleftharpoons pC(g) + qD(g)$，A 的转化率随温度、压强的变化如下图左所示，A 的百分含量随温度、压强的变化如下图右所示。请判断对应的正反应焓变是大于零还是小于零？方程式左右两边系数和的大小关系如何？

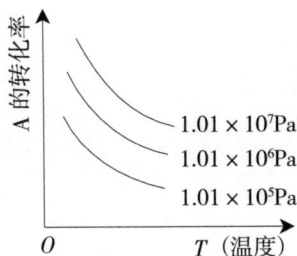

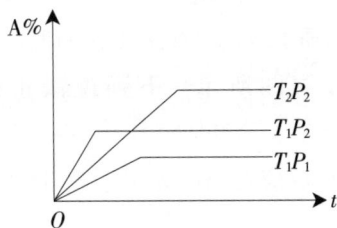

正反应 ΔH ____

m+n __ p+q

正反应 ΔH ____

m+n __ p+q

破解技巧：定一议二（控制变量法）。

［练习1］已知某可逆反应：$aA(g) + bB(g) \rightleftharpoons cC(g)$ 在密闭容器中进行，在不同温度（T_1 和 T_2）及压强（P_1 和 P_2）下，混合气体中 B 的体积分数（B%）与反应时间（t）的关系如右图所示。下列判断正确的是（　　）

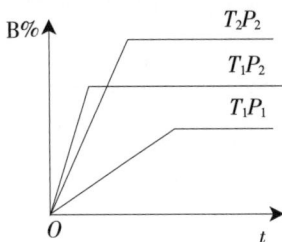

A．$T_1 < T_2$，$P_1 < P_2$，$a + b > c$，正反应吸热

B．$T_1 > T_2$，$P_1 < P_2$，$a + b < c$，正反应吸热

C．$T_1 < T_2$，$P_1 < P_2$，$a + b < c$，正反应放热

D．$T_1 > T_2$，$P_1 < P_2$，$a + b > c$，正反应放热

【第三类】帽盖图像（外形像一顶正放或倒放的帽子的图像）

对于反应 $mA(g) + nB(g) \rightleftharpoons pC(g) + qD(g)$，如下图所示，如何分析平衡移动？

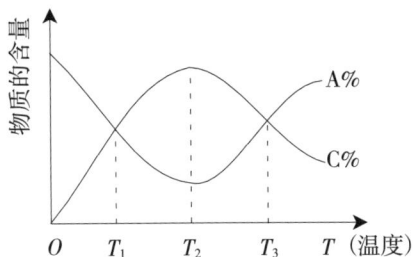

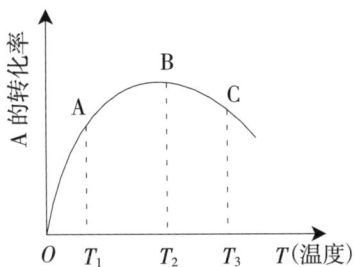

破解技巧：顶点（最高或最低）为平衡点，分析平衡移动选顶点和顶点的后一点。

［练习2］已知可逆反应 $aA + bB \rightleftharpoons cC$ 中，物质的含量 A% 和 C% 随温度的变化曲线如右图所示，下列说法正确的是（　　）

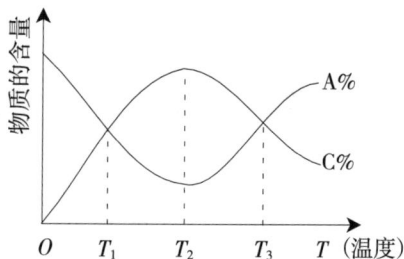

A. 该反应在温度为 T_1、T_3 时达到过化学平衡

B. 该反应在温度为 T_2 时达到化学平衡

C. 该反应的逆反应是放热反应

D. 升高温度，平衡会向正反应方向移动

【第四类】 平衡线参照图像

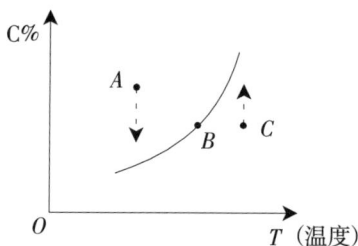

破解技巧：分析 A 点或 C 点时，用同温或同压下的对应平衡点进行比较，比较 A、B、C 各点速率则由温度或压强决定。

［练习3］ $mM(s) + nN(g) \rightleftharpoons pQ(g)$ 的可逆反应在定温时 N% 与压强的关系如右图，下列有关叙述正确的是（　　）

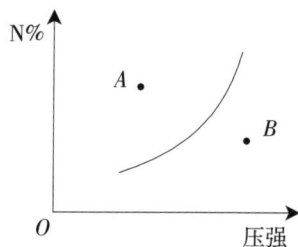

A. A 点时，$v_正 > v_逆$

B. A 点比 B 点的反应速率快

C. $n > p$

D. $m + n > p$

（3）直通高考，不留 "意外"。

高考要出新意，就得有变化。用心研究高考题目就会发现，高考爱考 "意外"，出其不意。其实这考的恰恰就是学生灵活处理问题的能力。如何避

免"意外"？就看教师平时是否注重学生多种能力的培养及思维的拓展。读图是平衡图像的高考常规考法，但不是唯一考法，就像 2012 年高考新增的不可逆反应画图，所以仅突破读图还不够，为了高考不出"意外"，教师平时应该多给学生制造一些"意外"。比如：①增加学生的画图能力训练，而且强调细节、得分点；②适当增补，对平衡图像做变式，如 $c-t$ 图像、$v-t$ 图像中横坐标、纵坐标的意义对调，让学生画出图像；③不仅练可逆反应，还要加练 1~2 个不可逆反应的题。

［变式练习 1］画出下列两个图像的横坐标、纵坐标对调的图像，并作出必要标注。

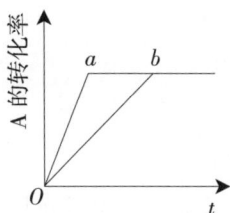

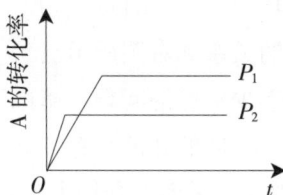

（4）体验高考，强化答题规范。

（2011 年广东 31）利用光能和光催化剂，可将 CO_2 和 H_2O（g）转化为 CH_4 和 O_2。紫外光照射时，在不同催化剂（Ⅰ、Ⅱ、Ⅲ）作用下，CH_4 产量随光照时间的变化如右图所示。

（1）在 0~30 小时内，CH_4 的平均生成速率 v_{I}、v_{II} 和 v_{III} 从大到小的顺序为_____；反应开始后的 12 小时内，在第_____种催化剂的作用下，收集的 CH_4 最多。

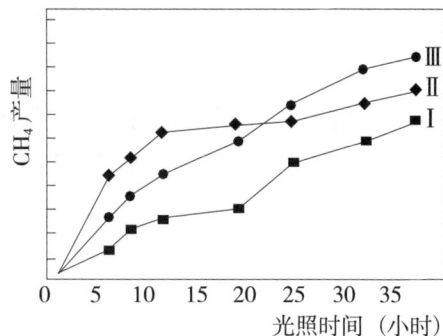

出题意图：很多问题教师反复讲，学生反复错，究其原因就是学生的高考体验不够，重视度不够。

（2012 年广东 31）题目略，此题的意义在于强调学生要注意细节和得分点及训练解题灵活性。

（5）巧妙留白，提升思维。

如果学生只是习惯地服从教师，一味循规蹈矩地做题，他们的头脑会慢慢僵化，久而久之其创造性就会被扼杀了，碰到新问题就无所适从，这正是2012 年广东高考化学 31 题画图题暴露出来的问题。教师不能把学生的思维塞满了，在平时的教学中要多留一点空间给学生思考。平衡图像题中不妨巧妙留白，让学生看图来互相提问题，扮演高考考官，思维不是更开阔吗？

[拓展练习] 根据以下题干，请您扮演高考考官，提出问题：

氢气是合成氨的重要原料，合成氨反应的热化学方程式如下：

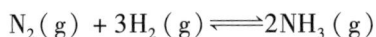

$$N_2(g) + 3H_2(g) \rightleftharpoons 2NH_3(g)$$

$\Delta H = -92.4kJ/mol$，当合成氨反应达到平衡后，改变某一外界条件（不改变 N_2、H_2 和 NH_3 的量），反应速率与时间的关系如右图所示。

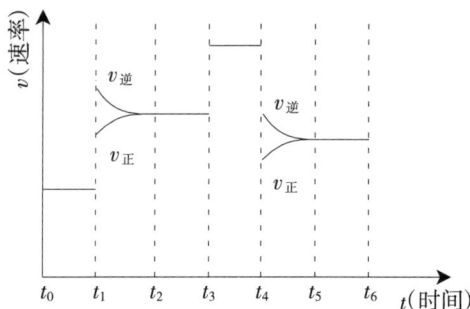

学生提出不少精彩的问题，摘选 4 个：

①图中 t_1、t_2 时刻引起平衡移动的条件可能是＿＿＿＿＿＿＿＿＿＿＿＿；

②$t_0 \sim t_6$ 中表示平衡混合物中 NH_3 的含量最高的一段时间是＿＿＿＿＿＿＿＿＿＿＿；

③若在 t_6 时降低温度，请画出速率—时间变化图。

④若 t_1、t_2、t_3 时刻的平衡常数分别为 K_1、K_2、K_3，它们相互是什么关系？

后期的反馈练习和考试成绩都证明以上的设计是可以巧妙有效地突破"平衡图像"的难关的，正所谓"用心处处皆文章"！在高三复习过程中，只要教师设计得当，很多知识点都能得到有效突破。

巧解同分异构体书写难题

同分异构体的书写一直是《有机化学基础》选修模块教学的一大难题，尤其是酯类、醚类等同分异构体的书写难题最多，本文介绍几种巧妙的书写方法。

一、解题思路

根据分子式，结合分子通式推出可能存在的物质类型（即官能团异构），然后用固定官能团的方法分类书写同分异构体。

二、知识准备

分子通式对书写同分异构体非常重要，建议让学生自己进行推导。分子通式是可以轻松推导出来的：记住烷烃的通式，其他类别物质则根据多一个碳碳双键或成一个环少两个氢的原则推出氢原子数量，再单独数出氧原子的数量。如饱和一元羧酸：除了一个碳氧双键（比烷烃少两个氢），其余为单键，羧基含两个氧原子，所以通式为：$C_nH_{2n}O_2$。

三、解决策略

1. 固定官能团，剩余碳活动

首先，要非常熟悉官能团，尤其是接触较少的醚键（氧原子两端必为碳）、羰基（碳氧双键两端必为碳）和酯基（酯基左侧可为碳原子也可为氢原子，右侧必连碳原子）；其次，将官能团（官能团必连的碳原子）固定下来，将剩余碳原子用减碳法连接到官能团的两侧或一侧。（建议先整后散，杜绝重复）

［例1］已知某分子的分子式为 $C_5H_{12}O$，写出满足该分子式的所有同分异构体。

解析：根据该分子满足分子通式 $C_nH_{2n+2}O$ 可推知该分子可能为饱和一元

醇或饱和一元醚两类物质。

（1）饱和一元醇。固定—OH，满足该分子式的饱和一元醇有8种：

以5个碳原子为直链连在—OH上，仅有1种：

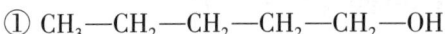

① CH_3—CH_2—CH_2—CH_2—CH_2—OH

以4个碳原子为直链连在—OH上，减少一个碳原子（为支链），可有3种：

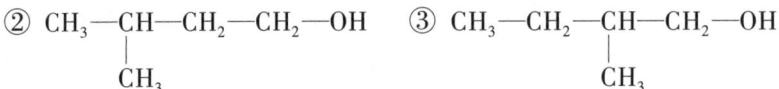

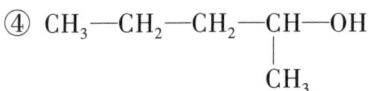

② CH_3—CH—CH_2—CH_2—OH   ③ CH_3—CH_2—CH—CH_2—OH
      | |
     CH_3 CH_3

④ CH_3—CH_2—CH_2—CH—OH
                       |
                       CH_3

以3个碳原子为直链连在—OH上，再减少一个碳原子（两个碳为支链，先作为乙基，再拆为两个甲基），可有4种：

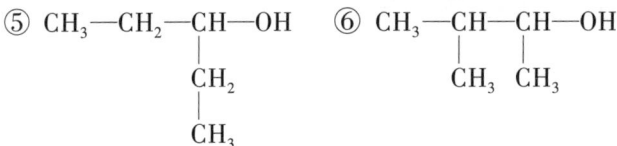

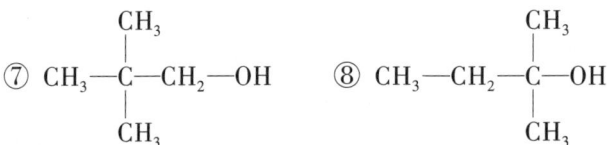

⑤ CH_3—CH_2—CH—OH   ⑥ CH_3—CH—CH—OH
              | | |
           CH_2 CH_3 CH_3
           CH_3

⑦ CH_3—C—CH_2—OH   ⑧ CH_3—CH_2—C—OH
 （带两个CH_3）   （带两个CH_3）

（2）饱和一元醚。因为氧原子的两端必须连碳原子，所以将—O—固定，移动剩余5个碳原子来形成异构。5可分为1和4，也可分为2和3，3个碳原子、4个碳原子有碳架异构，满足该分子式的饱和一元醚有以下6种：

5＝1＋4（一边1个碳原子，一边4个碳原子，4个碳原子有4个碳架异构结构）：

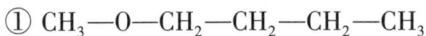

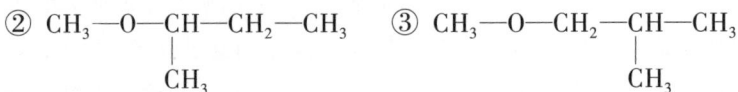

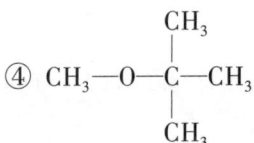

① CH_3—O—CH_2—CH_2—CH_2—CH_3

② CH_3—O—CH—CH_2—CH_3 ③ CH_3—O—CH_2—CH—CH_3
               | |
             CH_3 CH_3

④ CH_3—O—C—CH_3（带两个CH_3）

5＝2＋3（一边2个碳原子，一边3个碳原子，3个碳原子有2个碳架异构结构）：

⑤ $CH_3-CH_2-O-CH_2-CH_2-CH_3$　⑥ $CH_3-CH_2-O-\underset{\underset{CH_3}{|}}{CH}-CH_3$

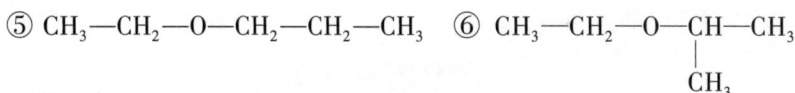

所以满足该分子式的所有同分异构体有 8 种饱和一元醇和 6 种饱和一元醚，共 14 种。

［例 2］某分子满足 $C_4H_8O_2$ 的分子式，该分子通入溴水，溴水不能褪色，其同分异构体有多少种？

解析：根据分子通式和性质可推知该分子可能为羧酸或酯类。

（1）羧酸。固定羧基 $-\overset{\overset{O}{\|}}{C}-OH$ ，剩余 3 个碳原子来形成异构。

以 3 个碳原子为一条直链连在羧基左侧：

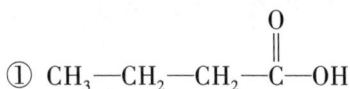

① $CH_3-CH_2-CH_2-\overset{\overset{O}{\|}}{C}-OH$

以 2 个碳原子为一条直链连在羧基左侧，去除一个碳原子做支链，只能连 2 号碳原子：

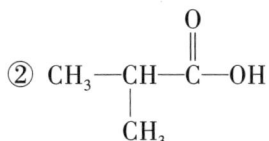

② $CH_3-\underset{\underset{CH_3}{|}}{CH}-\overset{\overset{O}{\|}}{C}-OH$

所以满足该条件的羧酸只有 2 种。

（2）酯类。固定酯基 $-\overset{\overset{O}{\|}}{C}-O-$ ，剩余 3 个碳原子来形成异构，注意酯基左侧可以为碳原子也可以为氢原子，右侧则必连碳原子。$3=0+3$，$3=1+2$，$3=2+1$，共 4 种异构。满足该条件的酯有以下 4 种：

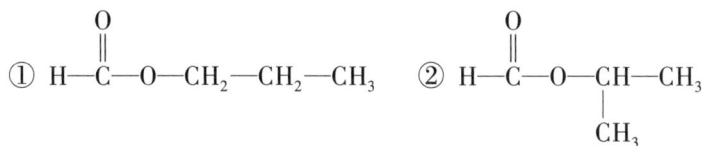

① $H-\overset{\overset{O}{\|}}{C}-O-CH_2-CH_2-CH_3$　② $H-\overset{\overset{O}{\|}}{C}-O-\underset{\underset{CH_3}{|}}{CH}-CH_3$

③ $CH_3-\overset{\overset{O}{\|}}{C}-O-CH_2-CH_3$　④ $CH_3-CH_2-\overset{\overset{O}{\|}}{C}-O-CH_3$

故满足该条件的所有同分异构体共 6 种。

2. 活用基元法

此法特别适用于饱和一元卤代烃、醇、醛、羧酸等物质，因为它们的官

能团只能连一边：—X，—OH， 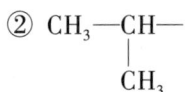。因为高中阶段要求书

写同分异构体的物质多为含 4~6 个碳原子的饱和分子，所以熟记丙基、丁基
的结构即可快速写出对应的异构体。

丙基有两种：① $CH_3—CH_2—CH_2—$

② $CH_3—CH—$
　　　|
　　　CH_3

丁基有四种：① $CH_3—CH_2—CH_2—CH_2—$

② $CH_3—CH—CH_2—$
　　　　　|
　　　　CH_3

③ $CH_3—CH_2—CH—$
　　　　　　　|
　　　　　　CH_3

④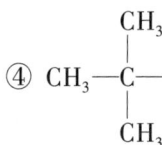

[例 3] 某分子满足 C_4H_8O，红外光谱图显示该分子有 $—\overset{O}{\overset{||}{C}}—H$，其可能
的同分异构体有哪些？

解析：根据分子通式满足 $C_nH_{2n}O$ 和红外光谱图谱结果，可知该分子为饱
和一元醛，将其分解为 $C_3H_7—CHO$（即丙基连着醛基），丙基有 2 种，所以
该分子也有两种同分异构体：$CH_3—CH_2—CH_2—CHO$，　$CH_3—CH—CHO$。
　　　　　　　　　　　　　　　　　　　　　　　　　　　　　　　　|
　　　　　　　　　　　　　　　　　　　　　　　　　　　　　　　CH_3

[变式] 若题目中分子式改为 $C_5H_{10}O$，则同理分解为 $C_4H_9—CHO$，丁基
有 4 种，则同分异构体有 4 种。

这两种书写同分异构体的办法，只要学生能认真练习 2 个小时，哪怕是
有机化学基础非常薄弱的学生，也都不用再担心看到分子式不知如何下手、
漏掉官能团异构、书写重复这三大困扰。有机部分的大难题——同分异构体
书写也就迎刃而解了。

第二编

春风化雨·活力课堂

　　这一编将和大家分享笔者践行"四不"活力课堂模式后的课堂实战效果。课堂就是一个舞台，一个既考验教师智慧又展示学生能力的大舞台，笔者喜欢这个舞台，每一年笔者都会主动承担很多节公开课或竞赛课。限于篇幅，本编仅分享9个不同角度的活力课堂教学案例，它们都是笔者比较满意的课堂实录，也都是获奖案例。每个课例笔者都配有相应的精美课件，有需要的教师可以通过邮箱（371580823@qq.com）联系笔者。这些课堂在实施过程中，都是以学生为中心，他们是课堂的主角，笔者只是一个牵着线放风筝的人，学生一个个像风筝一样在天空中翱翔，在笔者的巧妙设计和大胆放手下，他们充分地展示着自己各方面的能力，他们很快乐，笔者很满足。

基于实验探究的活力课堂之
"活泼金属——钠"

教学设计

一、内容概述

本节课是必修 1 第二章第一节"钠及其化合物"的第 1 课时"金属钠的性质"，内容包括原子结构特点、物理性质、化学性质、保存方式和用途，旨在向学生介绍金属钠的性质及其化合物在生活、生产中的应用，在高中化学中占有重要位置。本节课的重点是钠的化学性质——钠与水反应，难点是实验的观察、分析，尤其是钠与水反应、钠与硫酸铜溶液反应的探究学习。

二、教学目标

1. 核心价值

（1）让学生了解事物的普遍联系与对立统一的辩证唯物主义哲学思想，激发其探索精神和创新意识。

（2）激发学生学好文化知识的斗志，培养其报效祖国的责任感。

2. 学科素养

（1）培养学生的实验观察能力、实验描述能力和实验设计能力。

（2）初步了解证据推理的学习方法。

（3）体会化学反应是会因反应条件的改变而发生变化的。

3. 关键能力

（1）培养学生的归纳、推理能力，加强学生思维的广阔性、深刻性和批判性。

（2）使学生掌握科学探究的基本方法，提高其分析问题、解决问题的能力。

（3）增强学生合作学习的能力，通过实验方案设计的交流提高其表达能力和优化实验方案的能力。

4. 必备知识

（1）钠的原子结构特点。

（2）透过现象找实质的思维。

三、学习者特征分析

（1）李兆基中学的学生基础相对好一点。

（2）学生对生活中的化学现象有较浓厚的兴趣。

（3）学生思维较活跃，有小组合作探究的经验，能积极参与讨论，探究能力比较强。

（4）学生对实验探究有着浓厚的兴趣。

（5）学生对钠的原子结构已经有了一定的了解，并且学习了非金属元素氯的有关知识。

（6）学生具有学习元素单质及其化合物知识的一般方法和思路。

四、教学策略选择与设计

（1）自主进行实验探究、小组交流讨论策略。给学生创设大量动手实践的机会，引导学生自主进行实验探究，并在探究的过程中进行小组交流讨论，给予学生充分的学习自主性和发挥创造性的空间。

（2）问题引导探究策略。设计问题，使实验环环相扣，不断推进，激发学生的兴趣和好奇心，深入学习内容。

（3）紧密联系生活实际的策略。问题和实验设计尽量结合学生已有的社会生活知识和经验，增强学生对化学的兴趣。

（4）情境创设策略。运用生活中与教学内容相关的情境，设计问题与实验，组织教学内容，提出有启发性的引申问题，激发学生的学习兴趣，让学生积极地参与到实验验证、实验猜想、探究规律的学习中。

五、教学过程

◎导入

教师表演化学小魔术："滴水生火"（课前在酒精灯灯芯中暗藏一小块钠，实验时用胶头滴管在灯芯内滴一滴水）。

问题1：如何确定发射后的火箭在空中的位置呢?

问题2：原子在裂变过程中会释放出巨大的能量，会使反应堆内的温度升得很高，危险系数大，那么可以用什么东西作为导热剂呢?

问题3：钠是生命元素之一，能维持人体内的水平衡和肌肉的兴奋性。人体大约含有多少钠呢?

引言：在刚才的魔术中，奇妙现象的产生是谁的功劳呢? 钠为什么有这么多的用途呢? 让我们一起走进金属钠的世界。

◎思考

阅读材料1：如何确定发射后的火箭在空中的位置呢? 这就需要钠蒸气来帮忙了。火箭发射后，会在大气层高空释放出钠蒸气而产生明亮的橙黄色云雾，科学家可据此确定火箭在空中的位置。

阅读材料2：原子在裂变过程中，会释放出巨大的能量，会使反应堆内的温度升得很高，因此就需要将热量导出，使反应堆冷却。充当导热剂（冷却剂）的就是钠与钾的合金（钠含量为20%～50%）。这种合金在室温下呈液态，具有比固态金属更为优良的导热性能，是原子反应堆理想的导热剂。

阅读材料3：人体中的钠元素大约占人体总质量的0.2%，虽然钠的含量很少，但其在人体中具有十分重要的作用。

过渡：同学们，有许多问题等着我们去探究，在此过程中你将会获得更多!

【实验探究1】取一小块金属钠，用滤纸吸干表面的煤油，用小刀切去一端的外皮，观察钠的光泽和颜色；将其放置在空气中，观察表面颜色的变化。

【实验探究2】将一小块金属钠放在一个干燥的坩埚中，用酒精灯对其进行加热，观察实验现象。

问题：钠可以和氧气反应，遇到氯气、硫等非金属会怎样呢?

【实验探究3】将一小块金属钠放在装有硫粉的研钵中，研磨，观察实验现象。

钠和氯气的反应（播放实验视频）。

结论：

实验现象

↑

从现象看本质！

钠的性质

↑

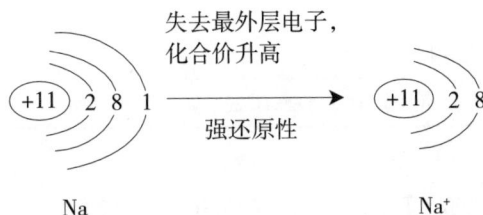

钠的结构

Na   Na⁺

◎展示

（1）根据实验现象归纳钠的物理性质。

（2）根据实验现象归纳钠的化学性质。

①与氧气反应。

常温：$4Na + O_2 == 2Na_2O$ 加热：$2Na + O_2 == Na_2O_2$

②与氯气、硫的反应。

$2Na + Cl_2 == 2NaCl$ $2Na + S == Na_2S$

过渡：钠为什么要保存在煤油中呢？只是因为会被氧化吗？

【实验探究4】 向一只盛有水的大烧杯中滴加几滴酚酞试液，然后将一小块金属钠投入烧杯中，观察实验现象。

（3）讨论实验现象：浮、熔、游、响、红。

◎议论

你能从物质组成和氧化还原的角度预测产物吗？请尝试写出化学反应方程式。

（1）写出对应的离子方程式。

（2）找出氧化剂、还原剂、氧化产物、还原产物。

（3）用双线桥标出电子转移情况。

◎拓展

问题的深化：

有待探讨和深化的几个问题	解释或结论
①将一小块金属钠投入 $CuSO_4$ 溶液中，你预计将看到什么现象。	
②在烧杯中加入水和苯（$d = 0.88g/cm^3$，不溶于水，也不与钠反应）各 50mL，将一小块金属钠投入烧杯中，预计观察到的现象。	
③金属钠有哪些应用？	
④金属钠着火如何灭火？	
⑤钠元素在自然界中以什么形态存在，如何从自然界中获得钠单质？	

【**实验探究 5**】向一只盛有 $CuSO_4$ 溶液的大烧杯中加入一小块金属钠，观察实验现象。

问题：金属钠有哪些应用？

（1）钠钾合金可作原子反应堆的导热剂。

（2）高压钠灯。

（3）制备可作为氧气面具供氧剂的 Na_2O_2。

（4）作耐高温材料，如飞机机身材料。

（5）制取其他金属。

结语：今天有关钠的神奇探究之旅就到这里，再见！

课堂练习

1. 钠与水反应时的现象与钠的下列性质无关的是（　　）。

A. Na 的熔点低 　　　　 B. Na 的硬度小

C. Na 的密度小 　　　　 D. Na 有强还原性

2. 当钠着火时，应选用灭火的材料是（　　）。

A. 煤油 　　　　　　　　 B. 水

C. 沙土 　　　　　　　　 D. 泡沫灭火器

3. 把一小块钠投入硫酸铁溶液中，生成物有（　　）。

A. Fe 　　　　　　　　　 B. $Fe(OH)_3$

C. H_2 　　　　　　　　 D. O_2

4. 一小块钠置于空气中，会出现下列现象：①变成白色粉末；②变暗；③变成白色固体；④变成液体。上述现象出现的先后顺序是（　　）。

A. ①②③④
B. ②③④①
C. ③②④①
D. ②③①④

听课评语

[点评1] 教学设计巧妙，环环相扣，问题导学，让学生完成了一个神奇的探究之旅，体现了新高考的"一核四层四翼"，培养学科核心素养的落实较好。

[点评2] 整节课以学生为中心，教师像一个牵线的人，激活了学生的学习热情，以实验探索为任务驱动，让学生在体验中获得成就感，学生参与度非常高，导入、思考、展示、议论、拓展的各个环节中，学生都非常活跃。

[点评3] 学生实验设计得很好，抓住了学科的利器——实验，用实验开拓学生的思维，用实验培养学生的观察能力和实验设计能力。

[点评4] 用火箭的定位、核反应堆的导热作为引入，一开课就激发了学生的学习兴趣。

[点评5] 教师非常有幽默感，控场能力强，整个课堂氛围非常轻松愉悦。

[点评6] 学生在展示环节的表现很精彩，可见教师平常非常注重培养学生的化学表达能力。

基于实验探究的活力课堂之
"离子反应及其发生的条件"

教学设计

一、教材及教学内容分析

1. 教学内容分析

课程标准要求本节知道酸、碱、盐在溶液中能发生电离，并通过实验事实认识离子反应及其发生的条件，了解常见离子的检验方法。新教材中删去了非电解质、强电解质、弱电解质的有关概念及应用，减轻了学生的负担，但对学生准确理解知识也造成了一定的难度，如离子方程式中弱酸的处理问题等。

2. 教学课时划分

必修 1 "离子反应"共 2 课时，本节是第 2 课时。

二、学情分析

通过上一课时对电解质及电离方程式的学习，学生已初步掌握了电解质的概念和判断方法，能写出常见电解质在水溶液中的电离方程式，本课时要指导学生在电离的基础上分析离子之间的反应，引导学生形成科学的思维方法。同时，利用分组实验，锻炼学生的动手能力。

三、教学目标及教学重难点分析

1. 知识目标

（1）让学生理解离子反应的概念，掌握复分解型离子反应发生的条件。

（2）培养学生进行科学探究的思维方式和能力。

2. 能力目标

组织学生进行实验探究，使学生掌握复分解型离子反应发生的条件。

3. 学科素养

学生通过自主探究获得知识，体验科学知识获得和形成的过程与方法，体会成功获得知识的乐趣。

4. 教学重点

离子反应发生的条件的探究，以及提出问题、解决问题的方法与能力。

5. 教学难点

引导学生设计离子反应发生的条件的探究方案。

四、设计思想

（1）学生在学习本节课之前，对溶液的导电性、电解质、复分解反应已有一定认识，知道电解质在溶液中能电离出离子，知道复分解反应发生的条件。

（2）采用实验探究法，引导学生通过实验对电解质在溶液中的反应本质——离子反应及其条件进行探讨。在进行教学设计时，充分利用探究实验的优势，采用实验、观察、思考与交流等方式，促使学生在课堂学习中掌握本课时的内容。这样做，一方面可以更好地激发学生的学习兴趣，调动学生的主体作用；另一方面可使学生的认识有一个飞跃，从感性认识过渡到理性认识，同时，又可以提高学生的实验意识。

（3）利用多媒体教学设备，课前播放视频片段，激发学生的学习兴趣和探究欲望，在课堂中适当使用 Flash 动画展示微观离子之间的变化，形象生动地让学生理解反应的过程与原理。

（4）联系生活实际，让学生学会学以致用，学会用化学知识解决生活问题，布置和本节内容相关的课后探究作业。布置开放式的作业，不但可减轻学生的作业负担，还可增强学生的课后自学兴趣，培养其对化学知识的情感价值。

五、教学策略

故事引入→演示实验→引出离子反应的概念→提出问题→学生猜测与假设→学生实验探究→学生汇报探究情况→学生得出结论→点评扩充→随堂练习→课堂小结。

【教学准备】

实验仪器：试管、试管架、量筒、胶头滴管、小气球。

实验药品：$0.5mol/L$ $AgNO_3$ 溶液、$0.5mol/L$ $CuCl_2$ 溶液、$0.5mol/L$ $CuSO_4$

溶液、1mol/L NaCl 溶液、0.5mol/L Na$_2$SO$_4$ 溶液、0.5mol/L BaCl$_2$ 溶液、1mol/L NaOH 溶液、1mol/L HCl 溶液、0.5mol/L Na$_2$CO$_3$ 溶液、酚酞试剂。

学生准备：四人为一组，用最优化组合配置，分组实验。

六、教学过程设计

【引入】

《三国演义》中"绝路问津"的故事（本故事由教师绘声绘色讲出即可）。欲知详情如何，请听本回分解——离子反应。

（设计意图）激疑，设置悬念。

师：上节课我们学习了电解质，知道了电解质在溶液中会发生电离，电解质会以离子的形式存在于溶液中。请同学们写出 CuCl$_2$ 和 AgNO$_3$ 的电离方程式，并分别写出它们各以哪些离子形式存在于水溶液中。

（设计意图）温故知新，新旧知识衔接。

【板书】

请写出 CuCl$_2$ 和 AgNO$_3$ 的电离方程式，并分别写出它们各以哪些离子存在于水溶液中。

师：×××同学，请你上来完成，其他同学在下面独立完成。

生：（思考、书写）

师：（点评）从这个例子可以知道，可溶性电解质在水溶液中以离子的形式存在。这两支试管分别盛有 5mL AgNO$_3$ 溶液和 5mL CuCl$_2$ 溶液，现在我将这两种电解质溶液混合，同学们认真观察有什么现象。

师：（演示实验）

生：有白色沉淀产生。

师：有白色沉淀产生，请写出化学方程式，并分析混合后哪些离子的数目减少了。

生：Ag$^+$、Cl$^-$ 减少了。

师：为什么 Ag$^+$、Cl$^-$ 数目减少了？

生：Ag$^+$ 和 Cl$^-$ 发生了反应，生成 AgCl 沉淀。

【观看动画视频】

（设计意图）利用视频让学生理解离子反应的微观变化。

师：非常好！因为混合液中 Ag^+ 和 Cl^- 发生了反应，像这样有离子参加的反应，称作离子反应，这就是本节课我们要学习的新内容——离子反应及其发生的条件。

【板书】

```
离子反应及其发生的条件
一、离子反应
1. 概念：有离子参加的反应称作离子反应。
```

师：刚才我们把 $AgNO_3$ 和 $CuCl_2$ 这两种电解质溶液混合后发生了离子反应。是不是任意两种（或多种）电解质溶液混合都能发生离子反应？

生 1：不是。

生 2：得有沉淀物生成。

生 3：离子反应发生……

师：好，现在发现两个问题，问题①："是不是任意两种（或多种）电解质溶液混合都能够发生离子反应呢？"问题②："如果不是，那符合什么条件时离子反应能够发生？"这两个问题我不作回答，答案你们自己通过实验去找。接下来，同学们，请根据你们台面的试剂和老师示范的探究方案，各小组自己设计对比探究方案，并进行实验探究。

（设计意图）激发学生用实验来解决问题。

（学生探究，教师穿梭于各小组之间，或是指导，或是聆听，或及时纠正学生不规范的实验操作，之后组织分析、讨论、归纳）

师：请各小组派一位代表来说说你们实验探究的情况，把你们的智慧和大家分享一下。

（设计意图）学生分享交流实验。

小组 1：我们在 Na_2SO_4 溶液中分别滴入 NaCl 溶液和 $BaCl_2$ 溶液，滴入 NaCl 溶液时没有明显变化，而滴入 $BaCl_2$ 溶液时有白色沉淀生成。

小组 2：我们向盛有 4mL Na_2CO_3 溶液的试管里分别加入 4mL Na_2SO_4 溶

液和 4mL HCl 溶液，加入 Na_2SO_4 溶液时没有明显变化，而加入 HCl 溶液时有气泡生成。

小组3：我们向盛有 $CuSO_4$ 溶液的试管中分别加入 NaOH 溶液和 NaCl 溶液，一个有蓝色沉淀，一个没有明显现象。

小组4：我们取两支试管，一个是往 4mL Na_2CO_3 溶液的试管中加入 $BaCl_2$ 溶液，一个是往 4mL Na_2CO_3 溶液的试管中加入 NaCl 溶液，一个有白色沉淀，一个无明显现象。

师：其他小组还有补充吗？有没有同学想到用酚酞试剂来设计一组实验呢？

小组5：我们向 NaOH 溶液中滴入了 2 滴酚酞，溶液变红，然后分别慢慢滴入 NaCl 溶液和 HCl 溶液，前者没有明显变化，后者红色逐渐变浅至消失。

师：说得很好！接下来请同学们写出你们实验探究中能发生离子反应的化学方程式，并分析各化学方程式中产物的特点。

（学生书写化学方程式，教师穿梭于各小组之间，或是指导，或是聆听）

师：实验我们都做了，而且都做得很好，方程式也写了。那现在我们来升华一下，根据你们刚才的探究实验和方程式，回答一下我们之前提出的那两个问题。

（设计意图）课堂最后让学生运用所学知识解决课前的疑问，整堂课首尾呼应，使学生获得学习成就感。

生1：不是任意两种（或多种）电解质溶液混合都能够发生离子反应，离子反应发生是有条件的，要有沉淀生成。

生2：或者有水生成。

生3：或者有气体放出。

生4：生成沉淀、放出气体或生成水，只要具备以上条件之一，就能发生离子反应。

师：说得非常好，我们的科学家也是像你们这样通过实验探究来获取研究成果的。离子反应发生的条件是：生成沉淀或放出气体或生成水。

【讨论、提升】

为什么生成沉淀或放出气体或生成水，离子反应就能够发生呢？

（设计意图）追问，提升。

生：因为生成沉淀、气体、水这些物质后，某些离子就变少了。

师：很好！生成沉淀或放出气体或生成水，离子的数目就发生了变化，有新的物质生成，所以离子反应就能够发生。

师：离子之间发生反应，换句话说就是这些离子之间不能大量共存！

师：下面我们通过几道练习来巩固一下这两个知识要点。

【巩固练习】

（设计意图）巩固新学的知识点。

师：学到这里，刚上课时说的"绝路问津"的故事我们可以来揭开谜底了。我给大家一点提示：哑泉中含有重金属铜离子，万安泉水呈碱性。看看哪组同学能运用本节课所学知识来解决这个诸葛亮也搞不定的难题。

（设计意图）让学生用新学知识解决开头故事，学生会兴趣高涨，学习化学的兴趣更浓了。

生：发生了离子反应。哑泉中的铜离子与万安泉水中的氢氧根离子发生了离子反应，生成了氢氧化铜沉淀。

师：答得很好！致哑的原因是哑泉中含有重金属铜离子，解哑的原因是万安泉水呈碱性，含氢氧根离子。哑泉中的铜离子与万安泉水中的氢氧根离子可发生离子反应，生成氢氧化铜沉淀，从而可解重金属铜中毒。学化学是不是有趣又有用？学好化学，面对生活中的很多问题，你也可以像老师一样当专家。

师：这节课我们学了哪些重要知识点？是不是所有离子反应都得符合以上任一条件？

生：……

师：按反应类型分类，上述反应都属于四大基本反应中的哪一类型？

生：复分解反应。

师：对，刚才同学通过实验探究得出离子反应发生的条件，只适用于复分解型离子反应。还有没有其他反应类型的离子反应发生条件呢？

结语：我们将在学习第3节课后进一步扩充，同学们课余时间可先预习。

▶板书设计

离子反应及其发生的条件

一、离子反应

1. 概念：有离子参加的反应称作离子反应。

二、离子反应发生的条件（复分解型）

(1) 生成沉淀。

如：Ca^{2+} 与 CO_3^{2-}、Ag^+ 与 Cl^-、Ba^{2+} 与 SO_4^{2-}、OH^- 与 Mg^{2+} 等。

(2) 放出气体。

如：H^+ 与 CO_3^{2-}、HCO_3^-、S^{2-}、SO_3^{2-} 等生成气体。

(3) 生成水。

如：H^+ 和 OH^-。

教学反思

这节课的效果非常好，受到了学生和听课教师的一致好评，可以说这是一节教师和学生都喜欢的以学生为主体的探究课。这节课打破了传统的由教师讲离子反应发生的条件，再由教师进行课堂演示实验的模式。在不减少课堂容量的基础上，提高了学生的探究实验能力（与高考相吻合），真正体现了以学生为主体。比较有特色的环节包括：由"绝路问津"的故事引入，激发学生的上课兴趣；用一个演示实验提出两个问题，接着以这两个问题为主线展开学生的实验探究和实验的分析归纳；首尾相扣，最后让学生用本节课知识揭秘"绝路问津"。

听课评语

[点评 1] 本节课有三个特色：一是用故事引入，而且能做到故事的前后呼应；二是在教学中给学生提供了一个宽松愉悦的课堂研究气氛，相对开放的探究环境，培养了学生的求知欲，激发了学生的求知热情，开拓了学生的思维空间；三是教师上课很有激情，课堂掌控能力强，收放自如。

[点评 2] 教师上课很有激情，课堂节奏控制得很好。整个课堂设计很巧妙，值得学习。学生参与度很高，讨论很热烈，学生实验设计能力、分工合作都不错，分享时很大方得体，可见平常在关老师的课堂中学生得到锻炼的机会很多。

基于任务驱动的活力课堂之
"生活中两种常见的有机物之乙醇"

教学设计

一、教材分析

1. 教学背景

乙醇是新课标必修2第三章"有机化合物"第三节"生活中两种常见的有机物"中第一课时的内容。新课程标准中对官能团的学习要求有所体现但没有强化，学生主要学的是与日常生活相关的一些重要有机物的知识。乙醇是学生比较熟悉的生活用品，又是典型的烃的衍生物，从它的组成、结构和性质出发，建立"组成—结构—性质—用途"的有机物学习模式，了解有机物的一般知识，使学生掌握学习和研究有机物的一般规律，形成一定的分析和解决问题的能力，并为《有机化学基础》的学习打下坚实的基础。

2. 学情分析

（1）在本节课之前，学生刚刚学完了甲烷、乙烯、苯的结构与性质，已经知道了烃类化合物及同分异构现象等知识，初步学会了判断同分异构体并了解了有机物的成键特征，为本节课乙醇结构式探究打下了知识基础。

（2）高一（3）班、高一（4）班两个班属于我们学校的理科创新班，学生的学习基础良好，所以抓基础的同时要注意学科能力的培养，适当拔高、拓展学生的思维。

（3）学生已经做过金属钠与水的反应实验，清楚钠的储存方式、正确取用方法，并具备了一定的实验操作技能，这为本节课的实验探究活动打下了基础。

（4）在初中化学"燃料及其应用"中，学生已经学习了乙醇的一些基础知识，对乙醇有了简单的认识和了解，但是没有从组成和结构角度认识其性质、存在和用途。

3. 考情分析

本部分知识是高考有机化学部分常考的考点，醇的性质是有机合成的基础推断。

二、教材目标

1. 核心素养发展目标

（1）使学生认识乙醇的结构及其化学性质与应用，培养其宏观辨识及微观探析能力。

（2）使学生理解烃的衍生物、官能团的概念，结合实例认识官能团与性质的关系，知道有机物之间在一定条件下是可以转化的，培养其变化观念与平衡思维。

（3）通过设计实验探究步步推进，培养学生的创新思维并发展其善于合作、勤于思考、严谨求实的科学精神。让学生亲身体验实验的探究过程，体验探究中的困惑、顿悟、喜悦，从而激发其参与化学科技活动的热情。

2. 教学重点

（1）官能团的概念，乙醇的组成与结构及用途。

（2）乙醇的取代反应与氧化反应（催化氧化）。

3. 教学难点

使学生掌握乙醇的官能团，并能从结构角度初步认识乙醇的相关性质。

三、教学方法

基于高一学生的学习特点及本节内容的特点，本课采用情境教学法，创设了乙醇汽油在生活中的应用及情景剧《交警与红脸司机》，以引出乙醇的化学性质，促使学生在情境中主动探究科学的奥妙。在学习乙醇的性质时，采用学生小组实验探究法，按 "提出假设—讨论思考—实验探究—得出结论" 的模式进行教学，并充分利用网络资源，通过动画模拟将微观的过程宏观化，以降低认识难度，突破重难点，充分运用观察讨论、实验探究、对比归纳等学习方法，使学生思维方式得到良好的训练。

四、学法分析

学生在教师的指导下，将通过实验探究法、对比与类比法等方法学习本节课的主要内容。

五、课前准备

药品及仪器：金属钠、无水乙醇、酚酞、小试管、滴管、小烧杯、酒精灯、火柴、铜片、滤纸、小刀。

六、教学过程

【情境导入】

"无酒不成席"，酒已经成为当今社会人们餐桌上的常见饮品之一。中国是最早酿酒的国家，中国的酒文化源远流长，有许多关于酒的脍炙人口的诗句，如："明月几时有，把酒问青天。""葡萄美酒夜光杯，欲饮琵琶马上催。""白日放歌须纵酒，青春作伴好还乡。"……这些咏叹酒的诗句证明酒是一种奇特而富有魅力的饮料，那么其主要成分是什么呢？下面我们来细品一下它那"令人陶醉的醇香"吧！

提问：你能否根据生活中的常识粗略归纳一下乙醇的物理性质？

【实验探究1】乙醇的物理性质。

有三瓶丢失了标签的液体，可能是自来水、白酒、医用酒精，你能鉴别出来它们吗？将3种液体喷到爱心笔迹上，你会看到什么现象？

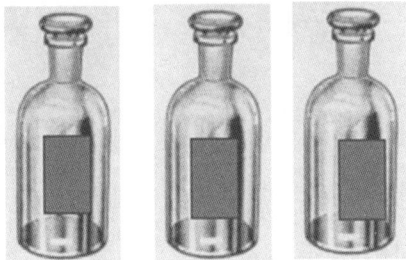

你能从刚才的小实验中推测乙醇的物理性质吗？

俗称	颜色	气味	沸点	状态	溶解性	密度

【实验探究2】已知乙醇分子式为 C_2H_6O，根据我们学过的碳四价、氧二价的原则，它的结构可能是什么？试画出其结构式并用球棍组装出乙醇的球棍模型。（小组合作讨论）

【实验探究3】如何证明乙醇的分子结构？请设计出你的方案。（小组合作讨论）

（提示）（1）钠的保存。煤油为碳氢化合物，只含 C—C 键、C—H 键，C—H 键不容易断裂。

（2）钠与水的反应。O—H 键容易断裂。

实验操作：（1）观察金属钠是如何保存的。（已知：煤油为碳原子数为 11～17 的烃类混合物。）

（2）用镊子取出两块绿豆大小的金属钠，用滤纸吸干表面煤油。

（3）将一块钠放入盛有少量水的烧杯中，另一块钠放入盛有 3mL 无水乙醇的大试管中，观察对比实验现象并填空。

现象比较	钠与水	钠与乙醇	钠与煤油
钠是否浮在液面上			
钠的形状是否变化			
反应剧烈程度			

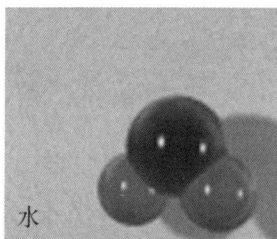

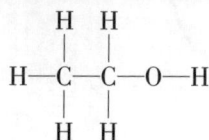

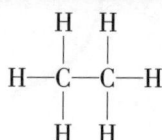

水　　　　　　　　　　乙醇　　　　　　　　　　乙烷

实验结论：乙醇的结构中有羟基。

归纳填空：乙醇的分子结构。

分子式：_____　　结构式：_____　结构简式：_____

乙醇与钠的反应方程式：_____

【投影】乙醇的分子式、结构式、结构简式、球棍模型和比例模型。

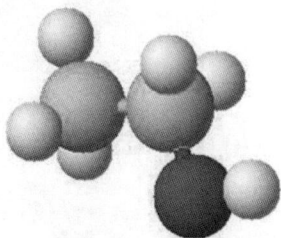

乙醇分子的球棍模型　　　　　　乙醇分子的比例模型

　　提问：我们将乙醇与乙烷相比，乙醇可以看成—OH 取代了乙烷上的一个—H。烃分子中的一个原子被其他原子或原子团所取代而产生的一系列化合物称为烃的衍生物。我们以前学习的哪些有机物是烃的衍生物呢？

　　讲解：乙烷因为一个—H 被—OH 取代而生成了乙醇，乙醇表现出了不同于烷烃的性质，当烃分子的氢原子像这样被原子或原子团取代后，物质的一些性质都发生了很大的变化，可以说这些原子或原子团对烃的衍生物性质起了决定性的作用。在化学上，我们将决定有机化合物的化学性质的原子或原子团称为官能团。

　　乙醇的官能团是—OH，称为"羟基"。卤原子（—X）、硝基（—NO_2）等都是官能团，烯烃分子中的碳碳双键也是官能团。

　　过渡：用资料卡片展示乙醇在人体内的代谢过程，引出乙醇的氧化反应。

　　人喝酒后会产生恶心欲吐、昏迷不适等醉酒症状。你知道酒精中毒的罪魁祸首是什么吗？

　　（提示）是乙醇在体内氧化后的产物乙醛！那么该如何解酒？

　　【实验探究 4】乙醇的催化氧化。

　　思考：（1）观察铜丝的颜色变化，思考 Cu 的作用。

　　（2）小心地闻液体产生的气味。

　　实验操作：把一端弯成螺旋状的铜丝放在酒精灯外焰中加热，使铜丝表面生成一层薄薄的黑色 CuO，然后立即把它插入盛有乙醇的试管里，这样反复操作几次。观察三个阶段（①加热前；②加热后；③插入无水乙醇后）铜丝的颜色。

现象：铜丝没加热前为红色，铜丝加热后变黑，插入无水乙醇中又变红，同时产生有刺激性气味的物质。

提问：反应后产生的刺激性气味物质是什么呢？有没有试剂能证明它的存在？推荐一个很灵敏的好东西——希夫试剂（品红亚硫酸试剂），它能跟醛作用而显紫色。

结论：铜在反应前后没有发生变化，说明铜是催化剂，乙醇被催化氧化成了乙醛（乙醛具有刺激性气味）。

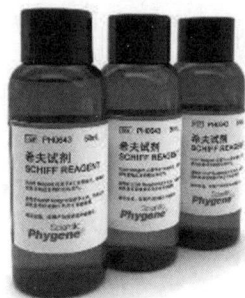

写出乙醇催化氧化的反应方程式：_____。

发生催化氧化的醇结构有何特点：_____。

【投影】

$2Cu + O_2 \xrightarrow{\quad\quad} 2CuO$（红→黑）

$CuO + CH_3CH_2OH \xrightarrow{\quad\quad} CH_3CHO + Cu + H_2O$
（黑→红）

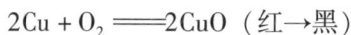

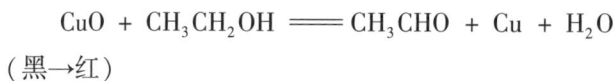

（分析）观看乙醇催化氧化的动画模拟视频后可知，断的是①和③键。

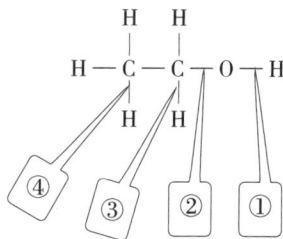

【创新实验1】将红色铜丝在酒精灯外焰加热变黑后慢慢移向酒精灯内焰，观察表面。

【创新实验2】在加热到红热的铜片上滴加无水乙醇，观察铜片上的变化（教师演示）。

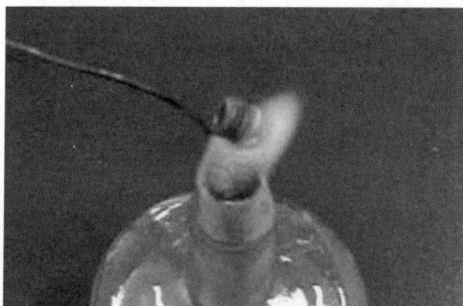

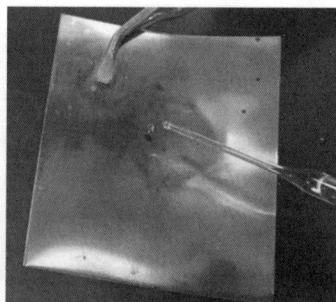

【学以致用】 焊接银器、铜器时，表面会生成发黑的氧化膜。银匠说，可以先把铜、银在火上烧热，再马上蘸一下酒精，铜银就会光亮如初！这是何原理？

【实验探究5】 乙醇转化为乙酸。

【投影】 交警查酒驾：酒精检测仪工作原理。

实验操作：（1）两支试管各取2mL酸性$KMnO_4$，一支加入5mL的乙醇，一支留着对比。

（2）两支试管各取2mL $K_2Cr_2O_7$溶液，一支加入5mL的乙醇，一支留着对比。

总结： 乙醇与强氧化剂高锰酸钾或重铬酸钾反应，可直接被氧化成乙酸。

$$CH_3CH_2OH \longrightarrow CH_3COOH$$

过渡： 乙醇可以作为燃料，在空气中点燃能放出大量的热，在生活中可作为一种主要的清洁能源。

【观看小视频】 乙醇汽油燃料（1分钟）。

小结： 乙醇的化学性质（部分）。

课堂练习

1. 以下几种物质中，可能具有与乙醇相似的化学性质的是（　　）。

A. CH_3OH　　　　B. $CH_3CH_2CH_2OH$　　　　C. $CH_2＝CH_2$

D. 溴苯（C_6H_5Br）　　E. 甲苯（$C_6H_5CH_3$）

2. 把质量为mg的铜丝灼烧变黑，立即放入下列物质中，能使铜丝变红，而且质量仍为mg的是（　　）。

A. 稀硫酸　　　B. 酒精　　　C. 稀硝酸　　　D. 水

3. 1mol的CH_3CH_2OH、$HOCH_2CH_2OH$（乙二醇）、$HOCH_2CH(OH)—CH_2OH$（丙三醇）分别与足量的金属钠反应，产生的氢气的物质的量之比为（　　）。

A. 1∶1∶1　　B. 1∶2∶3　　C. 6∶3∶2　　D. 3∶2∶1

4. 丙烯醇（$CH_2＝CHCH_2OH$）可跟下列物质发生化学反应的是（　　）。
①溴水　②钠　③氧气　④酸性高锰酸钾溶液
A. ②③④　　　　B. ②③　　　　C. ①③　　　　D. 全部

课后延伸

拓宽视野，自主研究（任选一个）：

（1）制作一张海报，宣传酗酒或酒后驾车的危害。

（2）查阅车用新燃料相关知识。

（3）酿造酒的工艺。

▶板书设计

生活中两种常见的有机物——乙醇

一、物理性质

无色有特殊香味的液体；密度 $0.789g/cm^3$，比水小；熔点 $-114.3℃$，沸点 $78.2℃$，易挥发。能溶解多种有机物，能与水以任意体积比混溶。

二、分子结构

（1）分子式：C_2H_5OH。

（2）结构式：

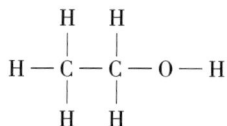

三、化学性质

（1）取代反应。

（2）氧化反应。

四、乙醇的用途

教学反思

这节课是学校教学开放日的公开课，课堂结束后，到场听课的30多位各校骨干教师和教研员都给予了高度赞扬，说课堂活动设计得非常巧妙，以学生为中心，不断地搭建平台让学生飞跃，学生参与度很高，课堂充满了活力，是新教材的示范课，值得大家好好学习。尤其有几个亮点很突出：①以学生为中心，学生在讨论设计、合作探究和展示分享等多个环节都表现得很突出。②两条线索并行，实验探究为明线、官能团断键为暗线。③增加的铜催化氧化的两个创新实验非常棒，培养了学生的创新思维，打开了学生的视野。④增加了醛基的检验，使用希夫试剂的变化现象明显。不足之处：课堂内容充实，小组合作讨论和学生练习的时间掌控上紧张了一点，需多给学生机会。

基于任务驱动的活力课堂之
"盐类的水解"

一、设计思路

本节课实验较多，规律性强，可以设计多组实验调动学生的兴趣，让学生积极参与实验操作和探究，了解盐类水解的原理、实质和规律，这符合由现象到本质的认知发展规律。盐类水解的原理在生活、生产中应用比较广泛，在学生探究盐类水解的原理、实质和规律的同时，教师可以设置多个问题情境，广泛地联系生产、生活实际，这也符合理论联系实际的教学原则。学生进行实验探究的过程，不仅是培养学生动手操作能力和实验设计能力的过程，也是培养学生学习兴趣、增强学生自信心的过程。整堂课要将知识与技能、过程与方法、情感态度与价值观三个方面做到有机结合。

二、教学目标

1. 知识目标

（1）学生能理解盐类水解的实质，能解释强酸弱碱盐和强碱弱酸盐的水解。

（2）学生能运用盐类水解规律判断盐溶液酸碱性，初步了解盐水解的离子方程式。

2. 能力目标

学生能通过观察、实验、查阅资料等多种手段获取有关盐类水解的信息，并运用比较、分类、归纳、概括等方法得出盐类水解的实质和规律，探究影响盐类水解平衡的因素。教师运用多媒体技术列出本节的知识系统板书，使学生明确一些概念和规律，同时，在学生掌握有关盐类水解规律的基础上通过多媒体课件及时对其进行技能训练。

3. 核心素养

实验探究的过程，可培养学生学习化学的兴趣。在实验探究过程中，学生可体验到透过现象揭示事物本质、规律的成功的喜悦，从而增强学习的信心和动力。

三、教学重点与难点

1. 教学重点

盐类水解的定义、原理、实质和规律及盐类水解的应用。

2. 教学难点

盐类水解的原理、实质和规律。

四、教学方法

实验探究、归纳推理、讲练结合。

五、教学准备

（1）药品：NaCl 溶液、$NaHCO_3$ 溶液、NH_4Cl 溶液、$AlCl_3$ 溶液、CH_3COONa 溶液、CH_3COONH_4 溶液、$Al_2(SO_4)_3$ 溶液、Na_2CO_3 溶液、KNO_3 溶液、0.1mol/L 的 Na_2SO_3 溶液、0.1mol/L 的 Na_2S 溶液、pH 试纸、酚酞试液、石蕊试液、镁条。

（2）仪器及用品：试管、烧杯、胶头滴管、玻璃片、玻璃棒。

（3）多媒体课件、学生学案。

六、教学过程

【导入】（教师完成氯化铵溶液与镁反应的实验后，引导学生观察氢气的产生）为什么会产生氢气，谁能帮助老师解决这个疑问？欲知详情，请听本回分解——"盐类的水解"。

酸溶液显——酸性（学生回答），碱溶液显——碱性（学生回答）。那么，酸碱发生中和反应生成的盐的溶液显酸性、碱性还是中性呢？让我们通过实验来探究：检验溶液的酸碱性有哪些方法。（示范 pH 试纸的正确使用方法）

　　◎分组实验

判断下列溶液的酸碱性。

盐溶液	NaCl	Na_2CO_3	$NaHCO_3$	NH_4Cl	KNO_3	CH_3COONa	$Al_2(SO_4)_3$
酸碱性							

（让所有的学生都参与到实验中，通过明显的实验现象，激发学生的好奇心和求知欲，培养学生的探究意识。）

◎通过实验现象探究盐类水解的本质

【探究问题1】盐溶液的酸碱性与盐的类型的关系。

盐的类型	强碱强酸盐	弱碱强酸盐	强碱弱酸盐
溶液酸碱性			

进一步激疑：你能否根据这个结论总结出一个容易记忆的口诀呢？

助记口诀：谁强显谁性，两强显中性，两弱看相对。

（课堂强化练习）

【探究问题2】为什么不同类型盐溶液的酸碱性不同？

（提示）可以从下列角度和顺序思考：盐溶液中存在哪些离子？哪些离子可能会相互结合？对水的电离平衡有何影响？

（分组讨论、交流）

下面按实验的分组进行讨论，每一组推选一名代表公布讨论的结果。

一组：溶液中存在水的电离平衡：$H_2O \rightleftharpoons H^+ + OH^-$，当水中加入NaCl，在水溶液中电离出的 Na^+、Cl^- 对水的电离平衡无影响，因而，溶液中 $c(H^+) = c(OH^-)$，溶液呈中性。

二组：溶液中存在水的电离平衡：$H_2O \rightleftharpoons H^+ + OH^-$，当水中加入 NH_4Cl 时，在水溶液中电离出的 NH_4^+ 可结合水电离出的 OH^-，使水的电离平衡向正方向移动。因而，溶液中 $c(H^+) > c(OH^-)$，溶液呈酸性。

三组：溶液中存在水的电离平衡：$H_2O \rightleftharpoons H^+ + OH^-$，当水中加入 CH_3COONa 时，它们在水溶液中电离出的 CH_3COO^- 结合水电离出的 H^+，使水的电离平衡向正方向移动。因而，溶液中 $c(H^+) < c(OH^-)$，溶液呈碱性。

【探究问题3】分析归纳出盐类水解的定义。

结合 CH_3COONa 和 NH_4Cl 的水解机理，分析归纳。

在盐溶液中，盐电离出的离子（弱酸阴离子或弱碱阳离子）跟水所电离

出的 H^+ 或 OH^- 结合生成弱电解质分子的反应就叫做盐类的水解。

【探究问题4】探究盐类水解的条件、实质、规律。

根据各个小组探究的结果，解决下面的问题：

（1）分析盐类水解的条件、实质是什么？有什么规律？

水解的条件：盐中必须有弱根。

水解的实质：破坏了水的电离平衡，促进了水的电离。

水解的规律：谁弱谁水解，无弱不水解，

　　　　　　　　谁强显谁性，都强显中性。

（2）盐类水解反应与中和反应的关系如何？

盐类水解是中和反应的逆反应。

（通过问题的探究与解决，学生可体验到透过现象揭示事物本质和规律的喜悦，从而增强学习的信心和动力。）

【延伸】（1）（用精密 pH 试纸测出 0.1mol/L 的 Na_2SO_3 和 0.1mol/L 的 Na_2S 溶液的 pH，并将测定结果公布在黑板上。）请同学们思考两者 pH 的不同说明了什么？

（2）若某盐溶液呈中性，能否判断该盐未发生水解反应？该盐可能是什么盐？为什么？（结合 CH_3COONH_4 进行思考）

在学生练习的基础上，与学生一起完善盐类的水解规律：

谁弱谁水解，无弱不水解，

谁强显谁性，两强显中性。

越弱越水解；都弱双水解。

（前后呼应）谁能解决老师开头的疑惑：为什么氯化铵溶液和镁反应有气体放出？

【学以致用】新闻链接：被蜜蜂蜇了下，差点要了命！

提问：当被蜜蜂叮咬后，应如何利用家庭常用物质进行处理？为什么可以用纯碱溶液涂抹？你能否用今天学习的盐类水解知识来解答呢？

◎课堂小结

（学生归纳总结，教师进行补充和点评）

盐类水解的概念、条件、实质、规律。

▶板书设计

```
盐类的水解（一）
一、盐类水解的概念
1. 定义
2. 水解的过程
3. 条件
4. 实质
5. 规律
```

教学反思

　　本节课使用了学生探究课堂模式，每个环节环环相扣，把学生一步步引向本质分析。学生参与度比以前的常规教法高很多，尤其是小组合作环节和展示环节，学生表现得都很好，得到了听课教师的高度评价。所以教师还是要敢于放手，只要设置得当，学生都能表现得很精彩。

基于证据推理的活力课堂之
"苯酚的性质和应用"

教学设计

【实验导入】

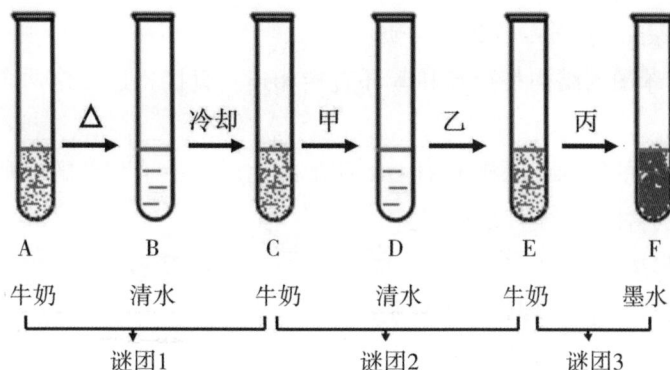

概念辨析：醇和酚的对比。

酚的定义是_____，官能团是_____，
苯酚是最简单的_____。

【化学史故事】是谁使苯酚声名远扬？

【活动探究 1】苯酚的基本结构和物理性质。

苯酚的分子式：_____，苯酚的结构简式：_____
或_____或_____。

苯酚____色，有_____气味，熔点_____，易溶于_____。

思考：苯酚为什么能溶于水呢？

_____

【解谜时刻】你能解开谜团吗？

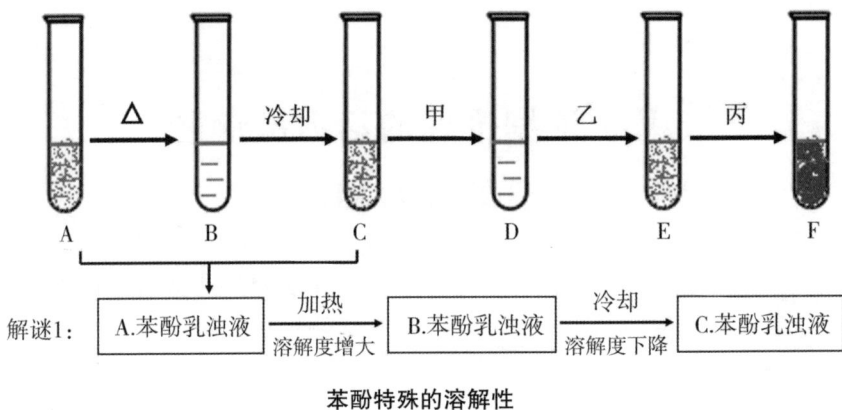

苯酚特殊的溶解性

【活动探究2】 苯酚的化学性质。

思考：苯酚的结构是羟基和苯环直接相连，直接相连的这两个基团会相互影响吗？

分析苯酚的结构，联想 C_2H_5OH 和苯的性质，甲苯和苯的性质差异，推测苯酚可能有什么化学性质？

1. 氧化反应

【证据推理1】 苯环影响了羟基。

苯酚可以被空气中的氧气_____。

思考：苯酚能否使酸性高锰酸钾溶液褪色？

_____

2. 弱酸性

【证据推理2】 苯环影响了羟基。

请结合酸的通性，设计实验探究苯酚是否具有酸性。

组别	反应	现象
①	pH 试纸	
②	酸碱指示剂	
③	NaOH 溶液	

得出结论：_____。

【解谜时刻】 你能解开谜团吗？

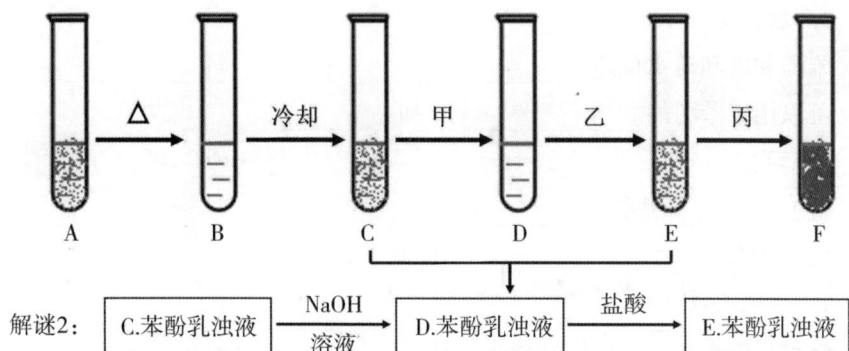

解谜2：

| C.苯酚乳浊液 | →NaOH溶液→ | D.苯酚乳浊液 | →盐酸→ | E.苯酚乳浊液 |

【证据推理3】苯环影响了羟基。

请结合"强酸制弱酸"的原理，试设计对比实验比较苯酚与碳酸酸性的相对强弱。

组别	现象	方程式
①		
②		

得出结论，酸性大小比较：_____。

思考4：向苯酚钠溶液中通入少量 CO_2，会得到碳酸钠吗？

_____

思考5：乙醇显中性，苯酚为什么具有酸性？

_____

【练习】观察下列实验，推测苯酚会发生怎样的取代反应？请分别写出苯酚和 HNO_3、Br_2 反应的方程式。

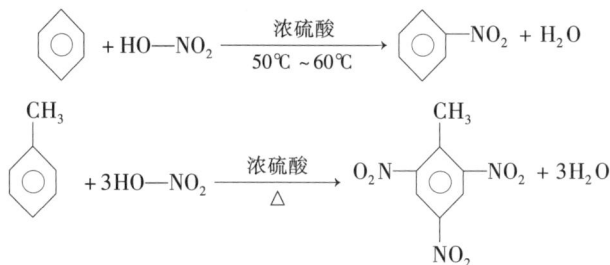

3．取代反应

苯酚和饱和溴水反应：_____。

可以用于苯酚的_____和_____。

【练习】

（1）_____溴水，且_____。

（2）取代_____、_____的 H 原子。

4．显色反应

检验苯酚不仅可以用饱和溴水，还可以用_____。

现象：_____。

5．加成反应

苯酚和氢气加成反应的方程式：_____。

【总结】苯酚的化学性质。

（1）氧化反应。易被_____、使_____褪色、可在空气中_____。

（2）具弱酸性。酸性大小比较：_____。

（3）取代反应。和饱和溴水反应：_____。

（4）显色反应。和_____反应，使溶液显_____色。

（5）加成反应。和氢气反应：_____。

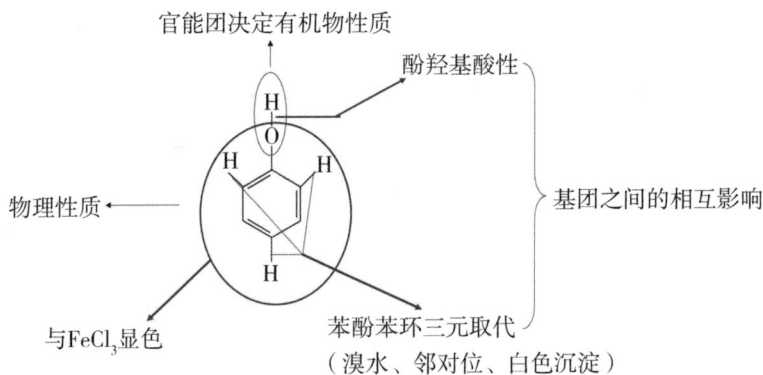

【反思】

（1）甲基、酚羟基对_____的影响使苯环上的氢原子变得_____，易被_____。

（2）苯环也影响了羟基或烷基，如_____呈酸性而乙醇不呈酸性，甲苯能使_____褪色而甲烷不能。

（3）苯酚是重要的化工原料，广泛用于制造_____（电木）、染料、医药等，也可用作_____。

拓展练习

1. 白藜芦醇广泛存在于食物（例如桑椹、花生，尤其是葡萄）中，它可能具有抗癌性。下列不能与白藜芦醇反应的是（   ）。

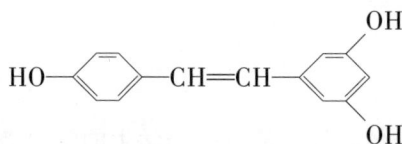

A. Na_2CO_3 溶液　　　　B. $FeCl_3$ 溶液

C. $NaHCO_3$ 溶液　　　　D. 酸性 $KMnO_4$ 溶液

2. 有机物分子中原子间（或原子与原子团间）的相互影响会导致物质化学性质的不同。下列各项事实不能说明上述观点的是（   ）。

A. 甲苯能使酸性高锰酸钾溶液褪色，而苯不能使酸性高锰酸钾溶液褪色

B. 乙烯能发生加成反应，而乙烷不能发生加成反应

C. 苯酚能和氢氧化钠溶液反应，而乙醇不能和氢氧化钠溶液反应

D. 苯酚苯环上的氢比苯分子中的氢更容易被卤素原子取代

课后延伸

1. 环保知识点滴：石油化工、有机合成和炼焦、炼油等化学工业得到了迅猛发展，但其产生的含有酚及其衍生物的废水都是有害的。酚的毒性会影响水生物的生长和繁殖，污染饮用水源，因此含酚废水的处理是环境保护工作中的重要课题。常用减少含酚废水的产生及回收利用的方法来化害为利，保护环境。

2. 你知道吗？日本利用蟹壳来清除工业废水中有毒物质——苯酚。

基于证据推理的活力课堂之
"铁的氢氧化物、铁盐、亚铁盐"

教学设计

一、教学指导思想

（1）面向全体学生，照顾学生的个体差异，使每一个学生的学习潜能都得到充分发展。

（2）突出科学探究的学习方式，给学生提供充分的科学探究的机会，让学生体验探究过程的曲折和乐趣，学习科学方法，发展科学探究的能力并增强对科学探究的理解。

（3）注重合作学习，让学生学会合作交流，并敢于大胆展示。

二、教学模式与学习方式设计

学案导学（先学后教，讨论交流，小组合作，学生展示）、实验探究、证据推理。

三、教材内容分析

"铁及其重要化合物"是必修1第三章第一节的内容，是元素化合物知识的重要组成部分之一，是中学化学的基础知识。它排在第二章"钠和氯"的后面，所以学生通过对钠及其化合物、氯及其化合物和"物质的量"的学习，已经初步掌握了学习元素化合物知识的方法，并懂得了"物质的量"这个重要工具，顺理成章地承载了用"物质的量"对元素化合物进行深化学习的功能。这节知识既可以对前面学习的实验和理论知识进行补充，又能为接下来学习物质结构、元素周期律、化学反应等理论知识打下重要的基础，还可以帮助学生逐步掌握学习化学的基本方法和科学研究的方法。

此外，铁是中学阶段需要重点学习的变价金属元素，其化合物种类较多，实验易于开展且现象丰富，既可以增强学生的学习兴趣，又可以体现化学思维方法——分类法和价态观的运用。

四、学情分析

1. 知识储备

学生已具备氧化还原、物质分类、离子反应、物质的量等知识，掌握金属及其化合物的学习方法（钠及其重要化合物）。学生可以用物质分类和氧化还原的学习方法去认识铁的重要化合物所属的物质类别，从碱的通性的角度去认识铁的两种氢氧化物所具有的性质和制备方法；并从化合价的角度对铁的化合物进行分类，去预测并通过实验探究 Fe^{2+} 和 Fe^{3+} 相互转化的途径。但学生尚不能熟练运用氧化还原知识，对常见的氧化剂和还原剂并不熟悉，导致他们在实验探究 Fe^{2+}、Fe^{3+} 的相互转化时会遇到困难，需要教师的适当引导。

2. 实验技能基础

学生对实验仪器和实验操作已有了一定的了解，本实验相对简单，危险系数较小，学生操作上的问题不大。

3. 认知能力

高中学生具有很强的接纳新事物的能力，并很容易被激起兴趣。本节重在培养学生的探究意识，以及设计探究方案、实施探究方案和对探究结果进行反思和内化的能力。

五、核心素养发展目标

（1）学生能掌握铁的氢氧化物的制备和性质以及制备 $Fe(OH)_2$ 的特殊操作。

（2）依据化合价理论，结合实验探究，学生能掌握 Fe^{2+} 和 Fe^{3+} 相互转化的途径，强化变化观念。

（3）通过实验探究，学生能学会 Fe^{2+}、Fe^{3+} 的检验方法，培养学生的证据推理意识，提升其实验探究能力与创新意识。

（4）通过对实验现象的观察、分析、推理与归纳，培养学生的思维能力和分析综合能力。通过实验，培养学生"主动参与、乐于探究、交流合作"的精神。

六、教学重点与难点

1. 教学重点

氢氧化亚铁的制备、亚铁盐和铁盐的鉴别和相互转化。

2. 教学难点

氢氧化亚铁的制备、亚铁盐和铁盐的相互转化。

七、教具准备

多媒体课件、实验药品（Fe_2O_3、Fe_3O_4、$FeCl_2$ 溶液、$FeCl_3$ 溶液、KSCN 溶液、铁钉、NaOH 溶液）。

八、设计思路

在个体自学部分，使学生掌握基础知识，然后开展探究：①氢氧化铁和氢氧化亚铁的制备；②Fe^{2+} 和 Fe^{3+} 的相互转化。使学生在亲身体验中掌握本节课的重点和难点，最后学以致用，用本节课的知识点解决生活问题。这种以实验为主的探究式教学方法可提高学生的探究能力、动手能力和合作能力。

九、教学过程

【实验引入】"超级变变变"小魔术

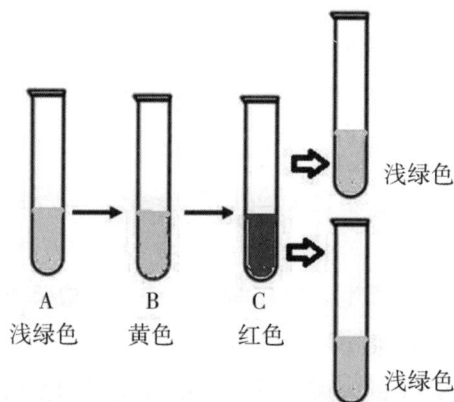

（一）个体自学（任务驱动）

【复习回顾】

氧化还原知识（回忆第二章第二节氧化还原知识，填写下列两个空格）

常见的氧化剂＿＿＿＿＿＿＿＿＿＿＿＿＿＿＿＿＿＿＿＿＿。

常见的还原剂＿＿＿＿＿＿＿＿＿＿＿＿＿＿＿＿＿＿＿＿＿。

【新知先学】（简单预习）

1. 铁的氧化物（对课本第59页"铁的氧化物"的内容进行归纳并完成表格）

项　　目	FeO	Fe_2O_3	Fe_3O_4（$FeO \cdot Fe_2O_3$）
铁的化合价			
色态			
俗名	—		
与酸反应的离子方程式（碱性氧化物）			—
重要用途	—		

2. 铁的氢氧化物的性质（阅读课本第60~61页后完成表格）

项　　目	$Fe(OH)_3$	$Fe(OH)_2$
色态		
水中溶解性		
与盐酸反应的离子反应式		

3. Fe^{3+} 的检验（阅读课本第61页后完成填空）

含 Fe^{3+} 的盐溶液遇到＿＿＿＿溶液时变成红色。该反应很灵敏，可用该试剂检验 Fe^{3+} 的存在。

【学生实验】

分别向 $FeCl_2$ 溶液和 $FeCl_3$ 溶液中滴加 KSCN 溶液（硫氰化钾溶液），观察实验现象。

（二）合作探究（任务驱动）

【实验探究1】氢氧化铁和氢氧化亚铁的制备。

讨论：利用离子反应的条件，分析制取氢氧化铁、氢氧化亚铁的实验原理。

原理：＿＿＿＿＿＿＿＿＿＿＿＿＿＿＿＿＿＿＿＿＿＿＿＿。

【学生实验1】制备 $Fe(OH)_3$、$Fe(OH)_2$（把实验现象记录下来，并把下表填写完整）

项目	制备 $Fe(OH)_3$	制备 $Fe(OH)_2$
离子方程式		
实验现象		
稳定性		
相互转化（写反应方程式）		

讨论：制备 $Fe(OH)_2$ 时产生现象的原因是什么？

＿＿＿＿＿＿＿＿＿＿＿＿＿＿＿＿＿＿＿＿＿＿＿＿＿＿＿＿＿＿

拓展探究：如何改进实验才能有利于制备 $Fe(OH)_2$？

存在问题：＿＿＿＿＿＿＿＿＿＿＿＿＿＿＿＿＿＿＿＿。

实验关键：＿＿＿＿＿＿＿＿＿＿＿＿＿＿＿＿＿＿＿＿。

解决方案：＿＿＿＿＿＿＿＿＿＿＿＿＿＿＿＿＿＿＿＿。

【实验探究2】Fe^{2+} 和 Fe^{3+} 的相互转化。

过渡提问：在你的桌面上有两瓶 $FeCl_2$ 溶液（其中一瓶加入了铁粉），请仔细观察加入了铁粉的 $FeCl_2$ 溶液与未加铁粉的 $FeCl_2$ 溶液颜色有什么不同？为什么？

提问：联系这节课开始时观察到的药品的颜色，未加铁粉的 $FeCl_2$ 溶液可能有什么成分？如何证明你的推测？

【学生实验2】检验加入了铁粉的 $FeCl_2$ 溶液与没有加入铁粉的 $FeCl_2$ 溶液是否含有 Fe^{3+}。

提问：为什么未加入铁粉的 $FeCl_2$ 溶液中含有 Fe^{3+}？

_____

提问：为什么加入了铁粉的 $FeCl_2$ 溶液中没有 Fe^{3+}？

_____

【板书】Fe^{2+} 和 Fe^{3+} 的相互转化：$Fe^{2+} \underset{Fe}{\overset{O_2}{\rightleftharpoons}} Fe^{3+}$

提问：除了 O_2，你认为还有哪些物质可以将 Fe^{2+} 氧化为 Fe^{3+}？除了 Fe，你认为还有哪些物质可以将 Fe^{3+} 还原为 Fe^{2+}？

_____

【学生实验3】

提供以下试剂：$0.1mol/L$ $FeCl_2$ 溶液、$0.1mol/L$ $FeCl_3$ 溶液、铁粉、KI 淀粉溶液、$KMnO_4$ 溶液、新制氯水、硝酸、KSCN 溶液。

请选择合适的试剂，设计氯化亚铁与氯化铁相互转化的实验方案各一组，预测可能出现的实验现象，再进行实验。

学生分组讨论并进行实验。

转化目标	所选试剂	实验方案	预期现象	实验现象	结论
$FeCl_2 \longrightarrow FeCl_3$					
$FeCl_3 \longrightarrow FeCl_2$					

提问：（1）你设计 Fe^{2+} 和 Fe^{3+} 相互转化时选择试剂的依据是什么？

（2）你如何判断 Fe^{2+} 和 Fe^{3+} 之间发生了转化？

小结：实验表明，Fe^{2+} 具有还原性，Fe^{3+} 具有氧化性，选择合适的氧化剂或还原剂，是可以实现 Fe^{2+} 和 Fe^{3+} 的相互转化的。

（三）展示分享

（四）课堂小结

对标本节课的知识目标，学生分享小结。

（五）巩固提升

（1）实验室配制 $FeCl_2$ 或 $FeSO_4$ 溶液时，如何防止溶液变质？

（2）鲜榨的苹果汁为何很快就变色？

（3）证明某溶液只含有 Fe^{2+} 而不含 Fe^{3+} 的实验方法是（　　）（多选）。

A. 先滴加氯水，再滴加 KSCN 溶液后显红色

B. 先滴加 KSCN 溶液，无变化，再滴氯水后显红色

C. 滴加 NaOH 溶液，先产生白色沉淀，后变灰绿，最后显红褐色

D. 只需滴加 KSCN 溶液

（4）为了除去 $FeSO_4$ 溶液中的 $Fe_2(SO_4)_3$ 和 $CuSO_4$ 杂质，可选用的试剂为（　　）。

A. NaOH　　　B. 氯水　　　C. Cu　　　D. Fe

教学反思

新课程标准下，化学课堂的教学目标，不再只是传授必要的、基本的知识和技能，更重要的是通过有效的教育来促进学生科学素养的提升。因此，教师在课堂教学中的角色也在不断改变，变为学生积极探索和思考的引导者。在教学安排中，先用一个"超级变变变"的颜色变化小魔术引入，激发学生极大的兴趣，然后让学生带着解开小魔术的好胜心开始学习。利用学生现有的知识，提出新的问题、新的任务，驱动学生参与探究，在探究中进步，发展、构建自己的知识体系。整节课学生的参与度很高，学生的实验表达能力得到充分体现。

基于证据推理的活力课堂之 "水的电离和溶液酸碱性"

教学设计

1. 学习目标

（1）理解水的电离、水的电离平衡，了解水的离子积常数 K_W 的含义。

（2）掌握 $c(H^+)$ 和 $c(OH^-)$ 与溶液酸碱性的关系。

（3）初步学会有关水的离子积的简单计算。

（4）培养学生的证据推理意识，学会从多角度寻找证据证明推理。

2. 重点难点

水的离子积，$c(H^+)$、$c(OH^-)$ 与溶液酸碱性的关系。

学习过程

【情境引入】水能产生自由移动的离子吗？你能否设计对比实验来进行证据推理？

【探究1】用灵敏电流计测定纯水的导电性。

现象：灵敏电流计指针有微弱的偏转。

实验	1	2
操作	接灯泡	接灵敏电流计
现象	不亮	指针偏转
结论	水能导电，但是产生的自由离子极少	

一、水的电离

（1）水电离方程式可表示为：$2H_2O \rightleftharpoons H_3O^+ + OH^-$ 或简写成：$H_2O \rightleftharpoons H^+ + OH^-$。

结论：水分子能够发生电离，水分子发生电离后产生的离子分别是 H_3O^+ 和 OH^-。

【思考1】纯水中有没有电离平衡？你能写出水的电离方程式吗？

【议一议】怎样证明水的电离很微弱，存在电离平衡？你能找到哪些证据来证明？

（让学生通过计算分析、实验设计、小组交流碰撞、归纳分享，寻找多个证据。）

已知：在25℃时，1L水（密度为 1 000g/L）中只有 1×10^{-7} mol 的水分子发生电离。另醋酸的电离度大概是 0.1%。

【证据1】纯水电离出的 H^+ 及 OH^- 浓度只有 1×10^{-7} mol/L，$55.6N_A$ 个水分子中才有 10^{-7} 个发生电离。说明水的电离远远弱于醋酸的电离。

【证据2】已知 $pH = -\lg c(H^+)$。组织学生用 pH 计测纯水的 pH 值，可算出纯水电离出的 H^+ 浓度只有 1×10^{-7} mol/L。

【证据3】水电离的平衡常数表达式。

先和学生一起推导出：$K_{电离} = \dfrac{c(H^+) \cdot c(OH^-)}{c(H_2O)}$，$K_W = K_{电离} \cdot c(H_2O) = c(H^+) \cdot c(OH^-)$，然后提供实验测得数据：在室温时，水中 $c(H^+) = c(OH^-) = 1 \times 10^{-7}$ mol/L，$c(H_2O) = 55.6$ mol/L。

提问：你能算出水的离子积常数 K_W 吗？和 $K_{醋酸} = 1.75 \times 10^{-5}$ 比较，你能获得什么结论？

水的离子积常数［溶液中 $c(H^+) \cdot c(OH^-)$，用 K_W 表示］：在25℃时，

实验测得 1L 纯水只有 10^{-7} mol H_2O 发生电离,因此纯水中 $c(H^+) = c(OH^-) = 10^{-7}$ mol/L。所以 25℃时,$K_W = c(H^+) \cdot c(OH^-) = 10^{-14}$。

二、影响水的电离平衡的因素

【动动手】对常温下的纯水进行下列操作,完成下表:

操作	酸碱性	水的电离平衡移动方向	$c(H^+)$	$c(OH^-)$	$c(H^+)$ 与 $c(OH^-)$ 大小关系	K_W 变化
加热						
加 HCl						
加 NaOH						

$$H_2O \Longleftrightarrow H^+ + OH^- \quad \Delta H > 0$$

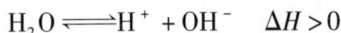

小结:加入酸或碱抑制水的电离,升温促进水的电离。

三、影响 K_W 的因素

【探究 2】观察下表的数据:

t(℃)	0	10	20	25	40	50	90	100
K_W($\times 10^{-14}$)	0.134	0.292	0.681	1.01	2.92	5.47	38.0	55.0

结论:温度越高,K_W 越大;K_W 在一定温度下是个常数。

水的电离是一个吸热过程,升高温度,水的电离程度增大,K_W 增大,但仍是中性水。

【探究 3】比较下列情况下,温度不变时电离平衡 $H_2O \Longleftrightarrow H^+ + OH^-$ 中 $c(H^+)$ 和 $c(OH^-)$ 的值或变化趋势。

蒸馏水中加入物质	$c(H^+)$	$c(OH^-)$	$c(H^+)$ 与 $c(OH^-)$ 大小比较	K_W	酸碱性	水的电离平衡
蒸馏水						

（续上表）

蒸馏水中加入物质	$c(H^+)$	$c(OH^-)$	$c(H^+)$与$c(OH^-)$大小比较	K_W	酸碱性	水的电离平衡
加酸后						
加碱后						

结论：（1）K_W不仅适用于纯水，还适用于酸性或碱性的稀溶液，不管是哪种溶液均有：$c(H^+)_水 = c(OH^-)_水$，$K_W = c(H^+)_{溶液} \cdot c(OH^-)_{溶液}$。

（2）水中加酸或碱均抑制水的电离，但由水电离出的$c(H^+)$与$c(OH^-)$总是相等。

（3）任何电解质溶液中，H^+与OH^-总是共存，$c(H^+)$与$c(OH^-)$此消彼长，且$K_W = c(H^+) \cdot c(OH^-)$不变。

（4）判断溶液酸碱性的依据是$c(H^+)$与$c(OH^-)$的相对大小。

四、溶液的酸碱性与溶液中$c(H^+)$、$c(OH^-)$的关系

【思考】酸性溶液中是否有OH^-存在？碱性溶液中是否有H^+存在？纯水中，$c(H^+)$、$c(OH^-)$均来自水的电离，在酸性、碱性溶液中，$c(H^+)$、$c(OH^-)$来自哪里？

解答：酸性溶液中有OH^-存在，碱性溶液中有H^+存在。酸性溶液中$c(H^+)$共中央主要来自酸的电离（水电离出的H^+忽略不计），碱性溶液中$c(OH^-)$主要来自碱的电离（水电离出的OH^-忽略不计）。

【拓展】利用K_W的定量计算。

题型1：求$c(H^+)_{aq}$或$c(OH^-)_{aq}$。

题型2：求$c(H^+)_水$或$c(OH^-)_水$。

例1：0.01mol/L盐酸溶液中，$c(H^+)_{aq}$、$c(OH^-)_{aq}$分别是多少？由水电离出的$c(H^+)_水$、$c(OH^-)_水$分别是多少？

例2：0.01mol/L NaOH溶液中，$c(H^+)_{aq}$、$c(OH^-)_{aq}$分别是多少？由水电离出的$c(H^+)_水$、$c(OH^-)_水$分别是多少？

例3：0.01mol/L NaCl溶液中，$c(H^+)_{aq}$、$c(OH^-)_{aq}$分别是多少？由水电离出的$c(H^+)_水$、$c(OH^-)_水$分别是多少？

结论：盐酸中，由HCl电离产生的$c(H^+)$远远大于纯水电离产生的

$c(\text{H}^+)$，溶液中 $c(\text{H}^+)$ 仍以盐酸电离出的为主，而水电离出的 H^+ 因为太少而被忽略不计。所以 $K_\text{W} = c(\text{H}^+) \cdot c(\text{OH}^-)$ 中，$c(\text{H}^+)$ 为酸电离出的 $c(\text{H}^+)$，$c(\text{OH}^-)$ 为水电离出的 $c(\text{OH}^-)$。同理，氢氧化钠溶液 $K_\text{W} = c(\text{H}^+) \cdot c(\text{OH}^-)$ 中，$c(\text{OH}^-)$ 为碱电离出的 $c(\text{OH}^-)$，$c(\text{H}^+)$ 为水电离出的 $c(\text{H}^+)$。且由水电离出的 $c(\text{H}^+) = c(\text{OH}^-)$。

归纳总结：在任何水溶液中 $c(\text{H}^+)$ 和 $c(\text{OH}^-)$ 是永远共存的，它们既相互依存又相互制约，溶液显什么性，取决于 H^+ 与 OH^- 浓度的大小关系：当 $c(\text{H}^+) > c(\text{OH}^-)$ 时，H^+ 占主导地位，溶液显酸性；当 $c(\text{H}^+) < c(\text{OH}^-)$ 时，OH^- 占主导地位，溶液显碱性；当 $c(\text{H}^+) = c(\text{OH}^-)$ 时，溶液显中性。

【疑点反馈】通过本课学习、作业后你还有哪些没有搞懂的知识，请记录下来。

教学反思

本节课最大的亮点是利用问题"怎样证明水的电离是微弱的？"引导学生找到多个证据（实验证据和理论证据）进行证明，很好地培养了学生的证据推理能力和合作探究能力。另一个亮点则是以问题导学，环环相扣，牵引学生的思维，让学生动起来，构建了活力课堂。

基于单元整体教学的活力课堂之
"烷烃的命名"

一、教学基本信息

整体教学设计者：关朝珠　朱凤玲

教学设计名称：选必 3　第二章"烃"　第一节"烷烃"（2 课时）

所属年级：高中二年级

二、单元主题教学背景

1. 课标分析

（1）内容要求。

①烃的性质与应用。

学生能够认识烷烃、烯烃、炔烃和芳香烃的组成和结构特点，比较这些有机化合物的组成、结构和性质的差异，并了解烃类在日常生活、有机合成和化工生产中的重要作用。

②有机反应类型与有机合成。

学生能够认识加成、取代、消去反应及氧化还原反应的特点和规律，了解有机反应类型和有机化合物组成结构特点的关系；认识有机合成的关键是碳骨架的构建和官能团的转化，了解设计有机合成路线的一般方法；体会有机合成在创造新物质、提高人类生活质量及促进社会发展方面的重要贡献。

③有机化合物的安全使用。

学生能够结合生产、生活实际了解某些烃、烃的衍生物对环境和健康可能产生的影响，体会"绿色化学"思想在有机合成中的重要意义，关注有机化合物的安全使用。

④烷烃的命名。

借助身份证的编号规则，培养学生的规则意识，引导学生找到烷烃的命名规则，并熟练书写各种烷烃的系统命名名称。

（2）素养要求。

学生能够根据甲烷的结构特点、性质和取代反应规律推测烷烃的结构特点和性质，并推测烷烃发生卤代反应的产物。突出结构分析对性质学习的指导作用，帮助学生进一步理解共价键的类型对有机化合物性质和反应规律的影响，培养学生的微观探析、科学探究、证据推理、类比迁移的能力。

通过书写烷烃的同分异构体，培养并发展学生的规则意识、知识迁移能力；通过习惯命名法和系统命名法对比，培养并发展学生对烷烃命名模型的认知能力。

（3）学业要求。

①学生能够写出烃及其衍生物的官能团、简单代表物的结构简式和名称，能够列举各类有机化合物的典型代表物的主要物理性质。

②学生能够描述和分析各类有机化合物的典型代表物的重要反应，能够书写相应反应式。

③学生能够基于官能团、化学键的特点与反应规律分析和推断含有典型官能团的有机化合物的化学性质，能够根据有关信息书写相应的反应式。

④学生能够正确书写烷烃的习惯命名和系统命名。

⑤学生能够熟练正确书写 6 个碳以下的烷烃的同分异构体。

2. 教材分析

关于烷烃的结构和性质，人教版新教材的呈现方式和旧教材相比发生了较大的变动。旧教材将烷烃和烯烃的物理性质和化学性质放在同一板块中让学生进行对比学习，新教材则将烷烃的结构和性质、烷烃的命名作为单独一节的内容。新教材在编排上先帮助学生复习甲烷的结构和性质，再通过"思考与讨论"中 5 种烷烃的球棍模型帮助学生复习烷烃的组成和结构，在帮助学生复习甲烷的性质的基础上，在烷烃类别的层面研究烷烃的性质和应用；在分析烷烃的组成、结构和性质的基础上，以证据推理的方式帮助学生认识同系物概念的内涵。

关于"烷烃的命名"，相关内容从人教版旧教材中第一章第三节"有机物的命名"调整至人教版新教材第二章第一节"烷烃"中，大篇幅介绍烷烃的命名，再通过"思考与讨论"栏目深化学生对同分异构体的理解及烷烃系统命名规则的应用，更能体现知识的系统性。在介绍烷烃的命名时，还补充了"烷烃的同分异构体的物理性质沸点与支链数目的关系"。新旧教材的主要变化带来的教学启发：知道简单有机化合物的命名，重点放在学习有机物的性质上。

3. 本节内容的功能价值

该部分内容是学习烷烃的命名，是学习其他有机化合物命名的基础，很多有机化学知识点都必须以此为基础，其具有承上启下的作用。

新教材内容的改变带来的教学启示：教学时要注重渗透共价键的类型对有机化合物性质和反应规律的影响，帮助学生学会按照有机物的类别进行有机化学学习和研究的基本方法，掌握认识有机物的基本思路和方法，为烯烃、炔烃、芳香烃的学习奠定基础。学习烷烃的命名，是对其他有机化合物进行命名的基础，学生习得的命名规则意识和方法将更好地帮助学生掌握其他类有机物的命名，故烷烃的命名学习具有承上启下的功能。

4. 学情分析

在必修阶段，学生以甲烷为例已了解了烷烃的成键方式和结构特点，学习了甲烷的化学性质，初步讨论了烷烃的性质。在选必 3 第一章第一节中学习了有机化合物的结构特点，学生对有机化合物分子结构的认识水平提升至共价键的类型和极性层面，已经初步认识了有机化合物分子中的电子效应及其对有机化合物性质和反应规律的影响。

但学生对有机物的结构认识还不够深入，对烷烃分子的空间构型认识存在一定困难，导致其对烷烃发生卤代反应所得产物的种类数判断不够准确。故其认识有机物的基本思路和方法（即基于结构分析、预测、总结归纳物质性质）尚有待加强。

在第二课时中，学生的主要任务是掌握烷烃的命名。在知识储备上，此前，学生已在人教版高中化学必修第二册中初次了解到了与烷烃命名相关的知识，例如知道用天干来表示碳原子数目，而有机物结构复杂、种类繁多，故其需要系统学习有机物命名的过程来了解烷烃命名的规则和方法，以加深其对有机物的认识；在能力上，高中学生具备一定的知识归纳能力，对于一些容易犯错误的命名，需要多一些耐心和细心；在心理特点上，高中学生求知欲强，且有机化学的学习与生活联系紧密，学生学习的兴趣较高，有利于展开有机物命名的学习。

5. 教学策略

（1）以甲烷为例认识烷烃的结构和化学性质。

借助一些简单烷烃的分子结构模型，分析烷烃成键方式与甲烷的相似性，通过类比迁移来学习一类有机化合物的性质。教学化学性质时，引导学生分析烷烃碳原子的饱和程度和共价键的类型、极性，预测可能的断键部位与相应的反应，然后提供反应事实，引导学生通过探究学习一类有机化合物的性质，突出结构分析对性质学习的指导作用。

（2）用比较的方法认识烷烃物理性质的递变性。

在具体教学中，无论是预测烷烃的化学性质，还是预测其物理性质的递变规律，都可以结合生活中常见烷烃的用途进行分析。基于它们的存在方式和用途，呈现其物理性质的递变规律也就顺理成章，预测的结果会更具体，更贴近实际，再提供数据，归纳烷烃的物理性质及其递变规律，并分析产生递变性的原因，帮助学生形成从具体到抽象的认知习惯和思维方式，并突出"结构决定性质"的化学思维。

（3）探究学习和情境模型结合使用。

颠覆传统的教学方法（归纳—演绎），改为用探究的方法，借助情境和模型，环环相扣地让学生意识到规则的重要性，系统命名的重要性，先发动学生通过互助找出系统命名的规则和方法，再强化提升，使其牢牢掌握烷烃的命名。

三、单元主题教学目标

1. 学习目标

（1）学生能从碳原子的饱和性、化学键的类型等微观角度理解烷烃的结构特点，能列举烷烃的主要性质，描述和分析烷烃的重要反应，能书写相应的反应式，使宏观辨识与微观探析的学科核心素养得到发展。

（2）学生能通过模型假设、证据推理认识烷烃的空间结构，理解结构与性质的关系，使证据推理与模型认知的学科核心素养得到发展。

（3）学生能结合生产、生活实际了解某些烷烃对环境和健康可能产生的影响，使科学态度与社会责任的学科核心素养得到发展。

（4）学生能了解烷烃的习惯命名法，熟练依据系统命名法的原则对烷烃简单同系物进行命名，使规则意识、宏观辨识与微观探究、科学探究的能力得到培养。

（5）学生能够模仿丁烷和戊烷的同分异构体尝试书写己烷的同分异构体并进行系统命名，使规则意识、宏观辨识与微观探究、科学探究的能力得到培养。

2．评价目标

（1）通过学生对烷烃在组成和结构上相同点的分析，诊断其对有机物分子结构的认识水平。

（2）通过学生根据甲烷的性质对烷烃可能具有的化学性质的预测，判断并发展其类比迁移能力。

（3）通过学生对烷烃的结构与化学性质的关系、烷烃物理性质的变化与分子中碳原子数目的关系的分析，判断其宏观辨识与微观探析能力。

（4）通过学生对烷烃的同分异构体的书写情况，判断并发展其知识迁移能力。

（5）通过学生对习惯命名法和系统命名法的对比情况，判断并发展其对烷烃命名模型的认知能力。

四、单元主题教学设计

1．单元教学主题

紧紧围绕"烃"，以能源为背景发展线索，以烷烃、烯烃、炔烃和苯及其同系物等为知识进阶线索，以教师引导的结构转化到学生自主运用官能团转化，再到解决设计合成路线的化学问题等为关键能力进阶线索，层层递进，逐步深入。

本节结合"俄乌战争"中所涉及的能源问题，以天然气的开发与利用为背景，让学生掌握烷烃的主要物理性质和结构通式，明确烷烃的结构和性质特点，通过实验掌握有机反应类型——取代反应。通过对烷烃命名的学习，培养学生的命名规则意识，为后面学习其他有机物的命名打下坚实的基础。

2．任务课时拆解

本节课设计为两课时，第一课时"烷烃的结构和性质"，第二课时"烷烃的命名"。

3．单元活动设计（结构图）

教学任务按以下几个视角进行设计和剖析：学习情境、学生活动、问题驱动、教师活动（实施评价）、设计意图。

教学过程 | 课时1主题：烷烃的结构和性质

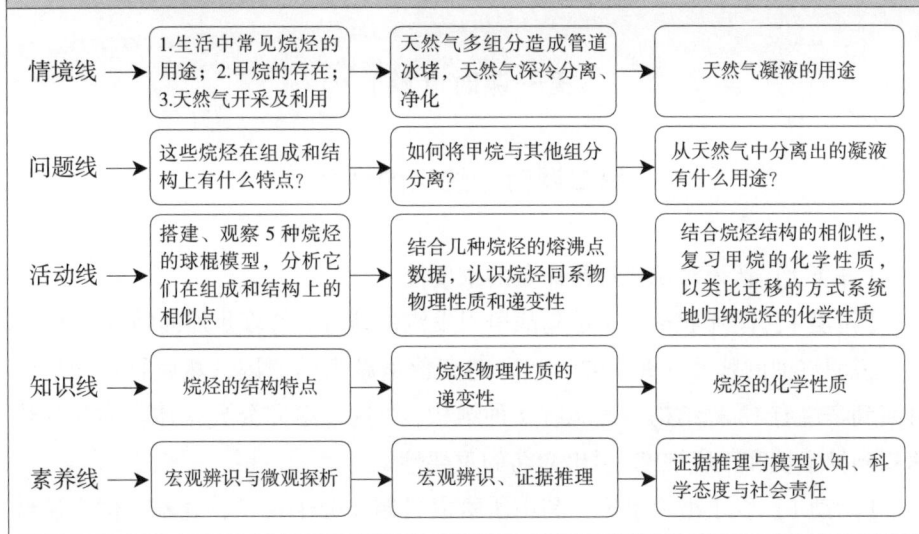

情境线 →	1.生活中常见烷烃的用途；2.甲烷的存在；3.天然气开采及利用	天然气多组分造成管道冰堵，天然气深冷分离、净化	天然气凝液的用途
问题线 →	这些烷烃在组成和结构上有什么特点？	如何将甲烷与其他组分分离？	从天然气中分离出的凝液有什么用途？
活动线 →	搭建、观察5种烷烃的球棍模型，分析它们在组成和结构上的相似点	结合几种烷烃的熔沸点数据，认识烷烃同系物物理性质和递变性	结合烷烃结构的相似性，复习甲烷的化学性质，以类比迁移的方式系统地归纳烷烃的化学性质
知识线 →	烷烃的结构特点	烷烃物理性质的递变性	烷烃的化学性质
素养线 →	宏观辨识与微观探析	宏观辨识、证据推理	证据推理与模型认知、科学态度与社会责任

教学过程 | 课时2主题：烷烃的命名

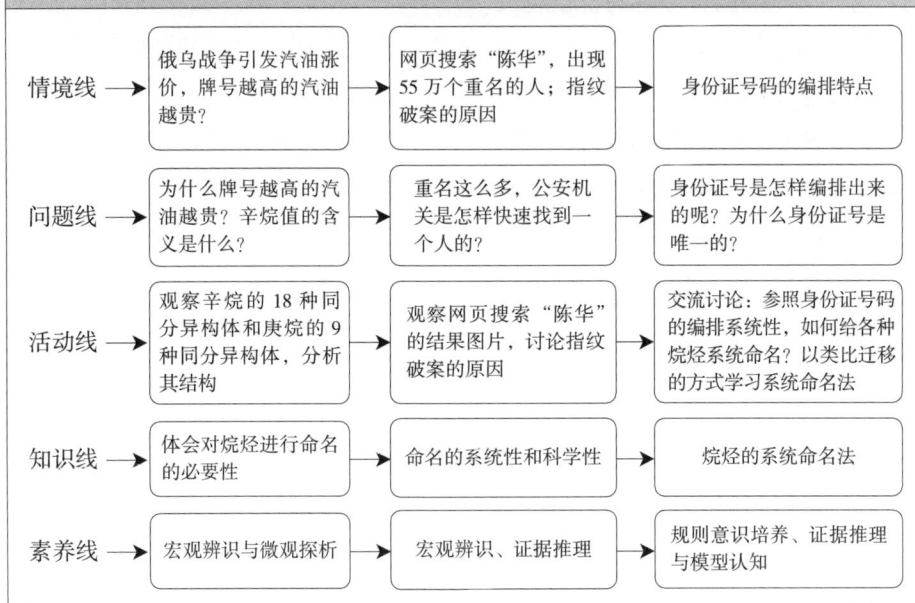

情境线 →	俄乌战争引发汽油涨价，牌号越高的汽油越贵？	网页搜索"陈华"，出现55万个重名的人；指纹破案的原因	身份证号码的编排特点
问题线 →	为什么牌号越高的汽油越贵？辛烷值的含义是什么？	重名这么多，公安机关是怎样快速找到一个人的？	身份证号是怎样编排出来的呢？为什么身份证号是唯一的？
活动线 →	观察辛烷的18种同分异构体和庚烷的9种同分异构体，分析其结构	观察网页搜索"陈华"的结果图片，讨论指纹破案的原因	交流讨论：参照身份证号码的编排系统性，如何给各种烷烃系统命名？以类比迁移的方式学习系统命名法
知识线 →	体会对烷烃进行命名的必要性	命名的系统性和科学性	烷烃的系统命名法
素养线 →	宏观辨识与微观探析	宏观辨识、证据推理	规则意识培养、证据推理与模型认知

五、各课时教学设计

第一课时（略）

第二课时：烷烃的命名

【任务1】认识对烷烃进行命名的重要性。

【情境1】图片展示：①俄乌战争引发汽油涨价。②聚焦加油站价格牌。

说明汽油的牌号（90、92、95）越高价格越贵的原因，然后自然而然地过渡到辛烷有18种结构、庚烷有9种结构，"这么多同分异构体，你如何快速找到异辛烷和正庚烷?"引出命名的重要性。

【活动1】以小组为单位，利用所给模具制作分子模型，观察、体会烷烃结构特点，分析、归纳它们在组成和结构上的相似点，并对探究结果进行展示与交流，从烷烃结构特点和分子式变化角度了解同系物概念。

【问题1】当前国际上最热门的事件是什么？你家的生活有没有受到影响？为什么汽油的牌号越高价格越贵？

【教师活动1】教师引导学生从时事热点出发，联系身边的化学知识，让学生深刻感受到烷烃命名的重要性。

（设计意图）通过让学生进行直观、感性的观察，引导其认识烷烃命名的重要性，激发其学习烷烃命名有关知识的兴趣。

【任务2】了解烷烃的习惯命名法。

【情境2】展示甲烷、乙烷、丙烷、正丁烷、异丁烷、正戊烷、异戊烷、新戊烷的结构简式和命名。

【活动2】（1）观察1~5个碳烷烃的命名特点，小组交流归纳习惯命名法的使用。

（2）搭建戊烷的分子模型。

【问题2】为什么甲烷、乙烷、丙烷只有一个名称，而丁烷、戊烷有不同的名称？"正、异、新"是如何区别的？

【教师活动2】引导学生归纳出：随着碳数目的增加，从丁烷开始出现同分异构体。同分异构体不多的简单有机物可以用习惯命名法进行命名和区分。

（设计意图）以真实情境为载体，引导学生观察分析烷烃习惯命名法的使用和感受习惯命名法的局限性，培养其归纳总结的学科素养。

【任务3】认识烷烃系统命名法的重要性和规则意识的启发。

【情境3】（1）以名字"陈华"为关键词进行网页搜索。

（2）展示公安机关用指纹进行破案。

（3）展示一张身份证。

【活动3】观察网页搜索"陈华"的结果图片和指纹破案、身份证图片，体会系统性命名法对事物辨识的重要性，并通过身份证号的编排启发学生的规则意识。

【问题3】（1）以名字"陈华"为关键词进行搜索，会出现多少个人呢？

（2）公安机关是怎样快速找到一个人的？

（3）全中国这么多人，我们的身份证号是怎样编排出来的呢？为什么是唯一的？

【教师活动3】播放实验视频及取代反应的微观动画，帮助学生复习甲烷的化学性质，引导学生从结构角度猜测烷烃的化学性质。展示、点评"当堂练习"。对于学生的讨论结果，教师给出恰当的评价，并将其与烷烃性质的讨论紧密结合起来。

（设计意图）本任务从生活情境入手：重名多、指纹的唯一性、身份证的唯一性，让学生深刻体会系统命名法的重要性，并借助身份证号的编排启发学生的规则意识，为烷烃的系统命名法埋下伏笔。

【任务4】学习烷烃的系统命名法。

【情境4】模仿身份证的编号，你能找出烷烃的命名规则和特点吗？

【活动4】（1）小组合作逐一交流讨论4个问题并进行小组展示。

（2）变式练习。

【问题4】（1）从以下两个例子中找找系统命名法的命名特点。

（2）小组合作从以下3个实例中找出选主链的规律。

（3）常见支链名称有哪些？试根据正丁烷和异丁烷的结构简式思考丁基有几种？

（4）支链定位和编号规则是什么？

【教师活动4】通过巧妙的设计，让学生不是简单地接受命名方法，而是参与到命名规则的制定中，像玩游戏似的引导学生通过小组讨论找出规律、小组代表进行展示、进行变式练习，激发学生的学习兴趣。环环相扣地解决以下 4 个问题：

（1）命名法的构成：支链位置—支链数目—支链名称—主链名称。

（2）选主链原则：最长最多。

（3）支链名称：甲基、乙基、正丙基、异丙基。

（4）支链定位：近、简、小。

（设计意图）本任务没有选用常规的关于烷烃的命名的教学方法：先告诉学生命名的规则，然后让学生反复地练习；而是选用了始终以学生为中心的探究法：先给出 2，3 - 二甲基丁烷、3 - 甲基庚烷的结构简式和名称，让学生以小组为单位尝试推导归纳出系统命名法的规则，确定系统命名法的核心是准确无误地把主链和支链表达出来，不产生任何歧义，然后逐一突破主链、支链。

每一难点的突破设计了 3 个实例让学生自己推导出规律，然后再出一个变式练习来检验学生的掌握程度。这样的体验式教学设计等于让学生参与了命名规则的制定过程，可培养学生的规则意识、推导能力、合作能力和表达能力。

【任务 5】巩固提升烷烃的系统命名法。

【情境 5】你能根据系统命名法快速对汽油中的异辛烷进行命名，并从 18 种同分异构体中找到它吗？

【活动 5】（1）写出异辛烷的系统命名法。

（2）铿锵同行，同伴互考：每个同学充当小考官，给你的同桌出一道命名题，看谁更棒。

（3）仔细研究戊烷 C_5H_{12} 的同分异构体，找出规律，并尝试写出 C_6H_{14} 的所有同分异构体的骨架，并写出相应的系统命名法。

【问题 5】写出异辛烷的系统命名法。

【教师活动 5】通过 3 种不同的反馈方式再次强化本节课的重点——烷烃的系统命名法。

▶板书设计

烷烃　第2课时　烷烃的命名

1. 烷烃的习惯命名法（只适用于简单有机物）

正、异、新

2. 烷烃的系统命名法

(1) 选主链，称"某烷"原则：最多最长。

(2) 支链名称。

烃基的定义：烃分子失去一个或几个氢原子后所剩余的部分叫做烃基。

常见的烃基：①甲基：$—CH_3$　　　②乙基：$—CH_2CH_3$ 或$—C_2H_5$

③正丙基：$—CH_2CH_2CH_3$　　　④异丙基：$—CH(CH_3)_2$

(3) 支链定位（编号）。

规则：最多最长、简单优先。

(4) 名称组成：支链位置—支链数目—支链名称—主链名称。

教学反思

　　烷烃的学习我们采用的备课方式是单元整体教学，我和实验中学的朱老师在共同研究整个单元的背景下主攻烷烃，而且是以上接力课的形式来上课。第一课时由朱老师承担，我负责第二课时，我们通过多次研讨，确定了完整的单元整体化设计。通过课堂展示的实践，学生的课堂表现及学习效果非常理想，顺利达成了本节课的基本教学目标。

　　优点：（1）整体教学、情境巧妙。①基于第一课时，在俄乌战争的背景下，用汽油辛烷值引入本节课的内容，通过汽油涨价的时事热点激活课堂，迅速拉近和学生的距离。②设置了名字查询和身份证的情境，让学生深刻认识到"为什么要命名"及"命名的原则"，从生活的日常身份证号码编排意识到规律和规则的重要性，让学生发自内心地接受这种新知识。

　　（2）学为主体、魅力课堂。①以学生为主体，设置好每一个问题，知识问题化，问题情境化，过渡自然地不断把问题抛给学生，调动学生的思维，把学生推到课堂中心。②给学生多次展示自己的机会，让学生从解决每一个问题中获得自我效能感，从而提升其对化学学科的学习兴趣。③学生活动非常丰富（小组抢答、模型拼接和展示、当小老师、互当考官、小侦探等等），充分调动了学生的学习积极性，课堂充满了活力，听课的教师都说不知不觉被深深吸引了。在课堂的最后，我让每位学生做"小侦探"，给自己的同桌出题，充分培养了学生的逆向思维，是很有效很有新意的落实措施。④采用了前后呼应的方法，让学生对情境引入中提到的异辛烷的球棍模型进行系统命名，让学生再次感受系统命名法的优越性和准确性。

待改进的地方：因为我到顺德实验中学进行异校上课，虽然已经通过学案导学中的个体自学部分和第一节朱老师上课时学生的反应大致了解了学生的学习基础，但是还不够精准，所以最后一个小任务（己烷同分异构体的书写）的完成稍微有点仓促。以后上课要对学生的状况了解得更精准一些，这样才能更从容。

基于化学史巧用的活力课堂之
"两兄弟的故事：碳酸钠与碳酸氢钠"

一、学习主题

（1）学生能够通过设计实验区分碳酸钠和碳酸氢钠的性质差异。

（2）学生能够根据化学反应方程式解释相应的实验现象并得出结论。

（3）学生能够了解并熟记碳酸钠和碳酸氢钠的广泛应用。

（4）用侯氏制碱法的工艺流程深化学生对碳酸钠和碳酸氢钠的性质的理解。

二、学习流程

【情境引入】侯德榜与制碱工业的故事。

（一）自主学习（自助和他助）

思考与预测：根据你对碳酸钠和碳酸氢钠物质组成和类别的分析，Na_2CO_3 和 $NaHCO_3$ 可能具有哪些性质？

物质	碳酸钠	碳酸氢钠
化学式		
俗名		
类别		
色态		

【实验】溶解性及其水溶液的酸碱性对比。

物质	碳酸钠	碳酸氢钠
①加入几滴水		

（续上表）

物质	碳酸钠	碳酸氢钠
②加 10mL 水		
③加 1~2 滴酚酞溶液		
结论		

（二）合作探究（小组合作）

【探究实验 1】 与稀盐酸反应对比。

在装有等质量的 Na_2CO_3 固体和 $NaHCO_3$ 固体的试管中，同时加入足量相同的稀盐酸，观察气球的变化和试管内的变化。

现象：_____。

【拓展】 从化学反应方程式入手分析为什么 $NaHCO_3$ 比 Na_2CO_3 与盐酸反应更快？请写出相关的方程式。

结论：_____。

反应：_____。

【探究实验 2】 热稳定性比较。

加热 Na_2CO_3 固体和 $NaHCO_3$ 固体。

项目	现象	发生反应的化学方程式	结论
Na_2CO_3			
$NaHCO_3$			

稳定性：Na_2CO_3 _____ $NaHCO_3$。

【拓展】（1）实验室有两瓶没贴标签的白色固体，分别是碳酸钠和碳酸氢钠，你能鉴别吗？

（2）教材上的实验有什么不足？如何设计实验来增强实验的对比性？

【探究实验 3】 与盐反应对比。

分别取少量 Na_2CO_3 溶液和 $NaHCO_3$ 溶液于两支试管中，滴加 $CaCl_2$ 溶液。

现象：_____。

结论：_____。

反应：_____。

【探究实验 4】 与碱反应对比。

分别取少量 Na_2CO_3 溶液和 $NaHCO_3$ 溶液于两支试管中，加入 $Ca(OH)_2$ 溶液，会出现什么现象？

结论：_____。

方程式：_____。

（三）学以致用

（1）Na_2CO_3、$NaHCO_3$ 在生活中有哪些应用呢？

（2）如何鉴别 Na_2CO_3、$NaHCO_3$？

（3）Na_2CO_3 和 $NaHCO_3$ 如何相互转化？

（四）知识拓展：侯氏制碱法

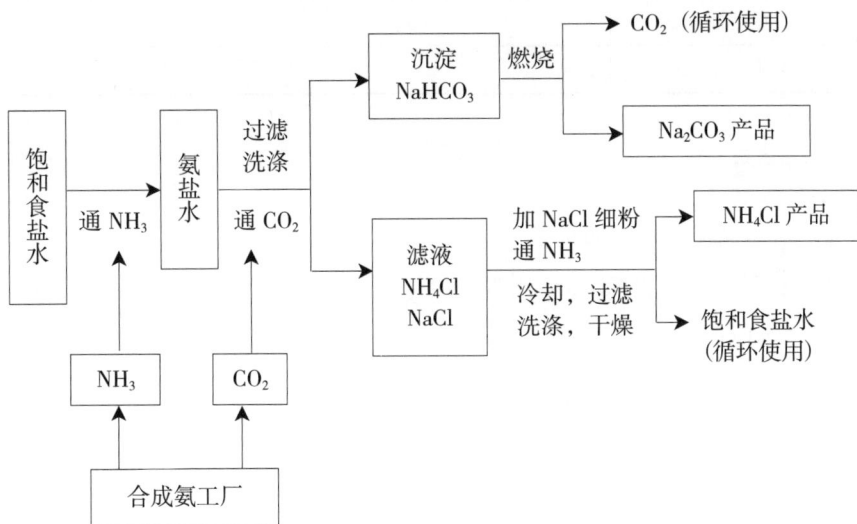

联合制碱法工艺流程

侯氏制碱法总反应方程式：

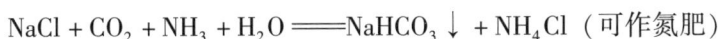

$NaCl + CO_2 + NH_3 + H_2O =\!=\!= NaHCO_3\downarrow + NH_4Cl$（可作氮肥）

$2NaHCO_3 =\!=\!= Na_2CO_3 + H_2O + CO_2\uparrow$（$CO_2$ 循环使用）（以加热作为反应条件）

问题 1：实际工业中为什么要先向饱和食盐水中通入氨气后再通入二氧

化碳？

问题 2：根据 NaHCO$_3$ 在不同温度下的溶解度数据，想想可否通过温度调节来析出更多的产品？如何调节？

（五）重要知识点回顾

物质	碳酸钠	碳酸氢钠
俗名		
化学式		
颜色状态		
溶解性		
碱性		
和 HCl 反应		
热稳定性		
和 CaCl$_2$ 反应		

当堂巩固

1. 下列说法中不正确的是（　　）。

A. 相同条件下，Na$_2$CO$_3$ 比 NaHCO$_3$ 易溶于水

B. Na$_2$CO$_3$ 比 NaHCO$_3$ 稳定

C. 饱和的 Na$_2$CO$_3$ 溶液比 NaHCO$_3$ 溶液的碱性强

D. 物质的量相等的 Na$_2$CO$_3$ 和 NaHCO$_3$ 分别与足量稀盐酸反应所得 CO$_2$ 的物质的量之比为 2 : 1

2. 下列物质中性质稳定，受热难分解的是（　　）。

A. Na$_2$CO$_3$·10H$_2$O　　　　　B. Na$_2$CO$_3$

C. NaHCO$_3$　　　　　　　　D. Ca(HCO$_3$)$_2$

3. 不能用来鉴别 Na$_2$CO$_3$ 和 NaHCO$_3$ 两种白色固体的实验操作是（　　）。

A. 分别加热这两种固体物质，并将生成的气体通入澄清的石灰水中

B. 分别在这两种物质的溶液中，加入 CaCl$_2$ 溶液

C. 分别在这两种固体中，加入同浓度的稀盐酸

D. 分别取等量少量固体于两支试管中，加水配成溶液，然后分别滴加少

量澄清的石灰水

4. Na_2O_2 和过量 $NaHCO_3$ 混合，在密闭容器中加热后，最后排出气体物质，则所得残留物是（　　）。

A. Na_2O_2 与 Na_2CO_3　　　　　B. Na_2O 与 Na_2CO_3

C. Na_2O　　　　　　　　　　　D. Na_2CO_3

教学反思

本节课我采用的教学设计主线是：创设情境（化学史故事激疑）—简单知识个体自学和同桌互助—猜想设疑—实验探究（小组合作）—小组讨论—得出结论—课堂提升（侯氏制碱法）—总结内容—习题巩固。充分利用多媒体课件，运用引导—实验探究、对比的教学方法进行任务驱动，同时前后活用化学史形成一条明线进行知识点串联。这样的设计很好地向学生渗透了情境教学和背景教学，同时在教学中突出培养了学生的自学能力、动手能力、合作交流能力、观察能力、对比能力、分析问题和解决问题能力，让学生在一系列猜想、实验、讨论、归纳等活动中完成知识与能力的建构，体验探究实验的无穷乐趣。另外，先安排个体自学，让学生自己动手先搞定简单的知识，再集中火力合作突破教学重点和难点，体现了我一直追求的"四不"活力课堂，把课堂交给了学生，课堂充满了活力。

本节课我淡化了 Na_2CO_3 和 $NaHCO_3$ 化学性质的教学，将本节的教学目标定位在"让学生体验科学探究的过程，学会科学探究的一般方法"，并且将科学精神、探究精神融入教学当中。从生活引入，以实验探究、讨论式教学法的形式展开，特别是设计学案，辅助教学，引导和启发学生进行主动建构，充分发挥学生课堂主体地位。

第三编

以研促教·活力课题

　　本编笔者将向大家分享自己带领的团队如何立足课堂、开展活力课堂系列课题研究，以及开发特色化学校本课程助力活力课堂的成果。正如苏霍姆林斯基说："如果你想让教师的劳动能够带给教师一些乐趣，使每天上课不致变成一种单调乏味的义务，那你就应当引导每一位教师走到从事一些研究的这条幸福的道路上来。"教学研究是伴随着教育教学活动的过程产生的，教师是教育教学的实践者，理所应当成为教育教学的研究者。而教师的研究目的，正是不断改进教育教学方法，提高教育教学质量，所以，教师必须成为一个研究者。笔者惊喜地发现：在带领年轻教师一起深入开展活力课堂课题研究的过程中，年轻教师和笔者都对课堂教学改革有了更深入的思考，为活力课堂的建构找到了更多理论支撑，活力课堂的建构策略也更科学、更系统，活力课堂的改革成果也更加丰富了。通过开展活力课堂课题的研究，我们这一群人都获得了专业成长。正所谓"一群人，一件事，一条心，一起拼，一定赢"，一群人可以走得更远、更久。

中学化学适合教育的教学实践探索[*]

基于学生课堂兴趣不高，教师的授课方式比较单一，我们开展了这项研究，希望通过本研究探讨建立更多适合学生的化学课堂教学模式和学生分层教学管理模式，并收集整理一些优秀的精品课件、录像课、学案集，以提高课堂教学效率，为更多学生找到适合的教育方式。资料显示，已有学者开展了分层教学和探究性教学模式的相关研究，本课题则着重于化学课堂教学模式的探讨，开发了"基于问题驱动的学案导学模式""'四不'课堂模式"等教学模式，并运用于新课、复习课、习题讲评课进行论证，最后还通过跟踪两个实验班两年的成绩来进行数据证明。本研究的开展引发了我校更多教师对教学的思考，提高了我校的教学质量，研究结果的分享让更多的化学教师受益，故本课题研究是有意义的。

一、课题研究背景和意义

（一）研究背景

1. 现有的教学模式不利于教学效益的提高

目前，我国教育模式以被动接受式为主要特征，具体表现为：教学以教师讲授为主，而很少让学生通过自己的活动与实践来获得知识、得到发展；以学生查阅资料、集体讨论为主的学习活动很少；教师布置的作业多是书面习题和阅读教材，而很少布置实践性作业如观察、制作、实验、读课外书、社会调查等，忽视了对学生创新精神和实践能力的培养，学生很少有根据自己的理解发表看法与意见的机会。这样的教学模式暴露了化学课堂教学存在教学模式单一、课堂互动性差、学生的学习积极性不高等缺陷，这种单一、被动的学习方式往往会使学生感到枯燥、乏味，而且会导致其学习负担较重。

---

* 本课题为广东省"十二五"规划课题（课题编号：J11 - 203），荣获顺德区教育科研成果一等奖。课题主持人：关朝珠，课题组成员：郭静、黄艺斯、杨利琼。

2. 教师教学观念及教学方式的滞后

总体来说，现在的教育现状是：重教有余，重学不足；灌输有余，启发不足；复制有余，创新不足。有些教师没有根据课堂教学内容的不同、学生学习情况的差异、学生心理发展的不同而改变授课方式、授课内容及课后落实，导致课堂教学效果低下，没有让不同的学生都得到较好的发展。课堂效率的高低直接影响着教学质量的高低，在升学竞争日趋激烈的今天，仍有许多教师课堂效率不高，为提高考试成绩，采取"题内损失题外补"的做法，导致学生的课业负担加重，牺牲了本该属于学生实现个性发展的时间，这样不仅违背了新课程理念，影响了学生的身心健康，还不能真正提高教学质量。

综上所述，为了改变教师教学过程中存在的误区，适应新课改要求，优化课堂结构，提高课堂效率，加快教师专业水平发展、理念的提升，丰富教师的实践智慧，培养学生在学习中的合作、探究、自主的终身学习能力，寻找适合大多数学生的教育、教学模式或方法，我们申报并开展了本项课题研究。

（二）研究意义

将化学课堂生活化、兴趣化，是每个化学教师的理想和愿望。课堂教学是教学工作的主战场，新课程改革的核心环节是课程实施，课程实施的基本途径是课堂教学。新课程能否顺利实施，能否使素质教育的理念落实，均体现在日常的教育教学过程之中。根据新课程的要求，教学方式的转变必须突出"以学生发展为中心"的核心问题，只有把"以学生发展为中心"置于课堂教学的全过程，教师的教学方式才能有一个质的转变，在教师主导作用下发挥学生主体作用的学习方式也才能有根本的转变。寻找适合不同课型的合适教学模式，研究针对不同学生的教学方法，提高化学教学的针对性和有效性，让化学的教育模式能适合不同层次学生的发展需要，从而尽可能让每个学生都能在现有的基础上"跳一跳摘到果子"。

二、课题研究目标、内容、思路及方法

（一）研究目标

（1）通过5个不同平行班的对比实验，开展如何构建复习课和试卷讲评

课的高效课堂模式的研究。

（2）通过研究，打造我校在新课程背景下化学优质课堂的教学模式。

（3）通过研究名师课堂，归纳出理论型新课和物质型新课的高效课堂授课模式。

（4）研究不同层次学生的施教方法、课堂模式及课后落实方法，提高参加研究的化学教师的教学智慧，并找到适合更多学生的教学模式。

（5）拍摄精品课、优质录像课，整理出优质的教学资料，实现共享，为年轻教师提供借鉴。

（二）研究内容

（1）我校化学课堂教学现状的调查与分析。通过调查研究法，对本校化学教师在新课程实施中的课堂教学现状及存在的问题进行研究，探索改善教学行为、实施优质教学的策略、方式和途径。

（2）化学优质课堂的特点及相关的理论支撑。

（3）研究适用于不同层次学生的施教方法、课堂模式及课后落实方法。

（4）打造化学学科分年级、分课型的优质课堂模式。

（5）分析化学优质课堂与提升教学质量的相关性。

（三）研究思路和方法

1. 研究思路

（1）调查学校化学教学中存在的问题。

（2）确定研究的方向。

（3）选取5个平行班级进行对比实验，研究名师课堂，构建出不同课型的高效课堂模式和不同学生的因材施教模式。

（4）对比实施对比实验后平行班级的教学效果，跟踪5个班共200名学生因材施教后的化学成绩。

（5）分析总结、撰写论文。

2. 研究方法

问卷调查法、文献收集法、平行对比法、归纳法、图像法。

三、概念界定

（一）对适合的理解

适合，即适宜、符合，指所提供的东西是别人需要的，是符合别人需求的。

（二）化学适合教育

本课题的核心概念是化学适合教育。《国家中长期教育改革和发展规划纲要（2010—2020年)》中指出："尊重教育规律和学生身心发展规律，为每个学生提供适合的教育。"这为我们的教育改革指明了方向：每个学生都是独特的"这一个"。他们的天赋和秉性、兴趣和爱好千差万别，即使是同一个学生，在不同的成长阶段中，他的认知能力、兴趣与关注点也是不相同的。一旦教育太注意统一性，忽略差异性，只强调共性而忽视个性，就会成为"禁锢"，会禁锢学生发展的自由和成长的无限可能。打破禁锢，创造适合的教育，是适应人自身发展的需要，也是"育人为本"的实践体现。只有适合的教育，才能让学生在校园里生活得更加幸福，更有尊严。

哲学家莱布尼茨曾说："天地间没有两个完全相同的东西。"世界上没有完全相同的两片树叶，也没有完全相同的两个人。最大限度地正视和尊重学生的个体差异，因材施教；努力适应每个学生的潜能才智，给学生适宜的土壤、充分的条件、自由的空间去释放他们的个性；给学生更多自主选择的权利，更好地凸显他们的主体地位，全力助推每个学生的可持续发展，这就是适合教育的内涵。

适合学生的教育才是最好的教育，适合学生的教育要求教师深入了解所面对的学生在各方面的差异，真正站在学生的立场上，立足学生的发展，对教学内容进行一番加工，制定适合学生个性发展的教学方案，这样才能培养出"合格＋特长"的现代化学生，实现新课改的最终目标。本课题的核心理念就是结合自己学校的情况，寻找让更多学生受益的化学教学方法、模式，尽可能"为每个学生提供适合的教育"，让更多学生在乐学中掌握更多的化学知识。

（三）国内外研究现状

查阅中国知网，可发现有不少关于适合教育的文章。国家教育决策部门、国内外教育学者及教育一线的校长、教师，都展开了对"教育适合性"的追问，如中国社科院成尚荣在《人民教育》2010 年第 20 期发表的《为每个学生提供适合的教育》，主要从理念谈为何创造适合的教育；邯郸市新兴中学的白延刚、段利云在《教育实践与研究》2011 年第 10 期发表的《分层走班教学，让每一个学生享受适合的教育》，主要从分层走班教学改革入手，让每一名学生学会选择、感受成功、充分发展，在改革实验中，提出了"以学定教、分层施教"的教学原则和"五分一统"的教学体系，形成了学生自主管理和教师团队参与的教学模式，在为每个学生提供适合的教育方面进行了积极的探索。

关于教育模式的研究，目前多选用的方法有：①借助多媒体手段，加强化学教学和信息技术的整合，以寻找适合的教学模式；②抓住新课程"以学为主体"，提倡改变传统教学模式，构建合理有效的训练体系，将课堂有效有量地交予学生，对教材进行有效整合，实现教学目标多元化；③抓住学科特点，构建新教学模式；④开展"最近发展区"理论在高中新课程化学课堂的实践；⑤新课程背景下高中化学分层教学探究。

整体来说，课堂模式优化、将适合教育与化学教学整合的研究很少，在高三开展以学生为主、小组合作的课堂模式的探究更少，本课题试图以化学实验教学为突破口，在高一、高二、高三开展不同课型的课堂适合模式，以找到适合学生的教学方法，实现化学课堂的优质教学。

四、课题研究的理论依据

（一）建构主义理论

建构主义认为，学习活动不是由教师向学生传递知识，而是学生根据外在信息，通过自己原有的背景知识来建构自己的知识。在这个过程中，学生不是被动的信息吸收者和刺激接受者，他会对外部的信息进行选择和加工。而且，知识或意义也不是简单地由外部信息决定的，外部信息本身没有意义，意义是学习者在新旧知识和经验反复的、双向的相互作用过程中建构成的。

（二）"最近发展区"理论

高中学生在独立进行化学活动时，已经达到的解决化学问题的水平与借助教师的帮助所能够达到的解决化学问题水平之间存在差异。

（三）多元智能理论

美国哈佛大学心理学家加德纳教授认为，人类的智能是多元的，除了传统认为的言语——语言智能和逻辑——数理智能外，还包括其他六种智能，空间关系智能、节奏智能、运动智能、人际交往智能、自我反省智能、自然观察者智能。各种智能的发展彼此引发，相互影响，共同作用。因此教育应该在全面开发每个人大脑里的各种智能的基础上，为学生创造多种多样能展现各种智能的情境，给每个人以多样化的选择，使其扬长避短，从而激发每个人潜在的智能，充分发展每个人的个性。

（四）现代教育理念

创新教学理论主张，教学不能仅仅满足于向学生传授知识，还要注重开发学生的智力，开拓他们的思维和创造潜能；要重视对学生学习过程的分析与研究，重视学习动机的激发，学习方法、思维方法的指导和学习能力的培养；要倡导、鼓励学生求异创新，培养学生独立分析问题的能力，独立获取多种途径和方法解决问题的能力。

五、研究过程

本课题自成功立项后即开始着手研究，总共经历了四个阶段，具体如下：

第一阶段：

2011 年 11 月 1 日至 2012 年 7 月 20 日　课题开题；明确分工；开展调查问卷；跟踪平行班级新课程模式和旧课程模式下的学生成绩；探究课堂教学模式。

第二阶段：

2012 年 9 月 1 日至 2013 年 9 月 10 日　针对教材的合适课堂教学模式进行探究；探究不同层次学生的适合教学模式，撰写论文。

第三阶段：

2013 年 10 月 30 日至 2014 年 7 月 10 日　探究如何构建复习课和试卷讲评课的高效课堂模式，探究适用于不同层次学生的施教方法、课堂模式及课后落实方法，研究 "四不" 课堂的有效性；拍摄 3～5 节相应的课堂录像；收集优秀教案、课件等。

第四阶段：

2014 年 7 月 10 日至 2014 年 10 月 10 日　整理成果，撰写结题报告。

六、课题成果及实证研究分析

（一）前期调查报告

课题组通过调查，形成了《中学生化学课堂教学模式现状调查表》和《中学生化学课堂小组合作学习教学模式调查表》（略），在此基础上作进一步分析。

调查小结：

从本次的调查结果分析来看，在中学化学适合教育的教学实践探索中，小组合作学习教学模式的改革取得了一定的成效，尤其是教师教学理念有了很大的转变，但在实际操作中，仍存在许多困难，需要进一步解决。教师，是教育的实施者，在小组合作学习中还是引导者和实际操作者。提高教师的创新科研能力是这一场改革的关键之处，也是必须解决的一个重点。当然小组合作学习教学模式的改革不是一朝一夕便能完成的，这需要几年甚至是几十年的工夫，希望我们教师能在这种教学模式中不断创新与发现，能够在革旧创新的过程里寻找到更有利于提高教育教学质量的方式与方法。而我们现在正处于这种教学模式的实验阶段，相信在不久的将来，小组合作学习教学模式改革会结出丰硕的果实。

（二）实验研究、论证分析

目前教育存在的问题有：重教有余，重学不足；灌输有余，启发不足；复制有余，创新不足。反复对比分析当今课改枪声最响的洋思模式、山西新绛模式、重庆凤鸣山的魅力课堂等名校的课程改革经验，结合本土学生实际，我们探索出了自己的特色课堂——"四不"课堂。这是一次大胆的探索和实践，是清醒又稳妥、理性又积极的深度思考。

1. "四不"活力课堂模式

何谓"四不"活力课堂？学生自己能解决的问题教师不讲，学生没有思考过的问题教师不讲，通过讨论互助能解决的问题教师不讲，有一个学生会的问题教师不讲（由会的学生来讲）。

学生尝试讨论交流——这是一个思维碰撞的环节。将学生分成小组，对新问题进行讨论、交流，然后形成对问题解答的共识。俗话说：三个臭皮匠，顶个诸葛亮。这种小组讨论交流的学习方式为学习困难的学生提供了更多参与课堂的机会，增强了其主体参与性；同时也使个人独立学习成果转化为全组共有的认识成果，可培养学生的群体意识和团结协作能力；能使学生从别人的错误和方法思路中学到更多的知识，形成自觉的自我反思能力。

展示主讲——将各小组的交流成果进行展示讲解，师生共同点评，教师要善于发现学生身上的闪光点和长处，对学生的成功策略、成功结果进行及时肯定，让学生体验到成功的喜悦。在一个小组进行展示的时候，同组成员可优先进行补充说明，其他小组学生若有异议，均可发表看法和见解。通过这种手段和措施来引导组内竞争和组间竞争，可适时调动学生探究的积极性，加深其对问题的理解。

总结反思——这是一个十分关键的环节。对整个学习过程进行总结反思，可以发现自己思维与别人的区别，学习别人优秀的地方，有意识地改进自己；可以知晓自己对该内容的理解程度，明确自己需要进一步深入学习的地方；可以明确自己在问题解决上的经验与不足，从而积累经验，弥补不足，提高自己。因此，该环节是对整个学习过程的总结评价反思，涉及知识掌握、思维方式、问题技巧等方面，对提高学生的各种能力是很有帮助的。马斯洛认为，真正的学习完全是个人的，学生小结所得出的结论、有条理地归纳所获得的知识信息，构建出新的知识框架，会内化为自身知识结构；反省思维过程，领悟思维角度、思维方法、思维层次，能深化思维能力，体会到创新思维在尝试探究中的重要性。教师总结时应注重针对性和实效性，着重对学生探究过程中存在的思维偏差加以点拨纠正，对思维障碍加以疏导牵引，对思维策略加以诱导。通过与学生心与心的沟通，思维与思维的碰撞，来开发学生创新思维的潜能，为学生创新能力的培养引路导航。

通过"四不"，把学生推向课堂的舞台，可让更多的学生有思考、展示的空间，让小组成员间的友谊更深，这也更考验一个教师的课堂掌控力。

应用课堂①：

（1）新授课。可将整个课堂分四步来渗透"四不"模式。第一步：限时自学；第二步：合作探究；第三步：激情展示；第四步：反馈提升。

（2）复习课。

---

① 关于"四不"理念在新授课、复习课和分组实验课的具体应用可翻阅本书第32页。

（3）分组实验课。我采用的流程是：预习—合作交流—展示—归纳。

（4）试卷讲评课。试卷讲评时，我将"四不"思维贯穿其中。考试后把答案发给学生，前一天晚上让学生先自己更正并重新思考。第二天上课时，前10分钟为小组互助时间，让学生小组内互相讲解昨晚自己重新思考却依旧未解决的问题，这样的一对一辅导对提高小组综合力相当有帮助，也可产生很多称职的小老师。交流10分钟后，小组写小纸条把组内互助解决不了的问题交到教师手里汇总。5分钟的小组交叉互助环节，小组互派代表帮助其他小组解决问题。接下来20分钟为展示环节，对于全班绝大多数学生都不会的难点，鼓励尖子生上台当小老师进行讲解，其他小组的尖子生可以质疑，也可以提出补充意见，必要时候教师可以补充一两句。最后5分钟为教师点评和学生的内化梳理时间。

教学案例1 任务驱动活力课堂——卤代烃

教学案例2 广一模试卷探究题讲评课

我校普通班学生学习积极性不高，上课不活跃，尤其是上难度较大的理论型新课的时候，由于难度增大、课堂单调，很多学生会开小差、睡觉，课堂可谓鸦雀无声。课题组郭静老师放弃传统教学模式，尝试了一种新的教学模式——"学案导学"教学模式，并就该教学模式对普通班学习的有效性进行了实证研究。

2."学案导学"模式

"学案导学"，简单地说就是教师运用学案指导学生先学，然后教师再教，师生共同完成教学任务的一种方法。这种教学模式可有效地解决"以学生为中心"的主体参与、自主学习的问题，变"被动学习"为"主动学习"；同时也可实现两个前置：学习前置和问题前置，使学生能够在学案的引导之下完成自主预习、课堂探究、同步测控、巩固提高等环节的调控，降低学习难度。而教师则可借助"学案导学"这一模式对教材进行有机整合，精心设计，合理调控课堂教学中的"学"与"教"，从而提高课堂教学效率。这种模式既能满足学生思维发展的需要，又能满足学生自我意识发展的需要，对学生的自我发展和自我价值的提升有十分积极的作用。而教师则不仅仅是传授知识，更重要的在于培养学生的自学能力、自学习惯，教会他们怎样学习、怎样思考，提高学生分析问题、解决问题的能力。

教学案例 3　盐类的水解（第 1 课时）

3．理论型新课的教学模式

（1）个体自学——目标问题化。

"物质的量"对于高一的学生来说，是个陌生的概念，如何才能让学生有初步的印象？为了解决这一问题，我们设计了导学案。在导学案中给出本节课的目标，然后设计第一部分为学生个体自学。在个体自学部分，我们将本节课的目标问题化，让学生通过查阅教材、资料等完成相应的填空，从而达到让学生完成自我探究、解决基础知识的目的。在这个基础上，学生可提出不理解或不明白的问题，记录在"导学案"上，用于上课时讨论解决。

"导学案"需要提前发放，让学生在课前完成。个体自学的内容处理要恰当，简单、易懂的要一带而过，而重点、难点的问题则留到课堂探究中解决。

（2）展示分享——合作具体化。

各个小组的每个成员在课前独立完成个体自学部分后，小组内部成员相互核对达成一致的答案，通过举手竞争选出最快举手的一个小组代表到讲台展示自己小组的答案。其他小组对该小组的答案持不同意见时可以当场质疑，最后由教师总结最终答案。

学生的个性差异是客观存在的。大部分学生喜欢表现自己，始终处于积极主动参与的状态，所以其学习能力可得到不断提高。但是，有小部分学生，因基础较差或者个性内向导致的自卑心理而不敢发表自己的观点，只有等到教师注意到他们、点到他们的名字时，才愿意开口，这会对他们的学习带来消极的影响。

通过实践发现，小组合作学习对于这种现象是有帮助的。在小组合作学习中，那些平时不敢在全班面前发言的学生愿意在小组里面与其他成员交流，会在小组中得到同学的赞赏或者得到同学的帮助与意见。通过交流，基础差的学生因得到了较优秀学生的帮助而水平有所提高，原本内向的学生也渐渐对自己和自己的想法有了自信心，最终学生们都敢于大胆地展示自我，体验到了成功的喜悦！因此，每个学生的积极性都被调动起来，学生间互帮互助，共同合作，在互相交流信息、分享成果的过程中，其团体合作精神也得到了培养。

（3）课堂探究——情境生活化，问题层次化。

在"物质的量"的探究教学中，使用一些简单的提问和对话，可达到化难为易、由浅入深的启发式的教学效果。先探究数数，然后将数数的对象换为微观粒子，最后引出新的概念和知识（物质的量、摩尔）。这样可从学生熟悉的认知出发，通过不断引入问题来激发学生探究的兴趣，将问题层次化，让学生参与到概念的引出之中，了解知识的来源。接着，通过创设学生熟悉的、喜闻乐见的生活情境与实验活动，引导学生主动参与，通过分析问题、分组讨论、研究、合作实践、模拟活动等，让学生去经历、去感受、去体会，获得大量的直接经验，自主地建构知识，掌握其方法与程序，体验科学过程与科学方法、理解科学本质，形成一定的科学探究能力及科学态度和价值观，发展创新精神。在探究中，学生的才智、品行、情趣与意志方面都可得到锻炼与丰富。

（4）当堂检测——画龙点睛。

共同完成当堂学习任务的各个环节之后，可为学生提供一定质量和数量的练习题，让他们在规定的时间内运用所学知识解决相关问题，从而加深对当堂所学知识重、难点的理解，将当堂所学内容充分运用于实践，使课本上的知识变成学生自己的能力。这是一节课的"画龙点睛"之笔。

在这一环节，可以由各小组派代表上讲台讲解，也可由组长检查，或者互相讲解等。

（5）评价机制——动力的源泉。

良好的评价能充分调动学生学习的积极性，适时、恰当运用激励性评价，用欣赏、表扬、鼓励和发展的眼光看待他们的小组合作学习活动，激励学生积极参与活动，能提高小组合作学习的质量。因此，我每次都会对参与展示发言的小组成员进行积分评价。根据自己对学生的了解，对分数结果的奖惩制定如下：得分最高的小组作业最少，得分最低的小组作业双倍。对于低分小组的双倍作业，根据"记忆必不可少"的学科特点，将文科班的学案发给了该组。这样一来，作业虽双倍，但学生负担不算太重，因为文科班的学案对理科生来说比较简单，还可加深学生对相关知识点的记忆。学生对分数会相对紧张些，但就算受罚也不至于产生逆反心理。

通过研究，得出了如下结论：①小组合作学习应用于"物质的量"等理论型新课的教学，有利于学生知识网络的自主构建。通过小组合作共同完成有关理论概念的探究，学生对知识概念的记忆和理解更加深入；通过小组合作学习共同构建有关物质的量相关概念的知识网络，知识更有系统性、更便于掌握。②小组合作学习有利于学生合作意识与合作能力的形成与培养。通过小组合作学习，学生能够形成正确的交往观，认识到完美的答案来自默契的合作，意识到合作比竞争更能激发斗志，更容易取得好成绩。③小组合作学习有利于提高学生学习化学的兴趣。在合作学习的课堂中，处处充满讨论声，处处藏有笑声，没有了知识灌输的压力，就没有了昏昏欲睡的学生，即使是理论型的新课，学生也能感受到化学课堂的魅力与乐趣，从而爱上化学课程的学习，并变得擅长学习。

教学案例4　物质的量

七、课题研究取得的成效

新课程的实施对教师提出了新的要求，要求教师不能再停留于过去的"经验型"，而是应该向"科研型""专家型"，甚至"智慧型"教师转型，而开展本课题研究无疑将有利于"智慧型"教师的塑造。通过本课题研究，我们有如下收获：

1．促进教师专业成长与专业发展

课题研究可极大地促进教师教学方式的转变，提高课堂的教学实效，促进教师的专业成长。

①教师们的自身素质和科研能力有所提高，撰写论文的能力也大大增强，从而可极大地促进教师的专业发展。在课题研究过程中，课题主持人关朝珠和课题组成员黄艺斯、郭静的论文及教学设计在全国实验区比赛中获奖。关朝珠还被评为顺德区骨干教师、顺德区教研积极分子、广东省教研积极分子。

②课堂教学方法及组织形式发生了明显改变，由单一的讲授式转变为引导式、探究式。教师树立了新的教学观，积极转变教学方式，注重教师与学生在互动过程中学生知识的建构及动态生成，达到真正意义上的构建。

2．促使学生素质得到充分发展

学生的学习方式发生了改变，以自主学习和探究式学习、合作学习为主要学习方式，学生在学习过程中的主体地位得到了落实，学生的创新意识和实践能力得到极大提升，学生的合作精神得以培养，学习化学的兴趣得到了很大提高，课堂的参与度明显提高。

3．提高化学学科教学质量

首先，课题研究极大地促进了教师教学方式的转变，提高了课堂的教学实效。①实现了教师的参与者角色，注重民主和谐教学氛围的创建。②实现了教师的引导者角色，注重学生知识获取的生成过程。③实现了教师的促进者角色，注重学生探究方法的渗透。④实现了教师的研究者角色，注重教学反思与实践。⑤实现了教师的合作者角色，注重协作学习和个性培养。其次，从教学成绩来看，课题研究以每个年级的两个班级为实验班开展课堂改革，结果课题主持人关朝珠选择的两个实验班高一（4）班和高一（6）班经过一年课改后，期末统考均分排名从原平行班的第六名、第八名跃至第二名和第三名，课题组成员黄艺斯选择的高二（12）班、郭静选择的高二（17）班第一学期统考平均分分别高出其他平行班 2.1 分和 3.2 分，第二学期统考平均分又拉大到比其他平行班平均分高 2.8 分和 4.1 分，直追火箭班。

4．增加课堂活跃度

教师在教学中注意采取相应的教育策略，致力于更新学生的学习理念，通过教师教学方式的转变，实现学生学习方式的转变。教师变了，学生变了，课堂自然就变了。课堂上学生参与课堂的热情提高了，胆子大了，敢发言了，敢质疑了，讨论的时候提出的见解更有深度了，分享的时候更大方了，甚至能充当小老师上台点评讲解了。一句话：课堂热闹了，但闹而有序，闹中有深度。

5．优化课堂教学评价体系

课题研究优化了课堂教学评价体系，强调以学生在课堂学习中呈现的情绪状态、交往状态、思维状态和目标达成状态为参考，来评价教师教学质量的高低。

八、存在问题及后续研究设想

在课题研究中，有收获的同时也引发了一些思考：高一调查问卷收不齐，且开放性问题学生答得比较少；分层教学有难度，有些教师贯彻得不够彻底，教师对课堂教学难度的把握有时不清晰等。如何评价学生自主学习能力？如何避免在研究过程中出现重复研究或研究不深的现象？如何将教师的理论学习和课题研究有效结合？如何将课题成果进行推广？

虽然课题研究已经进入结题阶段，也取得了一定成效，但仍有许多值得研究和探讨的问题，今后有必要继续更深入地研究，更好地促进化学教学的发展，为追求自主、探究、实现教与学方式的变革，提供教学研究的资料。

荣誉证书

容山中学 关朝珠 同志所主持课题《中学化学适合教育的教学实践探索》荣获顺德区第七届中小学教育科研成果奖一等奖。

特发此证

佛山市顺德区教育科研指导委员会
二〇一五年九月二日

化学课堂教学细节与教师的专业发展研究*

一、课题研究的背景

新课程改革以来，课堂发生了很大变化，但是教师的教学仍然存在较多的问题，特别是教师的专业发展缺失这一问题。具体表现为：①教师的专业意识低。关于教师专业化问题的问卷调查结果显示，被调查者中把教师工作当作一项职业的占70%，把教师工作当作一项事业的占27%，把教师工作当作一项专业的占3%。调查结果表明，许多教师都缺少专业感、专业态度和专业意识。②教师的知识更新和能力水平普遍未能达到新课程要求。如知识结构陈旧、不完善，不太知晓化学学科前沿知识。③相当一部分教师的教科研能力不强。长期以来只执着于教材，对教学研究、教材改进、课堂提问的层递性、课堂趣味场的营造等课堂教学细节的研究意识淡薄。④教师课堂调控、课堂应变等能力不足。不敢放手也不舍得放手，满堂灌，照本宣科现象突出，课堂沉闷没有活力。⑤教师只重教学预设，而轻过程性教学。课堂的问题性、互动性、生成性等先进教学方法十分缺失，教学预设往往没能真正达到预期效果，课堂效率低等。

二、课题研究的意义

通过调查、研究、分析，我们认为出现上述问题与教师的课堂教学执行力高低、专业精神的追求存在与否密切相关。在调查过程中，我们发现教师的发展其实有两个阶段，第一次发展是新手教师→熟练教师，第二次发展是熟练教师→风格教师或名师，但很多教师会停滞在熟练教师阶段，工作大约10年后就开始出现教师职业倦怠，失去向上的动力，觉得自己要成为"骨干""学科带头人""名师"是一种痴心妄想。通过访谈调研，我们了解到，他们并不是不想成长、不想发展，而是遇到了专业成长的困惑。

其实，任何教师都可能成为"骨干""名师"，对于在专业成长道路上取

* 本课题荣获佛山市教育教学成果奖一等奖。课题主持人：关朝珠，课题组成员：龚新强、李志敏、蔡雪萍、黎秀梅、谢正平。

得一定成绩的教师们来说，他们的心里其实都藏有专业成长的一些"锦囊妙计"，只是缺乏一种自我监督、自我约束、自我激励、自我发展的"力"。教师成长的根源主要在于课堂，只要立足于课堂，提升"自我执行力"，再加以专业引导，是可以突破专业成长困惑，实现专业成长的。

三、概念界定

（一）课堂教学细节

老子曾说："天下难事必做于易，天下大事必做于细。"这句话高度概括了细节的重要性。教学细节是构成课堂的基本单位，是课堂教学中细小的环节和情节，换言之，课堂是由无数个细节组成的，课堂教学效果的好坏，最终取决于课堂教学中每个细节是否落实。课堂教学细节主要包括对教材内容的二次处理和优化、课堂趣味场的营造、板书设计、课堂小结的细节、课堂提问的设计等。

（二）活力课堂

活力课堂是指以学生为主体的课堂，学生是课堂的主人，而教师只是引导者和组织者。教师要巧于放手，让学生身体动起来，思维转起来，课堂活起来。根据不同班级学生的学习情况，落实并优化课堂教学细节，加上"四不"的思维，巧于放手，这样的课堂就是适合学生的教育模式，是有趣且生动的课堂。

（三）教师专业发展

教师专业发展是指教师作为专业人员，在专业思想、专业知识、专业能力等方面不断发展和完善的过程，即是从新手型教师成长为专家型教师的过程。专家型教师要有课堂教学智慧，不一定全能，但要各具特色，具备较高的课堂教学执行力。专家型教师还要具备教学研究能力，能着眼教学问题开展课题研究并撰写相关论文。

（四）课堂教学细节研究与教师专业发展的关系

开展课堂教学细节研究，有利实现教师的专业发展。①可促使参与课题研究的教师关注课堂教学细节的落实，提高教学能力，提升教学智慧。②通过开展课堂教学细节课题研究，参与课题研究的每个教师都成了学习者、研究者和合作者，撰写论文的任务促使他们不得不把自己对课堂的教学反思提炼成文，实现教研能力的提升。③通过优化课堂教学细节后，课堂变化带来的成功感可调动教师专业发展的自主性，使其潜质充分发挥出来。④在研究过程中形成的研究精神和反思习惯会促进教师的持续发展，最终实现教师的专业发展。⑤落实课堂教学细节优化后，构建的活力课堂模式会解放教师，让教师不再满堂灌，而学生的精彩表现又让教师感觉到工作有新意，职业有幸福感，愿意再寻求专业成长。

四、课题研究主要内容

（一）发放调查问卷进行调研

了解三个学校化学教师在日常课堂教学中细节的落实和教学效果、学生的需求、教师的专业成长等情况。

（二）文献查阅、科学研讨

初步推断出化学课堂教学细节的处理能力对教师专业成长的影响。

（三）扎实开展六个课堂教学细节优化的实践研究和探寻课堂教学细节的处理能力与教师专业成长的关系

（1）开展教材预处理、二次加工以提高教学质量、促进教师专业能力提升的研究。研究如何对教材进行预处理、二次加工，使各环节过渡顺乎自然，使学生更容易接受新知识，提高课堂教学效果。课题组成员龚新强归纳总结，撰写教材研究的预处理优秀论文或报告。

（2）开展优化课堂板书设计对促进教师专业能力提升的研究。①制定并发放一份有关教师课堂板书设计对课堂教学效果的调查问卷。②开展对课堂板书细节的研究，将多个化学教师的板书进行拍照收集对比。③选取 2 个班级为实验班，实验班的化学教师上课时每节课都必须对板书进行设计。跟踪拍摄记录有板书设计和没有板书设计的班级部分学生代表的笔记。④课题组成员黎秀梅撰写一篇有关板书设计对课堂教学效果、教师专业成长的影响的研究报告，并归纳板书设计的技巧、方法和艺术。

（3）开展课堂教学语言对促进教师专业能力提升的研究。课题组成员各选 1 个班开展课堂教学语言的研究，探讨教师的课堂教学语言艺术对教学效果的影响。课题组成员李志敏、蔡雪萍各撰写一篇研究课堂教学语言细节的论文。

（4）开展如何营造课堂趣味场的研究。从"趣"和"活"两个字入手，力争把平常的每一节化学课都上得趣味横生，让学生爱上化学课堂。这个内容由课题主持人关朝珠负责。

（5）开展课堂教学细节中课堂突发事件的处理对促进教师专业能力提升的研究。

（6）开展课堂提问艺术与教师专业成长关系的研究，以《课堂提问层递性的研究》为子课题申报顺德区立项课题，由课题组成员李志敏主持开展。

（四）开展个案追踪研究，探索优秀教师专业成长路径

从 20～30 岁、30～40 岁、40～50 岁年龄段中各选出多位优秀教师为研究样本，并拜访一个教育名师，研究他们的教学特点，对其教师专业发展建设的实践进行深入细致的个案分析，并从中获取共性的实证材料。由课题组成员龚新强撰写 3 篇对应的总结论文。

（五）探索在新课程背景化学优质课堂的两种活力课堂教学模式

激发教师的教学热情和专业成长的内驱力，更好地落实课堂教学细节，提高教学成绩，促进教师的专业成长。

（六）与时俱进，开展成果新应用

2018 年 12 月—2020 年 7 月面对新形势（新高考选科走班和突发的疫情），开展网络教学下化学实验教学活力课堂创建的研究（基于雨课堂平台）和新高考选科走班背景下活力课堂的打造。子课题《基于雨课堂的高中有机化学实验教学初探》立项顺德区规划课题。《新高考选科走班背景下化学教学方式的研究》立项广东省强师工程规划课题。

五、课题研究方法

第一，开展理论研究。通过查阅、整理和分析文献，理清课堂教学中教学细节处理能力与教师专业发展的关系，构建教师专业发展及其影响因素的关系的基本框架。第二，进行实证研究。通过问卷调查、质性访谈、教育观察、跟踪管理、实验对比等实证研究工具，探寻高中化学课堂教学执行中，教材的预处理、课堂趣味场营造、课堂板书设计、课堂教学语言、课堂突发事件的处理等相关的教学策略因素对教师专业发展的影响。第三，采用行动

研究法。个人反思与集体研讨相结合，集成员之智慧，丰富并积累经验，形成观念，同时，在教学改革中坚持在行动中研究、在研究中实践，边研究、边提高、边总结的原则，努力寻求通过教学策略的改变，实实在在提升化学教师的课堂教学执行力，进而促进教师专业发展。第四，进行实验研究法。将不同类型教师的课堂教学执行力的差异与教师的专业发展水平进行对比实验，为本次研究提供实际的参考。第五，个案研究法。深入细致地进行个案分析，并从中获取共性的实证材料，以寻求从个别到一般、从特殊到普遍的研究，为教师专业发展的关键要素提供实证支持。

六、课题研究主要过程

第一阶段：理论论证，初步尝试（2011 年 1 月至 2011 年 10 月）

（1）问卷调查，教师访谈。

（2）文献查阅、分析。理清立足课堂教学中细节优化，打造活力课堂与教师专业发展的关系，构建课堂教学与专业发展的研究基本框架。

第二阶段：开展实践研究阶段（2011 年 10 月至 2014 年 12 月）

（1）2011 年 10 月至 2012 年 5 月开展教学细节之一——如何利用课堂小结提高课堂教学实效的研究。

（2）2012 年 6 月至 2012 年 11 月开展教学细节之二——巧妙处理课堂突发事件增加课堂活力的研究。

（3）2012 年 11 月至 2013 年 10 月开展课堂教学细节之三——如何营造课堂趣味场的研究。

（4）2013 年 1 月至 2014 年 12 月在课堂教学细节的研究成果基础上，开展活力课堂教学模式的探索和实践，并追踪组员专业成长情况，探寻课堂教学与教师专业发展的内在关系。

第三阶段：研究总结提升阶段（2014 年 12 月至 2015 年 6 月）

总结提炼成果，撰写研究论文，申报成果奖。

（1）研究成果《中学化学适合教育的教学实践探索》荣获顺德区第七届教育科研成果奖一等奖。

（2）课题主持人关朝珠 2014 年两次在全区教研会议做成果推广讲座《"四不"活力课堂显精彩》，并荣获顺德区"特色教师"。

（3）研究论文《着眼能力，大胆放手—谈实验教学活力课堂》和《发挥课堂小结作用，让化学教学更有效》发表在核心期刊《化学教与学》（2015 年第 6 期），《如何营造化学课堂趣味场》发表在专业期刊《中学生数理化》

（2015 年第 9 期）。

（4）建构了一个以课堂执行力为支点的教师成长和发展范式。课题主持人关朝珠被评为广东省教研积极分子（2015），论文《"四不"活力课堂显精彩》和《巧妙小结，画龙点睛》获广东省论文二等奖（2014）。

第四阶段：扩大研究、实践检验阶段（2015 年 9 月至 2020 年 7 月）

（1）2015 年 9 月至 2020 年 7 月陆续将成果于李兆基中学、郑裕彤中学、乐从中学、文德学校四所不同特色的学校进行成果实践检验，调整优化。

（2）吸纳 5 位新成员，扩大研究规模。2015 年 9 月至 2017 年 4 月增加了3 个课堂教学细节的优化研究（课堂提问层递性研究、板书设计、教材处理）及名师成长路径追踪研究。

（3）2018 年 12 月至 2020 年 7 月面对新形势（突发的疫情和新高考选科走班）开展成果应用于网课教学的研究和新高考下活力课堂的打造。（备注：课题主持人关朝珠 2015 年 8 月从容山中学调入李兆基中学）

第五阶段：成果推广阶段（2019 年 1 月至 2021 年 5 月）

（1）讲座分享。课题组成员多次受邀在市、区、兄弟学校等开展教研活动，甚至远赴云浮、肇庆、普宁推广课题成果。

（2）参加评比、辐射成果。2021 年 2 月，研究成果《化学教学细节与教师的专业发展研究》获佛山市教育教学成果一等奖。

（3）推动组员专业成长。组织课题组成员以活力课堂参加区级、市级、省级各项教学能力大赛并多次获奖。

七、课题研究主要成果

（1）通过问卷调查和教师访谈，调研教师专业成长的困惑。

①缺乏专业引领。②找不到自我成长和发展的支点、找不到提高改进的方向，出现职业倦怠。③课堂灌输太多，课堂缺乏活力，没有鲜活的素材，写不出来论文。④教科研能力薄弱。

（2）开展 6 个课堂教学细节优化的实践研究，积累大量教学细节优化策略（教材预处理、课堂趣味场、板书设计、课堂教学语言、突发事件处理、课堂提问）。

我们探寻到大量优化策略，如营造课堂趣味场的 4 招：①语言幽默，生动有趣；②因势利导，巧于点拨；③善打比喻，化难为易；④巧设情境，激发兴趣。课堂提问的技巧：设置层递性的问题，把一个大的知识点分割成几个简单的问题，由基础概念逐渐到方法、规律等的应用层面，各知识点间要存在一定的逻辑关系，帮助学生认清事物间的异同。板书设计三要：内容"准"且"精"、形式灵活有艺术性、有计划性和设计性。

（3）在课堂教学细节研究的基础上，探索出两种活力课堂教学模式。

①"四不"活力课堂模式。

何谓"四不"活力课堂？学生自主能解决的问题教师不讲，学生没有思考过的问题教师不讲，学生通过讨论互助能解决的问题教师不讲，有学生会的问题教师不讲（由会的学生来讲）。这个教学模式要求教师要学会放手、懂得放手，像放风筝一样牵住主线，收放自如。具体流程如下图：

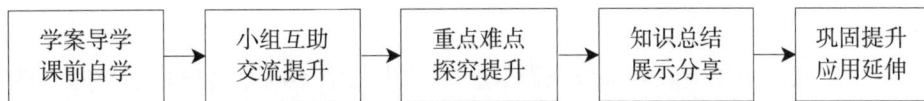

学案导学课前自学 → 小组互助交流提升 → 重点难点探究提升 → 知识总结展示分享 → 巩固提升应用延伸

②预设执行、互动生成、合作探究模式。

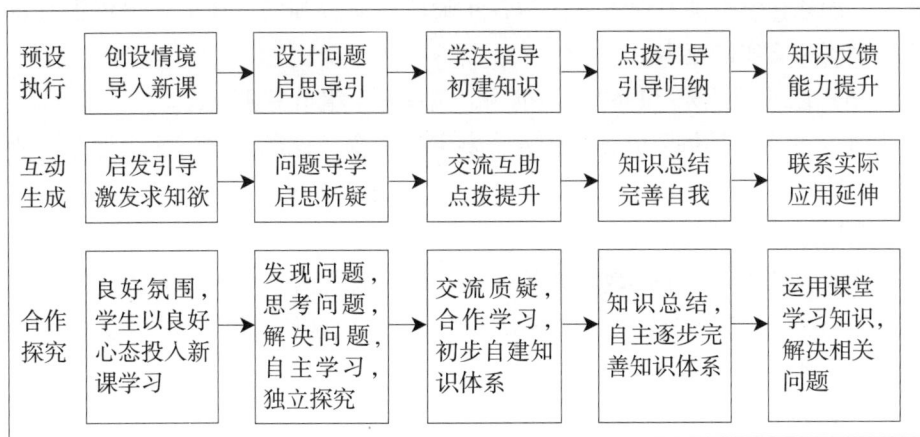

预设执行	创设情境导入新课 →	设计问题启思导引 →	学法指导初建知识 →	点拨引导引导归纳 →	知识反馈能力提升
互动生成	启发引导激发求知欲 →	问题导学启思析疑 →	交流互助点拨提升 →	知识总结完善自我 →	联系实际应用延伸
合作探究	良好氛围，学生以良好心态投入新课学习 →	发现问题，思考问题，解决问题，自主学习，独立探究 →	交流质疑，合作学习，初步自建知识体系 →	知识总结，自主逐步完善知识体系 →	运用课堂学习知识，解决相关问题

（4）构建了以课堂教学执行力为支点的教师成长和发展范式。

从6个课堂教学细节的落实着手，优化课堂教学效果→教法改进（活力课堂）→提升课堂执行力→自我反思→专业发展，构建了以课堂教学执行力为支点的教师专业成长和发展范式。

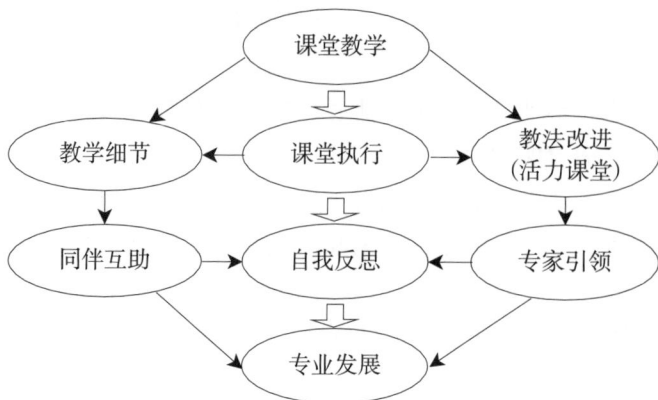

（5）通过多年追踪名师成长路径，归纳出三个不同年龄段化学教师专业发展的重要途径。

①师徒结对，青蓝相接——青年教师化学专业发展的重要途径。②以赛促教，科研驱动——化学教师专业发展必由之路。③名家指津，阅读写作——漫谈化学教师专业发展。为各年龄段化学教师的专业成长提供很有意义的借鉴和真实的范本。

（6）以课题任务（1368）为推手，实现每个组员专业成长。

1368 的含义是每个成员的任务：要主持 1 个子课题并立项区级课题；要撰写 3 篇以上研究论文（获奖或发表）；要参加 6 次区级以上教学比赛；要承担校级以上公开课至少 8 次。

专业成长成果：全国教学能手 1 人、广东省优秀辅导教师 6 人、佛山市优秀教师 1 人、区名教师 2 人、区骨干教师 2 人、区教改优秀教师 2 人、区学科优秀教师 2 人。

（7）研究成果被评为佛山市教育教学改革成果一等奖。

研究过程中形成一系列优质成果，高达 100 多项：①发表论文共 21 篇（核心期刊 6 篇）。②国家级一、二等奖 5 项，广东省一等奖 6 项，广东省二等奖 6 项，佛山市特等奖 2 项，佛山市一等奖 1 项，佛山市二等奖 5 项，指导学生竞赛获省一、二等奖 60 人次。③开展市、区级讲座 18 场，市级示范课 3 节，区级公开课 8 节。④开发 5 项校本课程。⑤受邀到云浮、普宁、肇庆、佛山多地进行成果推广。

（8）策略多且有效，教学质量高。

经过几年多的实践探索，课题组研究了多种化学课堂教学方式方法和策略，提高了课堂教学的质量，增强了课堂教学的针对性、实效性。

（9）新应用成果丰富。

疫情下的网课新形势应用成果，课题《基于雨课堂的高中有机化学实验教学初探》立项顺德区规划课题，成果丰富，顺利结题。发表 8 篇论文，其中总结论文《基于雨课堂的高中有机化学实验教学初探》发表在核心期刊《化学教与学》（2020.10）。新高考应用成果《新高考选科走班背景下化学教学方式的研究》成功立项广东省强师工程规划课题。

八、课题研究取得的成效

新课程对教师提出了新的要求，要求教师不能再停留于过去的"经验型"，而是应该向"科研型""专家型""智慧型"教师转型，而立足课堂开展课题研究无疑将有利于"智慧型"教师的塑造，有利于促进教师的专业成长。通过研究，我们取得以下成效：

1. 促进课堂教学质量提高

（1）由以教案实施为依据的课堂，变"预设"与"生成"统一的课堂。

（2）由教师教学为中心的课堂，变学生的学为主体的课堂。

（3）由"满堂灌"一言堂，变互动合作的课堂。

（4）参加本课题研究的实验班级课堂有活力、后劲强。学习兴趣浓厚且持久，实验班级的化学成绩有较大提高，均分高于对比班级 2～7 分。

（5）优化了课堂教学评价体系。课题研究优化了课堂教学评价体系，强调以学生在课堂学习中呈现的情绪状态、交往状态、思维状态和目标达成状态为参考，来评价教师教学质量的高低。

（6）学生学习态度发生质的改变，综合素质得到了明显的提高。实验学校的课堂教学发生了很大的变化，从被动地学变为主动地学，从只依附教师到学会同伴互学，从只从书本学到学会从问题中学。

2. 促进教师专业成长与专业发展

（1）参与本课题研究的教师对教学有了更多的思考和行动，其教学能力和科研能力得到提高，撰写论文的能力也大大加强，极大地促进了教师的专业发展。

（2）课堂教学方法及组织形式发生了明显改变，由单一的讲授式转变为引导式、探究式。教师树立了新的教学观，积极转变教学方式，注重教师与学生在互动过程中学生知识的建构及动态"生成"，达到真正意义上的构建。

（3）课题研究激发了教师们的教学热情和教学智慧，本课题组的多位教师成长为教学骨干教师、名教师、全国教学能手，实现了专业成长。

3. 良好的社会效应

课题成果在佛山市范围内得到推广应用。课题主持人或课题组成员通过开展专题讲座和公开课等方式在各自的学校、兄弟学校、新教师培训、区级、市级的教研活动平台上推广课题的相关成果，反响好，还走出佛山，应邀到云浮、普宁、肇庆等地进行成果推广。课题成果推广被多个学校和媒体报道高达9次。

九、课题研究存在问题及后续研究设想

在课题研究中，有收获的同时也引发了一些思考：教师的专业发展除了要从课堂细节落脚扎实、提高课堂教学能力之外，还和课堂的模式、自我发展内驱力的激发有关系，怎样才能更好地促进教师的专业发展？

课堂教学是多变的，随着环境、学生水平、教师能力发展阶段、教学手段的变革等的不同，课堂教学也随之变化。教师专业发展具有系统性、长期性、复杂性的特点，需要投入大量的精力、人力、物力、财力。同时，提高教师的自我发展意识也是十分必要的。若想激发教师主动走专业发展之路的欲望和热情，则需要从政策、制度、评价等方面加以激励。

本研究主要围绕着课堂进行深入分析、探索和研究，以寻求促进教师专业发展的根源，并提供有益的经验和借鉴。但每一位教师的发展有诸多细节，所未触及之处还很多，对本课题中的一些专项，我们的研究还须进一步深入思考和研究。

获奖成果：课堂教学细节与教师的专业发展研究
——以高中化学课堂为例

主要完成人：关朝珠、龚新强、蔡雪萍、李志敏、黎秀梅、谢正平

主要完成单位：顺德区李兆基中学

获奖等级：一等奖

证书编号：FS20210021

2020年佛山市中小学教学改革成果奖

获奖证书

佛山市教育局
2021年3月

新高考背景下化学课堂教学方式的实践研究*
——高中化学活力课堂探索

一、研究意义（研究背景、应用价值、学术价值）

（一）本课题研究背景

随着素质教育改革的纵深发展，创设有选择性与个性化的教育方式，满足学生的多元化发展已成为未来基础教育改革的方向。2014 年，国务院印发《关于深化考试招生制度改革的实施意见》，浙江、上海等地已进入新高考走班教学模式，2019 年 4 月，广东省发布《广东省深化普通高校考试招生制度综合改革实施方案》，加入新高考的改革行列，要求构建丰富多样化的学校课程体系，满足学生的课程选择与学习选择，培养学生的发展核心素养，实现基础教育的根本性变革。

广东参加新高考改革后，选考科目组合由 2 种增加到 12 种，学生的选科更自由也更复杂，唯有"走班教学"才能满足学生的需求，其在选择上可提升学生的自主性，相较于传统高考，更能照顾到学生的个体差异性，实现学生的可持续发展。但随之而来的是走班模式中的"学生流动性大、学生差异大、教师跨层教、评价制度单一"等诸多难题。通过对教师和学生发放的问卷可知，在选科走班背景下的化学教学实践中，主要有四个困惑，第一是因为"走班制教学"模式是将不同班级的学生集结在一个固定的课室进行学科教学的教学模式，来自不同班级的学生有着不同的班风和不同的学习习惯，而且学生流动性大，同学间感情淡交流少，合作学习少。第二是学生的主动性、自觉性有所下降，因为他们认为自己是分散的，作业完成不了时教师也不方便管，久而久之惰性就更大了。另外，化学学科知识点繁杂，而且"难

* 本课题为广东省教育科研"十三五"规划课题（强师工程）（课题编号：2020YQJK179），课题主持人：关朝珠，课题组成员：龚新强、苏忠波、杨创文、李志敏、谢正平、戴莹瑾、张鸽。

记易忘"。走班教学中，教师抓学生记、背的时间减少，学生容易偷懒，不主动去做归纳整理的学生的基础知识会不扎实。第三是学生的思维差异难平衡。基于课题主持人两年的走班制教学切身体会，再结合发放问卷、与学生和老师展开访谈，了解到不同类别学生的思维特点差别非常大。既选历史又选化学的学生和将化学作为选物理的前提的学生，他们之间的思维习惯有较大差异，但是上课的时候这些学生从各个不同的行政班集合到一个课室上课，教师如何开展化学课堂教学才能更好地落实学科核心素养呢？不同选科组合的班级思维建模引导要有何差异？第四是新高考评价体系提出"一核四层四翼"，通过明确"必备知识、关键能力、学科素养、核心价值"的四层考查目标，来回答高考"考什么"的问题。"关键能力"重点考查学生所学知识的运用能力，强调独立思考、分析问题和解决问题、交流与合作等学生适应未来不断变化发展的社会时至关重要的能力。"学科素养"要求学生能够在不同情境下综合利用所学知识和技能处理复杂任务，具有扎实的学科观念和宽阔的学科视野，并体现出自身的实践能力、创新精神等内化的综合学科素养。在选科走班教学模式中，由于学生流动性大，思维差异大，化学关键能力的突破和学科素养的养成比传统的行政班级更难。

纵观当前高中化学课堂教学模式，主要有"做中学""体验式"教学、案例教学、问题驱动教学法等，可谓各具特色。"做中学"倡导在化学教学中，通过实验探究、实践操作、联系生活来实施"做中学"，从而激发学生的学习兴趣；"体验式"教学是一个非常不同于说教式的教学方式，强调获取知识和技能来自学生的亲身体验；案例教学是通过模拟或者重现现实生活中的一些场景，让学生把自己纳入案例场景，通过讨论或者研讨来进行学习的一种教学方法；问题驱动教学法即基于问题的教学方法，是一种以学生为主体、以专业领域内的各种问题为学习起点，以问题为核心规划学习内容，让学生围绕问题寻求解决方案的一种学习方法。

在新高考选考走班的背景下如何从这些经典的化学教学方法、教学模式中吸取精华，配合一些好的学科工具的应用，如化学史的运用、思维导图的制作、模型认知等，再结合本校的校情、学情，加入本土元素，提炼出一条更适合本地区的化学课堂教学新模式，让学生手动起来、脑动起来，需要解决三个方面的困境：课堂纪律、自觉性、思维性，这是每个高中化学教师都要思考的问题，也是本课题研究的意义所在。

（二）本课题研究的应用价值

在《教育部指引》的 93 个专业类的选考要求中，提及最多的是科目是物理，共被 60 个专业类提及（不含允许无要求的专业类），其次是化学，被 58 个专业类提及，可见化学从重要性、专业覆盖程度来说是仅次于物理的学科。对于很多理工科专业，只要选择学习物理和化学中的一科就可以，相对于性价比不高的物理来说，化学就成了最佳选择，由此可见化学在高校专业选择中的重要性。

如何开展对学生的学科管理、学情掌握，如何有效地对不同层次、不同选择的学生开展课堂教学和教研，如何对学生的作业和学习情况进行监控，如何培优辅差开展课后辅导，都是走班选科背景下学科课堂教学方法需要研究的问题。本课题在调查了高一上学期学生的选科情况和化学学科的学习情况、新高三选科走班实施两年后遭遇的各种化学学科课堂教学问题和课后落实问题的基础上，对传统的化学课堂教学方式提出改革和创新，旨在寻找和探索出更适合新高考选科走班背景下的化学课堂教学方法和教学策略，这对于推动教学改革、实现科学探究的课程改革目标具有十分重要的应用价值。

（三）本课题研究的学术价值

（1）本课题从化学史、证据推理、模型建构、思维导图等角度着手进行研究，最后摸索出一种适合当前学情、适合新高考的化学教学模式，有理有据，是非常好的研究思路、研究路径，可以为其他年轻教师开展教学研究提供借鉴。

（2）本课题在课堂研究中坚持的核心思想——"四不"课堂，体现了对"学为主体"的践行。

（3）本课题所推出的教学模式是师生共同成长的教学模式。

二、本课题的研究现状

查阅中国知网和万方数据库，有关新高考选科走班的论文和课题研究都不多。在中国知网和中国科技期刊数据库（维普）中，以"走班 + 选课"为主题进行搜索，可以找到相关文献 660 多篇，研究时间从 2004 年起，2014—2016 年这方面研究的数量翻倍增长，2014 年 30 篇，2015 年 65 篇，2017 年

117 篇，2018 年 160 篇，2019 年 120 篇，近几年基本在 100 篇左右。相比之下，以"走班 + 选课 + 教学方法"为主题进行搜索，文献数量就少了很多，为 291 篇，以新高考文件发布时间为节点（2014 年），共有文献 175 篇，占 65%。再以"走班 + 选课 + 教学方法 + 化学"为主题进行搜索，文献仅有 115 篇，其中学术期刊论文 45 篇，硕士论文 60 篇，博士论文 10 篇，几乎所有的研究都集中在新高考文件发布后。这部分研究大致可以分为四类：第一类是选科走班模式下的普通高中走班教学研究、教学策略研究；第二类是根据总的教学策略制定具体的教学方法和模式；第三类是对新高考背景下走班选课情况和化学教学情况进行调查；第四类是硕士论文的研究方向。与本课题密切相关的是选科走班模式下的普通高中走班化学教学研究，对新高考选科走班制后所有有关化学课堂教学研究的论文和研究报告进行重点查阅、研读。

再以"基于证据推理的化学教学"为关键词在中国知网进行搜索，只搜索到 20 篇文章，其中 5 篇是理论探究，15 篇是基于证据推理的化学课堂教学案例分享，所涉及的基于证据推理的案例主要集中在初三和高一，如"金属的性质""海水资源的开发利用""CO_2 的教学""酸碱中和反应"等，可见目前一线教师对培养证据推理能力的课堂教学研究并不是很多。

总结所查阅的相关文献资料可发现，已开展的有关新高考选科走班背景下的化学教学研究涉及分层教学策略、假期辅导、教学评价、情境引入等，但是都比较粗略，都是泛泛而谈，没有详细深入的研究，没能推出一些可借鉴和推广的新高考化学教学模式，存在一定的局限性，所以本课题的研究是有现实意义的。

三、总体框架和基本内容、研究目标、分工

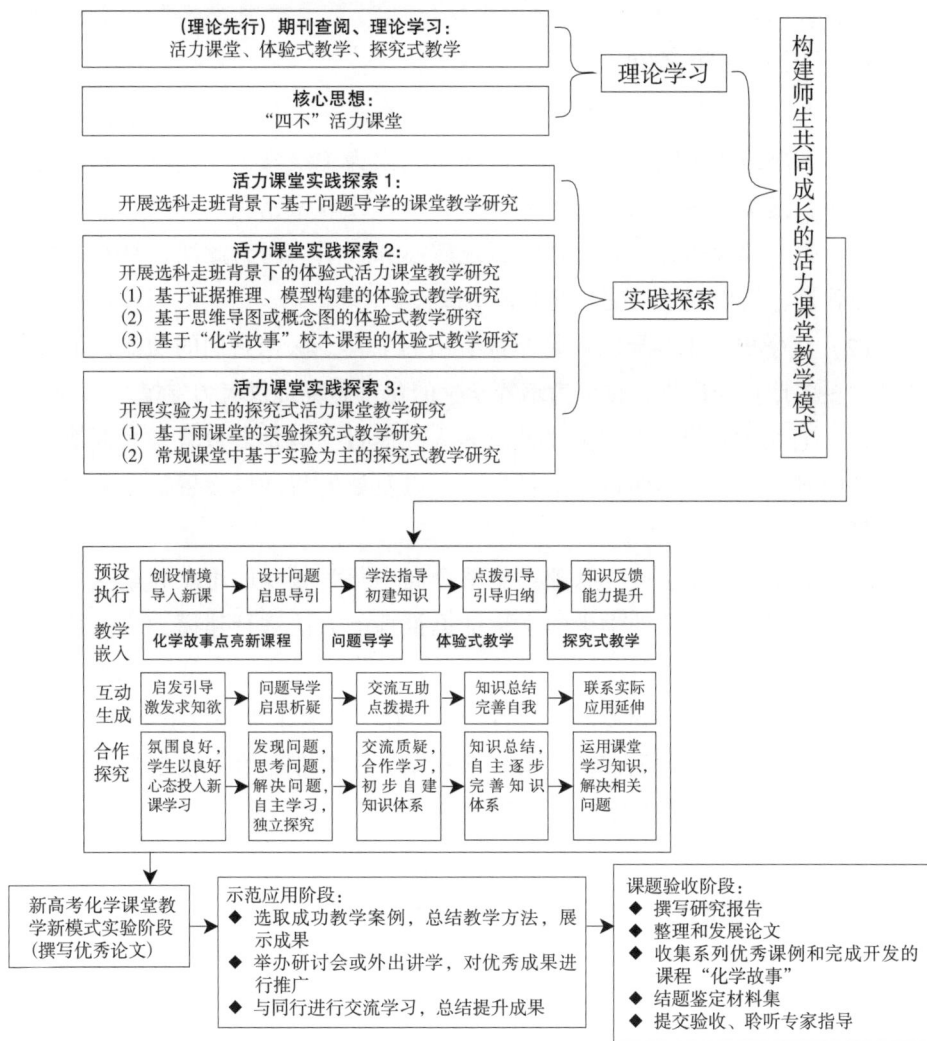

```
┌─────────────────────────────────────────┐
│ (理论先行)期刊查阅、理论学习:          │        ┌────────┐     构
│ 活力课堂、体验式教学、探究式教学        │───┐    │ 理论学习 │     建
└─────────────────────────────────────────┘   ├────│        │     师
┌─────────────────────────────────────────┐   │    └────────┘     生
│ 核心思想:                               │───┘                   共
│ "四不"活力课堂                          │                       同
└─────────────────────────────────────────┘                       成
┌─────────────────────────────────────────┐                       长
│ 活力课堂实践探索 1:                     │───┐                   的
│ 开展选科走班背景下基于问题导学的课堂教学研究│   │                   活
└─────────────────────────────────────────┘   │                   力
┌─────────────────────────────────────────┐   │    ┌────────┐     课
│ 活力课堂实践探索 2:                     │   │    │ 实践探索 │     堂
│ 开展选科走班背景下的体验式活力课堂教学研究  │───┤────│        │     教
│ (1)基于证据推理、模型构建的体验式教学研究│   │    └────────┘     学
│ (2)基于思维导图或概念图的体验式教学研究 │   │                   模
│ (3)基于"化学故事"校本课程的体验式教学研究│   │                   式
└─────────────────────────────────────────┘   │
┌─────────────────────────────────────────┐   │
│ 活力课堂实践探索 3:                     │───┘
│ 开展实验为主的探究式活力课堂教学研究      │
│ (1)基于雨课堂的实验探究式教学研究       │
│ (2)常规课堂中基于实验为主的探究式教学研究│
└─────────────────────────────────────────┘
```

预设执行	创设情境 导入新课	设计问题 启思导引	学法指导 初建知识	点拨引导 引导归纳
教学嵌入	化学故事点亮新课程	问题导学	体验式教学	探究式教学
互动生成	启发引导 激发求知欲	问题导学 启思析疑	交流互助 点拨提升	知识总结 完善自我
合作探究	氛围良好,学生以良好心态投入新课学习	发现问题,思考问题,解决问题,自主学习,独立探究	交流质疑,合作学习,初步自建知识体系	知识总结,自主逐步完善知识体系

预设执行末列：知识反馈 能力提升
互动生成末列：联系实际 应用延伸
合作探究末列：运用课堂学习知识,解决相关问题

```
┌──────────────┐  ┌────────────────────────────┐  ┌──────────────────────────────┐
│ 新高考化学课堂教│  │ 示范应用阶段:              │  │ 课题验收阶段:                │
│ 学新模式实验阶段│  │ ◆ 选取成功教学案例,总结教学│  │ ◆ 撰写研究报告                │
│ (撰写优秀论文) │  │   方法,展示成果            │  │ ◆ 整理和发展论文              │
└──────────────┘  │ ◆ 举办研讨会或外出讲学,对优│  │ ◆ 收集系列优秀课例和完成开发的│
                   │   秀成果进行推广            │  │   课程"化学故事"              │
                   │ ◆ 与同行进行交流学习,总结提│  │ ◆ 结题鉴定材料集              │
                   │   升成果                    │  │ ◆ 提交验收、聆听专家指导      │
                   └────────────────────────────┘  └──────────────────────────────┘
```

1. 阶段性目标

(1)开展选科走班背景下基于问题导学的课堂教学研究。

(2)开展选科走班背景下体验式活力课堂教学研究。

(3)开展实验为主的探究式化学教学研究。

2. 总体目标

探索出以学生为中心、师生共同成长，适用于新高考选科走班背景下的高中化学课堂教学模式。

四、主要创新之处

（1）"化学故事"校本课程的开发非常有意义，是独一无二的，是史无前例的。课题组成员以某个科学家或物质元素为主线索，挖掘科学家背后的研究故事，搜集很多珍贵的照片和视频，制作成非常精美的课件。课程的故事性非常强，学生非常喜欢且被深深地震撼和吸引。因为此课程具有非常好的教育作用，所以成了最受欢迎的校本课程。

（2）化学史、思维导图都是非常实用的工具，深挖它们的功能，不仅能让学生更多地参与课堂，也可为培养学生的化学思维提供有力支撑。

（3）有关问题导学的研究虽然很多人开展过，但是多数只是大框架，而本课题的研究重点是问题设置的层递性，以及如何将问题设置得更细致、更接地气。

（4）选必1《化学反应原理》是整个高中化学教学的难点和重点，本课题拟开展深度研究，帮助学生学会用证据推理的方法进行建模，从而突破难点，落实化学核心素养。

（5）新高考选科走班制刚刚实行，虽然让学生有了更多自主选择的机会，但是给化学课堂教学管理带来了很多新难题，而本课题恰恰就是在大家都困惑的时候开展对这个现实问题的深度研究。

五、本课题的研究方法和研究计划

（一）本课题的具体研究方法

本课题以新高考的化学课堂教学发生的事实为依据，以"存在的问题"和"问题解决"过程为主线，并以此研究出一个有效提升化学课堂教学效率的模式。

（1）文献法：通过对文献的查阅、整理和分析，学习教育理论和前人的研究。

（2）实证研究：通过问卷调查、质性访谈、教育观察、跟踪管理、实验对比等实证研究方法，探寻新高考选科走班背景下，在高中化学课堂教学执行中，化学史、问题导学、证据推理、思维导图等方法和工具如何在营造趣味化学课堂、培养学生化学思维能力、培养学生的知识归纳能力等中发挥作用。

（3）行动研究法：个人反思与集体研讨相结合，集成员之智慧，丰富并积累经验，形成观念，同时，对于教学改革，坚持在行动中研究、在研究中实践，边学习、边实践、边研究、边提高、边总结的原则，努力寻求通过改变教学策略来实实在在提升新高考下化学课堂教学效率的方法。

（4）比较研究法：通过与传统教学比较来评价新化学课堂教学模式的效果，包括学习效率、迁移能力、教学成本等。

（二）本课题的研究计划

第一阶段：期刊查阅、应用理论学习研究阶段（2020 年 2—6 月）

（1）查阅大量文献资料和期刊，组织课题组成员学习思维导图、模型认知及教学专著。

（2）制作调查问卷，了解学生、教师在选科走班背景下对化学学习、教学的困惑。

（3）参加学术会议 2 ~ 3 次，组织专题讲座 3 ~ 4 次。

第二阶段：实施、整合阶段（2020 年 7 月至 2022 年 4 月）

1. 开展选科走班背景下基于问题导学的高中化学活力课堂教学研究

（1）开展层递性问题设计的研究。

（2）开展提问方式的研究。

（3）撰写相关论文。

2. 开展选科走班背景下基于模型构建的体验式活力课堂教学研究

（1）开展通过化学史引入激发学生证据推理、模型认知思维意识的研究。

（2）以选必 1、选必 2、必修 1、必修 2 为例，选择 10 个专题开展证据推理、模型认知能力培养的研究，并将相关的教学设计和课件收集成册。

（3）录制体现证据推理、模型认知能力培养的精品课并参加各类教学比赛。

（4）撰写相关的论文。

3. 开展基于故事体验的活力课堂教学研究

课题组成员以科学家或以物质元素为主线为线索，挖掘科学家背后的研究故事，搜集珍贵的照片和视频，开发精美的《化学故事》校本课程，让学生被科学家或元素发现的背后故事震撼，在追根溯源中自发地爱上化学，提高其学习兴趣，培养其科学精神。

4．开展基于思维导图的探究式化学活力课堂教学研究

（1）订阅工具书《思维导图操作书》，每班发放 2 份，指导学生绘制化学思维导图。

（2）在新授课中基于思维导图进行化学知识的建构。

（3）在复习课中指导学生用思维导图进行章末归纳。

5．开展实验为主的探究式教学法研究

（1）基于雨课堂的实验探究式教学研究（网络授课）。

（2）常规课堂中以实验为主的探究式教学研究。

6．共同探寻一套师生共同成长，适用于新高考选科走班背景下的高中化学课堂教学模式

第三阶段：总结提升、成果推广阶段（2022 年 4—7 月）

（1）讲座分享。课题主持人和课题组成员争取在市、区教研活动中开设讲座分享本课题研究成果。

（2）参加评比，推广成果。组织课题组成员参加区级、省级各项评比活动并多次获奖。

（3）总结提升、撰写结题报告。

第四阶段：检验、调整阶段（2022 年 6—10 月）

选择两所不同层次的学校进行研究成果的再检验。

六、预期成果形式

本课题研究预期成果形式丰富：①相关总结论文 6 篇（至少发表 3 篇或获市级以上奖励，发表 3 篇期刊论文）；②优秀课例16 个；③精品录像课6节；④学生章节归纳优秀思维导图集一本；⑤教师访谈稿3篇；⑥实验创新改进方案3个；⑦一种适合新高考的化学课堂教学模式。

广东省教育科学规划领导小组办公室

立项通知

关翔珠同志：

经广东省教育科学规划领导小组批准，你申报的课题 "新高考选科走班背景下化学课堂教学方式的实践研究" 被批准为广东省教育科学 "十三五" 规划 2020 年度教育科研一般项目，课题批准号 2020YQJK179，立项课题研究起始时间以下述通知之日为准，研究期限二年。

根据《广东省教育科研管理办法（试行）》要求，接受立项后的《广东省教育科学规划课题申请书》即为有效约束力的协议，你及所在单位必须承担相应责任并执行以下决定：

接通知后，请尽快在三个月内组织开题，制订具体的实施方案，并按照研究周期将开题报告、中期报告、研究成果等及时报送我办。

省财政已将课题经费拨付至你所在地级市财政局，立项经费须严格按照《广东省强师工程专项资金管理办法》使用，课题研究成果发表须独家注明 "广东省教育科学规划课题+课题名称（课题批准号）"。

若对以上规定持有异议而不接受，请来函说明，立项协议自行废止。

广东省教育科学规划领导小组办公室
2020 年 5 月 1日

探秘化学史，走进科学家[*]

　　《探秘化学史，走进科学家》是笔者带领 7 位年轻化学教师开发的化学特色自编校本课程，2012—2014 年完成第一轮开发，2019 年新课程、新课标、新高考三新高考开始推行，我们又重新进行了打磨、精化和提升，形成了精美的校本课程教材。2014—2015 年通过了本校第一次实践检验，2016—2017年通过了第二次实践检验，2019—2022 年通过了第三次实践大检验，同时不仅在本校检验，还在佛山市其他六所各具特色的不同层次高中通过了检验。实践检验的过程中学生、教师、学校从多维度对课程进行了评价，课程开发组结合评价对本课程进行了优化。现在《探秘化学史，走进科学家》校本课程已经非常成熟，其不仅适用于我校的校本课程选修教学，也适用于佛山市各层次的高中校本教学，有借鉴意义和推广意义。特此写出详细的开发报告，希望佛山市各高中学校的学生受惠，并助力年轻教师专业成长，为一线教师基于学科特点的校本课程开发提供参考。

一、课程开发背景

　　化学史教育是一个经久不衰的话题，其以特有的教育价值为化学课程改革及学生化学学科核心素养的发展提供了重要途径。但是，查阅图书馆、查询各大搜索引擎后，都找不到可满足高中生实验探索需求的图书。在课程开设上，目前没有一个学校开设过类似课程，也没有经验可借鉴。对于教师而言，除了 3～4 个班的常规教学，还要任教校本课程选修课，制作化学史故事的课程教学 PPT 的工作量巨大，我们迫切希望找到一些教学 PPT 可以借鉴或修改，但是一个也找不到。

　　面对这样的课程开发状况，我们决定迎难而上，从零开始，先开发图文并茂的适用于高中生的化学史故事校本教材，然后实践摸索开设化学史故事的校本课程系列选修课。

---

　　[*] 本文为课程开发报告，课程开发主持人：关朝珠。

二、课程开发理念

校本课程《探秘化学史，走进科学家》的开发基于三个教育理念：体验式教学；教育学是关系学；精神滋养，立德树人。

1. 体验式教学

体验式教学是指根据学生的认知特点和规律，通过创造实际的或重复经历的情境和机会，呈现或再现、还原教学内容，使学生在亲历的过程中理解并建构知识、发展能力、产生情感。体验式教学以人的生命发展为依归，尊重生命、关怀生命、拓展生命、提升生命，蕴含着高度的生命价值与意义。它所关心的不仅是人可以经由教学而获得多少知识、认识多少事物，还在于人的生命意义可以经由教学而彰显和扩展。在化学史故事的教学中，教师通过分享生动的故事让学生深刻体会科学家的成长和科学探究过程，学生感同身受，化学学习兴趣就会提高，加上故事的润物细无声，学科素养的渗透和立德树人水到渠成。

2. 教育学是关系学

教育学是教育、社会、人和教育内部各因素之间内在本质的联系和关系，具有客观性、必然性、稳定性、重复性。教育中教育者的施教与受教育者的受教之间，学生学习活动中学习动机、学习态度、学习方法与学习成绩之间等都存在着规律性联系。教育学的任务就是要探讨、揭示种种教育的规律，阐明各种教育问题，建立教育学理论体系。

3. 精神滋养，立德树人

通过化学史故事，我们可向学生阐述化学发展的历程，展示科学家们在研究中所采用的科学方法、化学实验及科学家成长背后的故事。当我们向学生展现了化学发展史上一道道美丽的风景线后，科学家的性格就不再是平面的，而是立体而丰满的，化学假说和理论的建立也没有想象中那么简单，它们的发展过程曲折而艰难。走进这些化学史故事，深入了解化学史上的这些真实的人和事，经历他们的科研过程，学习他们的科研方法，感受他们的科学精神，学生会受益匪浅。

三、课程目标

通过校本课程《探秘化学史，走进科学家》的开发与实施，得到教学相长的局面。

1. 学生层面

在科学家成长故事和元素探索发现的学习中，学生可发展其实验探究能力和创新能力，知道怎样提出问题、设计实验方案、并组织实施；会对自然、生活、社会进行深度探究，开展研究性学习探究或课题研究或自主参加科技节科技项目；会被科学家的成长故事和研究故事滋养，被科学家的优良品质所感染，从而进行自我修炼，改变不良习惯，爱学习、爱社会、爱祖国。学生的学习动力更足，精神风貌更佳，从而可达到立德树人的课程目标。

2. 教师层面

首先，通过对校本教材的开发、校本课程的执教、校本课堂的管理，教师会转变教育观、课程观和教学方式，成为学生学习的促进者、合作者和指导者。其次，在承担教学该校本课程的过程中，教师对课堂的掌控会更强，课堂会更有趣。最后，执教该校本课程的教师会积累很多的教研素材，有利于提炼教研成果，促进专业成长。

3. 学校层面

探索一条符合高中学生年龄特点和学科认知水平的校本课程开发的道路，建立并完善一套较为合理的具可操作性的校本课程的设置模式，可提升学校的办学理念、特色品位及课程文化和学校文化。

四、课程开发过程

1. 充分的调研

通过问卷和访问充分调研高中学生、一线化学老师和学校三者的真实需求。高中学生的真实需求：需要一本有趣有益且内容丰富的高中科普读物。一线化学教师的真实需求：①需要一本化学史校本教材；②上课需要用的精美 PPT 课件，PPT 课件里最好插入一些短视频，如一些科学探究的实验视频、科学家成长故事短视频等；③希望课程资源可以随时下载，可远程共享。学校的真实需求：希望教师们动起来，以学科特色课程开发为契机来完善学校的课程体系，从而促学校发展和教师的专业成长。

2. 校本课程教材开发

先由课程开发主持人带头选择 4 个化学史故事，然后整个团队对这 4 个故事进行研讨打磨，变成 4 个化学史故事精品，作为范本。课程开发组成员分成 2 大组，从两大主线出发（科学家角度和元素角度）去找各种素材（文字、图片、实验、视频），精心开发包含近 50 个化学史故事的校本教材。校本教材包含三样东西：精美制作的 PPT 课件（供教师上课用）、图文并茂的文本故事（供高中学生做课外科普读物）、视频素材（随时随地共享、扫二维码即可收看或下载）。并在校本教材中放置两节录制好的示范课堂实录（课程开发主持人关朝珠的故事史校本课堂）。

3．校本课程的实践检验，讲好化学史故事

第一次实践检验：2014 年 9 月—2015 年 7 月，课程开发主持人关朝珠在容山中学的第二课堂活动时间（周五下午第 9 节）给化学兴趣活动小组（30人）的学生分享校本教材《探秘化学史，走进科学家》中的元素发现的故事，并带着学生尝试校本课程中的一些科学实验，激发学生浓厚的科学探究热情。第二次实践检验：2015 年 9 月，课程开发主持人关朝珠从容山中学调入李兆基中学，2017 年 1 月—2018 年 12 月，除担任 3 个班的化学教学外，还被学校聘任为讲师团讲师，承担学校周三下午"李中大讲堂"的主讲。关朝珠多次利用大型讲座时间给学生分享校本教材《探秘化学史，走进科学家》中科学家研究的故事和元素发现的相关实验。校本教材《探秘化学史，走进科学家》成了很多学生最喜爱的课外读物，学生争相阅读。第三次实践检验：2019—2022 学年，参与该校本课程开发的 3 位李兆基中学的老师（关朝珠、苏忠波、李志敏）都参与了本课程的实践检验。

4．外校实践检验

课程开发组选择了三所不同层次、各具特色的学校（顺德区郑裕彤中学、顺德区乐从中学、顺德区文德学校）进行实践，从而增加了《探秘化学史，走进科学家》校本课程的适用性并寻找多种方式开展校本课程教学。

五、课程实施安排

因为《探秘化学史，走进科学家》的校本教材开发已经做得很翔实，实现《探秘化学史，走进科学家》校本教学的很多种方式都取得了很好的教学效果。

1．校本课程选修课

（1）向学生宣传实施校本课程的意义，激发学生参与校本课程学习的积极性。

（2）学校向学生公布校本课程开设科目、指导教师及课程说明等，让学生自由、自主选择课程。

（3）选课安排：每学期第一个周末开放系统给学生选课，学生用电脑登录学校校园网站，进入在线选课系统进行选课。每位学生只能选一门课程。每门课程只有40~45个名额，按照"先选先得"的原则进行。提醒学生仔细查看开设的课程，慎重选择，一经确定即选课成功，则选课结束，不得更改。

（4）课程开设：学生按照课程中心安排到相应校本课程地点上课，未参加校本课程学习的，校本课程考核成绩为不合格，没有相应学分。（校本选修课必修学分为2分）

2. 灵活多变的教学方式

如果学校没有开设校本课程选修课，因为有图文并茂的精美校本教材，所以可以通过多种方式灵活进行校本课程的教学，如：兴趣小组活动课、学校科研讲座、校本课程选修课、化学课堂的情境引入和渗透、高中学生的课外科普读物等。

六、课程教学评价

1. 对学生的评价

（1）不采用书面的考试或考查方式，但要作考勤评价记录。

（2）教师根据每个学生参加学习的态度进行评价，可分为"优秀""良好""一般""差"，作为评比"优秀学生"的条件。也可以每节课设置4~5个与本节化学史相关的问题，采用快问快答的方式观察学生的表现。

（3）学生的学习成果。通过研究性学习作品、实验创新、实验设计、科技节创新实验等形式展示，成绩优异者可将其成果记入学生学籍档案并颁发奖状。

2. 对教师的评价

在每学期末，学校教务处负责考核，对认真开展教学和指导工作的教师发放一定的课时补贴。对教师工作考核的标准是：

（1）教师从教必须有计划、有进度、有教案、有考勤评价记录。

（2）教师应按学校整体教学计划的要求，达到规定课时与教学目标。

（3）教师应保存学生作品及其在活动中、竞赛中取得成绩的资料。

（4）教务处通过听课、查阅资料、访问等形式对教师考核，记入业务档案。

（5）通过学生对课程的喜爱程度和对授课教师的打分情况来考核，分为"优秀""合格"两个等级。

3. 对课程的评价

对课程的评价标准和要求主要包括：师生积极参与，主动活动；师生之间、学生之间广泛交往；考虑学生的个别差异，设置合适的活动目标；活动内容能与学科课程整合；活动气氛活跃、愉悦；学生乐于表现自己，发表见解；在活动中教师起组织引导作用。

学生、课程组教师、学校三个层面都对《探秘化学史，走进科学家》校本课程给予了很高的评价。

（1）学生对课程的评价。

校本课程开课结束后，向参与本课程的学生发放课程多维打分表，学生采用课后匿名独立填写的方式进行填写。发放问卷 200 份，回收问卷 200 份，问卷全部有效。①课程内容评价：课程内容要面向学生的切身需要，有效激发其学习兴趣，充分调动讨论互动，提升学生学习的自主性和自发性。从本部分评价统计结果来看，课程内容方面趣味性＞教育性＞创新性＞启发性＞实用性。课程内容评价优良率90%以上，评价很高，只有极个别学生对内容持有否定态度。②学生对任课教师评价：从本部分评价统计结果来看，任课教师的热情度＞课堂管理＞教学方法＞专业素质＞课堂准备。任课教师评价优秀率83%，差评仅有1%，说明学生对任课教师的表现很满意，尤其是很看重教师的教学热情和课堂管理。③课程收获评价：从本部分评价统计结果来看，课程收获方面，科学家的品质影响＞点燃实验探究热情＞培养创新意识＞学科综合能力。课程收获中学生受到化学家的品质感染是最大的收获，其次是化学史中的科学实验点燃了学生的探究热情和创新意识，达到了课程目标。还有学生主动以写小纸条的方式评价《探秘化学史，走进科学家》。

（2）课程组教师对课程的评价。

课程组教师对本课程的评价分为课程教师说明、视频回放、公开讨论等多个步骤和环节。①对课程准备方面的评价：一致认为教材、讲义、课件具有鲜明学科特色又有趣，课程纲要、活动方案比较合理。②对课程设计方面的评价：一致认为地方特色鲜明，适用于佛山地区选修化学的高中生，其立足于学生发展，有利于拓宽教师和学生的视野。③对课程开展方面的评价：认为课程实施中采用的教学方法可以更加开放，可以增加互动讨论的自由度，在教学资源多样化利用上，可以更多借助综合实践。④对课程效果方面的评价：认为学生很喜欢《探秘化学史，走进科学家》校本课程，收获感优，满意度优良。课程对教师成长的有重要促进作用，同时对理科类校本课程开发有一定的参考和借鉴。

（3）学校对该课程的评价。

学校认为，该课程很有意义，遵循了"特色促发展，师生共成长"的课程思路，希望在实践中不断改进和完善。同时提出在课程开发中要注意调动学科组集体力量，加强学科资源共享，广泛开展课程交流与合作，在思想碰撞中提高思想认知。

七、课程特色和亮点

本课程的亮点有以下几方面：①课程具有创新性。课程基于精神滋养和学科特色开发适合高中学生的校本课程，弥补了所在高中相关校本课程的空白。开发的校本教材全国独有，精美完备，方便共享。每个故事配有精美制作的 PPT 课件、图文并茂的文本故事、视频素材及两节示范课堂实录。②该校本课程可借鉴、易推广。多次荣获省级、区级优秀校本课程奖项。③该校本教材的用途广泛。可以通过多种方式的课堂灵活进行教学和渗透，如：兴趣小组活动课、学校科研讲座、校本课程选修课、化学课堂的情境引入和渗透、高中学生的课外科普读物。④该课程有助于培养学生的科学探究精神。该课程的实施，为实验教学提供了另一种有效途径，学生的实验探究能力被点燃，科学创新能力大大提升，参加过该校本课程的学生积极申报区级创新课题（成功立项 2021 顺德区中小学创新课题）、参加研究性学习、承担科技节的科技项目、参加顺德区的青少年科技创新大赛，累计有 20 多项学生作品获奖或论文发表，很好地助力了化学学科核心素养的落实。⑤精神滋养，立德树人。实践检验表明：该校本课程用化学史故事滋养学生的心灵，学生受科学家的成长故事熏陶和感染后，学习化学的兴趣有很大提高，学习的动力更足，精神风貌更佳，达到了立德树人的课程目标。

八、课程开设取得的成效

（1）参与本课程开发的 8 位教师尤其是参加了实践检验的 4 位教师（龚新强、苏忠波、谢正平、戴莹瑾），课堂执行力明显提高了，课堂的调动能力增强了，教师本人也更自信了。同时在开发化学史故事和讲授化学史故事的过程中，教师找到了很多化学问题的本源，开阔了视野。

（2）以《探秘化学史，走进科学家》为高二化学第二课堂活动的课堂教材后，第二课堂活动的开展比原来更有体系、更全面。根据跟踪记录发现：

学生的实验探究兴趣大有提升，一到活动课就主动涌到实验室（缺席人数为0），讨论交流实验方案，并比以前更具有质疑精神，不盲从。学生的组织能力和合作能力也提高了，从高二第二学期开始，课题组教师谢正平就不用再手把手教学生做实验了，只要给出目标任务，学生就在小组长的带领下自己设计实验方案，开展实验研究。另外，从两次期末统考成绩来看，化学兴趣小组成员的化学成绩提高了 1～4 分，尤其是实验题的得分率提高了10%～15%。

（3）把校本教材《探秘化学史，走进科学家》作为高中生课外科普读物并用其在课堂中进行教学渗透，结果发现：课堂活了，学生课堂发呆的现象少了。科学家不怕牺牲不辞辛苦、孜孜不倦地探索未知世界为人类谋福利的精神震撼了学生。而每一种元素的发现和研究、每一个理论的推导都要历经很多名科学家的不断努力，学生会为自己的偷懒而汗颜。经过一年的化学史故事洗礼，学生坐得住了，上课眼睛发亮了，注意力集中了。

由此可见，校本教材《探秘化学史，走进科学家》是一本有益有趣的特色教材，可以通过多种方式的课堂进行教学和渗透，如：兴趣小组活动课、科研讲座、校本课程选修课、化学课堂的情境引入和渗透、高中学生的课外科普读物。无论采用何种方式使用《探秘化学史，走进科学家》，学生的实验探究能力均可被点燃，创新能力均能大大提升，学习化学的兴趣均有很大程度上的提高。既很好地提升了学生的化学学科核心素养，又立德树人，达到了课程目标。

九、课程推广

随着课程越来越成熟，其影响力越来越大。①2013 年，课程开发主持人关朝珠在顺德区教研会议上做了《挖掘化学史的魅力》专题讲座。②2022 年3 月，课程开发主持人关朝珠受邀到普宁市推广校本课程。③2022 年 5 月，课程被选为佛山市优秀校本课程，登上首届佛山大讲堂做课程开发专题分享《用化学史点亮新课程》，直播全国点击量突破 21 万。④2022 年 6 月 10 日，课程开发主持人关朝珠受邀到顺德区实验中学开展专题讲座《如何开发校本课程——以〈探秘化学史，走进科学家〉课程开发为例》。⑤2022 年 9 月 2日，课程开发主持人关朝珠受邀到顺德区罗定邦中学开展专题讲座《如何开发校本课程——以〈探秘化学史，走进科学家〉课程开发为例》。

十、课程反思

本次校本课程开发历时很长，收获很大，取得了很多成果，教学相长，学生受惠，也促进了教师的专业成长。但是，在课程开展中，也有一些不足之处：①课程教材开发的过程中，分工时可以结合组员个人特长和优势，这样会更加人尽其用。比如某老师的视频剪辑和 PPT 美化比较厉害，可以让其主要负责为全部组员开发工作提供这方面的服务。②学生成果的展示可以更加多元化，比如可以开展学生讲化学史故事评比，调动更多学生喜欢此校本课程。③课程设计不应完全拘泥于之前设计的教学大纲和课本。不同学生的兴趣点不同，如遇学生感兴趣的内容，可以多挖掘展开，激发学生的更大兴趣，但这也会对教师的知识素养和教学能力提出更高要求。④课程想要发展，仍需站在学生角度不断创新。不断创新课堂活动、授课方式、教学资料去适应学生的变化、时代的发展，让化学特色校本课程"活"起来，让实验探究教学"活"起来。

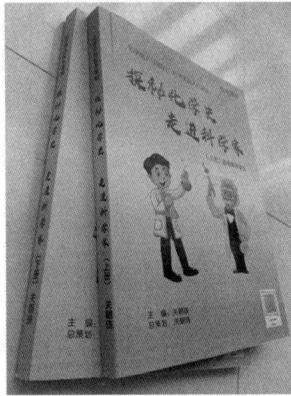

名家指津，阅读写作

——漫谈化学教师专业发展

　　在现实中，"教育"常常被简化为"教学"，"课堂"被简化为"应考"，"教学"变成了"知识整理"和"解题训练"。长此以往，教学就要变成一种"体力劳动"了。很多教师忘记了写作是教师的基本自由和权利，也忽视了阅读写作对教师专业成长的价值。通过对身边的部分优秀化学教师的了解、观察和访谈，我发现他们在专业化发展道路中都有个共同的特征，就是在平时的教育教学之余博览群书，积极写作。本文选取了我身边的两位优秀化学教师作为研究个案，探究读书和写作在他们化学专业发展道路上的地位和作用，并以此启发自己和更多的年轻教师。

　　两位化学教师都是我身边的化学教师中师德高尚、教学能力和业绩突出者。甲老师今年40岁，是我校青年教师中十分优秀的代表，年轻有为，已经成长为学校的中坚骨干力量，一路从班主任、科组长成长为顺德区首批名教师、广东省骨干教师培养对象。而乙老师是我校新入职不久的年轻教师，2016年硕士研究生毕业进入学校以来就和我结成师徒对子，一直跟随我学习成长，三年来，他虚心好学，博览群书，积极撰写教学心得体会文章，成长特别迅速，是在2019年高考中取得非常优秀的教学成绩的年轻教师。

　　在对甲老师的个案研究中，甲老师告诉我他的两个关键词是：专家引领和阅读写作。2014年8月，他有幸参加了广东省骨干教师培训班，为期一个月的学习期间，他沉下心静静地读书、听讲座，在那里聆听很多教育教学名家的讲座，他开始重新思考自己当前的专业发展现状，开始思考自己的教学行为是否能真正为学生的终身发展服务，是否可有效培养学生的创新精神和实践能力，如何让自己的课堂充满生机活力，课堂教学改革该何去何从，如何体现化学学科的核心素养，如何成为化学学科的教育教学名家。在这些高人的指点下，他开始喜欢上了阅读。他说："送走一批学生，迎来另一批学生，对教学的研究越深入，越发现自己才疏学浅，对教育的思考越深入，越觉得自己无知。"他强烈感到大学所学已满足不了实际工作需要，他需要充电，需要丰富，需要提升，于是他开始阅读古今中外的教育经典，在大家的典籍中寻找教育的无穷智慧，寻觅教育的至高境界。于是孔子、孟子、苏霍姆林斯基、魏书生、李镇西等教育名人的著作摆上了床头、办公桌，《中学化学教学参考》等化学教学期刊随身携带。他经常被书中生动的教育思想、鲜活的教育艺术深深感染，后来又先后参加了学校选派推荐的北京师范大学骨干教师高级研修班学习，聆听了教育最前沿的知名专家教授的教诲。这些自主阅读学习和在名家名师研究班的培训学习，是甲老师教师生涯中很重要的事件，是非常及时的充电。也是从那时开始，专家潜移默化的影响促使甲老师开始有自己的教育思想，而且他比以前更主动提笔撰写文章了。写的文章数量越来越多，质量也越来越高，五年来，已经有三篇论文在核心期刊《中学化学教学参考》上公开发表。

乙老师作为新入职的年轻教师，受益于研究生学习期间导师的影响，也酷爱阅读专业书籍。入职我校后，依然保持着自己良好的阅读习惯，只是原来多阅读化学化工专业方面的书籍，现在进入中学化学教学领域，转而阅读教育教学类的书籍。在跟乙老师交谈中，他谈到自己的研究生导师非常严格，也非常有学术大家的风范，对自己的影响很深远，导师身上的那种严谨求实和一丝不苟，那种全身心钻研化学的精神对他影响很大。进入我校以后，他延续了导师培养的工作和学习方面的很多优秀习惯。我注意到他经常阅读化学教学方面的书籍，每年都订阅《中学化学教学参考》等化学教学必读期刊。每每遇到教学方面的疑难和困惑，除了向我请教以外，还积极查阅文献资料。值得一提的是，为了阅读，他自费购买了百度学术和万方数据库等学术平台的下载券，以便满足自己的求知欲。三年来，他的阅读习惯让他在中学化学教师岗位上迅速站稳脚跟，且取得了长足的进步。2016年获校青年教师解题大赛一等奖，2017年5月获校青年教师优质课比赛一等奖，2017年获顺德区原创题大赛一等奖，2018年获佛山市高中化学教师实验能力大赛二等奖，获广东省高中化学竞赛优秀辅导教师。三年来，他也积极撰写总结和论文，已经撰写3篇论文，其中一篇论文在正式刊物发表，还有一篇获2019年顺德区论文评比二等奖。

从以上两位老师的专业成长过程可以看出，名师的引领和自我的阅读提升在化学教师的专业发展中举足轻重。概括起来，有如下一些结论，值得我们在专业化发展道路上思考和借鉴：

（1）优秀的教师都喜欢阅读。由于时代的变迁、教材考纲的变化、学生的不同，我们在教学中经常会遇到新的疑难问题，这就需要不断的更新知识，所以优秀的教师都特别注重阅读，会从阅读中获得精华，丰富自己。读万卷书，如同行万里路，足不出户便知晓天下事，这便是阅读的力量。只有通过阅读教育学、心理学等方面的理论书籍，化学教师才能应用所学进行有效教学、高效教学，时间久了，教师就能不断思考、反思，在自己的教学中实践，逐步养成及时写教育随笔的习惯，为自己的论文和教学积累素材。

（2）优秀的教师都或多或少受名师引领或影响。每一位成功的教师，成长过程中总会受到一些名人的引领或影响。这些教师对名人的人格和学术魅力，从崇拜到模仿，从模仿到发展创新，在名人的影响、鼓励和指导下沿着名人发展的方向越走越好，最后自己也成了名人。

（3）优秀的教师都是擅长写作的人。没有多少人天生喜欢写作或擅长写作。但优秀的教师总会不断地反思总结自己，并会把这些反思总结记录下来，这便就是写作。不断地写，很快也就会不再惧怕写作，写出绝妙的教学论文也不再是难事。当各种立意角度的论文写就之后，发表也就不在话下了。

（4）优秀的教师的专业发展离不开一个积极向上的环境氛围。在个案追踪研究中，我们发现，优秀的教师往往都有一个良好的适合自己成长的教育环境。这种环境的品位决定了教师的品位，在优秀教师的周围往往都是一群很敬业的教师。

追踪名师成长路径就会发现，爱读书爱动笔写作的教师成长得更快，那是因为写作对教师专业发展具有重要的提升作用。第一，写作能提升教师阅读的品质。如果你有写作的习惯，你就不会满足于泛泛浏览，对于一些作品你一定会深入研读，努力从别人的佳作中去汲取营养。第二，写作能有效提高教师思维的质量。写作要求有缜密的逻辑、严密的分析、准确的语言，写作能有效提高思维的缜密性和效率。而在这种思考和分析问题的过程中，我们对某一问题的认识可能会加深，获得新的发现和理解，产生新的认识，进而使自己的思维生发出智慧光芒。第三，写作能帮助教师深化对教材的认识。如果你不将某个具体的问题写成文章，你的认识可能只是一星半点，是肤浅的，而写作会迫使你对问题进行彻底的思考，从而深化和丰富认知。在写作过程中，我们会参阅许多相关的专著和文章，从而深入理解这一问题，这时再看教材，就会是俯视的视角。

第四编

授人以渔·成长反馈

俗话说"授人以鱼，不如授人以渔"，要让更多的学生从"四不"活力课堂中受惠，除了自己要坚持践行"四不"课堂，还要将活力课堂传播得更远，让更多教师认同并参与活力课堂建构。在这一编，笔者将和您分享我的活力课堂趣味故事和我帮助更多年轻教师走上活力课堂道路的故事。当看到更多的学生爱上我的活力课堂，自发地喜欢上化学，同时更多的年轻教师也在我的活力课堂影响下做出了一些改变，课堂的执行力更强了，我很是欣慰，其实他们的成长何曾不是对我的激励和鞭策呢？我在帮助他们的过程中自己也获得了成长，感恩相遇，让我们成为彼此成长路上的贵人。

活力课堂故事

——你们是课堂的主角

当教师真是一件开心的事，它总能带给我很多感动。很多学生虽然已经毕业多年，但依然和我保持着密切的联系。书写"一日为师生，一辈子情缘"的故事时，很多学生听说我要写一本活力课堂的教学专著，纷纷打电话给我，希望可以让他们写写心中美好的回忆，分享自己经历的有趣活力课堂教学故事。那就通过学生的口来传递我的故事吧，这样也能更有趣更真实。

当我收到他们来自全国各地的信的时候，我的眼眶湿润了，我没有想到自己的教育教学行为对那么多学生产生了如此深远的影响，有些事情其实已经过去差不多 20 年了，他们居然还清晰地记得，这或许就是有温度的教育和活力课堂的魅力吧！一共收到 100 封信，节选 10 个同学眼中的活力课堂故事分享给大家。我相信有些故事会让你捧腹大笑、有些故事会让你惊叹、有些故事会让你感动到眼睛湿润。在活力课堂故事里，有轻松的课堂氛围、风趣幽默的教学语言、巧妙的故事引用、任务驱动、实验探究、当小侦探、当小老师等很多好玩的内容，总之，就是让学生身体动起来、思维活起来，让他们成为课堂的主角。

期待这些好玩的活力课堂故事能对年轻教师的化学教学有一点启发。让我们都努力做有趣、睿智的教师，构建活力课堂，带领学生愉悦地徜徉在化学知识的海洋里，激发更多学生学习化学的兴趣，帮助更多学生成长。

故事 1　爱上"化学史故事"

分享一：原来化学可以如此有趣

我叫周×彤，是珠姐的铁粉，珠姐总是亲切地叫我"彤彤"，我迫不及待地想和大家分享珠姐为我们特别加餐的一门特色校本课程选修课——《探秘化学史，走进科学家》。一直以来，很多人可能会认为化学课和风趣幽默是不大沾边的，作为一门严谨的科学，可能板正严肃才是它的风格。我曾经也这样认为，直到走进了珠姐的"化学史故事"课堂，才知道原来化学也可以如此有趣。

第一堂课对我而言是印象极其深刻的，讲的是化学家舍勒。珠姐先从他的成就开始叙述，慢慢引入到他的人生经历还有个人品格，在珠姐那娓娓道来又旁征博引的叙述中，我仿佛穿越了时光，看见了那个为化学甘愿奉献出生命的舍勒……不知不觉，下课钟声响起，可我们仍然沉浸在那故事里，如痴如醉……

从舍勒到侯德榜，从门捷列夫到居里夫人……在两期的学习里，我学到的不仅是化学史上的成就或者是化学故事，更是化学家们那令人震撼的科学精神，我沉浸在一个又一个凄美又让人不胜敬佩的故事当中，在欢声笑语中拓展了自己的知识，更不断向这些伟大的科学家学习，不断地完善自我。有时候珠姐还会让我们参与到故事中，比如她讲到某个科学家的故事时，她会将这个科学家在课本中出现的一些相关化学史内容分配给我们讲，或者讲完故事会提3~4个问题，所以谁的脑子想偷懒可不行哦，哈哈。

可惜的是，即将踏上高三征途的我无法再徜徉在这个令人神往且留存期待的课堂，在临别之际，同学们将珠姐团团围住，眼里满是不舍和遗憾。当我再翻开课本看见那些科学家时，脑海里还会浮现出风趣幽默的化学故事，和那令我无限动容的化学精神。

分享二：奇妙的旅程

我叫韦××，从高一至高二，我总共上过两季珠姐主讲的化学史故事。化学本身就很有趣，了解了化学背后的故事后就更能感受到化学的韵味。"化学史故事"这门课赋予了化学厚重的历史感，使之从平面的课本中走出来，变成立体的、鲜活的科学发展进程。每一种元素的发现、物质的探索都有其独特的故事和意义，通过了解化学背后的故事来走进化学，实在是一件很奇妙的事。虽然只是选修课的校本课程，但珠姐每次都准备得很认真、充分，颇为有趣的讲课方式（珠姐会绘声绘色地讲故事）也常引得大家忍俊不禁，笑声遍布整个课堂。珠姐也很珍惜授课的时光，总会将其定格在一张张相片中。无论是珠姐还是我们，都很享受"化学故事"这个课堂。

分享三：化学"小白"被带入化学的世界

我叫李××，自上高二以来，一直期待着校本课程开课。因为从高一刚分班开始周围就一直有同学向我推荐由珠姐主讲的《探秘化学史，走进科学家》，她们都说这是有趣又能学习到知识的很棒的校本课程。因此在选课时，我毫不犹豫选择了这一课程（幸亏抢得快，上午一放开选课，珠姐的这门特色课程就爆满了，我们班没抢到名额的同学都好懊悔手太慢），我期待着从这一课程中学习到更多课本中没有为我们讲述的科学家的经历与化学在人类进化历史发展过程中起到的作用。

在第四季《探秘化学史，走进科学家》的学习中，我了解到了许多科学家，其中印象最深的就是徐光宪先生。这位先生，我认为称他为"天才少年"绝不为过。他好像总能完成别人无法完成的任务，为我国化学事业及世界化学事业作出了重大贡献。除了科学家的故事之外，我还认识了一位尽心尽力为学生讲述化学家故事的教师。我们平常总亲切地将关朝珠老师称为"珠姐"，她是我们进一步了解化学、化学家、化学史的引路人，从不辜负我们对她的课堂的期待，为我们讲述了一堂又一堂精彩的化学课，将化学"小白"带入到了化学的世界中去。

这一门课程展示了化学这一学科的伟大、发展历程中的艰辛、科学家们坚持不懈的精神……在学习过程中，我开阔了视野，学到了很多课本外的化学知识，也深深地为科学家背后的故事感动着。

故事2　温暖如你，有趣如你

我们的生活中充溢着各式各样的声音，每一种声音里都有着一段独属于它的故事。我们与珠姐之间存在过各式声音，它们记载着我们与最喜爱的化学老师——珠姐间独特又有趣的故事。

有些课间，珠姐会和我们聊我们学习生活中的烦恼，会幽默地为一些遇到困难的同学打气加油，有时也会分享她的一些青春故事及她在逆境中抗争的故事，我们听得津津有味，受到很大的启发。运动会期间，珠姐同样是欢乐元素，她和我们一起唱一起玩，为我们的运动员加油鼓劲。这就是珠姐，是平易近人，又总为我们带来欢乐的珠姐。

课前欢乐不断，课中生动有趣。学生的生活看似古板不变，但实际上每天都是千变万化的。记得疫情防控期间的化学网课，珠姐为了让我们有新鲜感，吸引大家上网课，可谓煞费苦心。除了课件精美、课堂风趣幽默，珠姐还精心准备了特殊礼物——每节课开课前都会给大家找一首很好听的歌，然后会播放一组她精心挑选的有意义的照片（她与家人、朋友、学生的合影照片），每节课都不一样，就像上课内容。然后珠姐会和我们分享这组照片背后的故事，如"目标""友情""父母""远方""梦想""读书品人生"等。珠姐的这些礼物成了网课期间大家的开胃菜，每天的化学课都成了一种期待，珠姐的故事也让大家大开眼界、受益匪浅。

在珠姐的授课里，每节课都是惊喜，生动活泼是这么多节课的共通点。把难懂、难记的知识点编成顺口溜、情境故事等，在珠姐带来的欢乐里只能算是小菜一碟，因为除了这种常规操作外，还有很多有趣的事呢。珠姐喜欢让我们做实验，课本上的每个实验她都不会让我们错过，还经常发动我们改进实验，进行实验创新。她还周到地让最后面两排的同学到讲台上近距离观察实验现象。她说化学是实验学科，实验是学化学的工具，是培养我们科学精神和化学美感的重要途径。而我们也相当配合，睁着渴望的眼睛盯着实验操作，到了精彩处课堂上都是"哇——"的惊叹。除了实验外，珠姐还会给我们类比生活中的事例便于我们理解那些难懂的知识点，例如：①讲"活化能"这个知识点的时候，珠姐说活化能就像是门槛，像鲤鱼跃龙门，催化剂降低活化能就是降低门槛，让更多的鲤鱼能跃过去。②讲"强弱电解质"的时候，珠姐会打比喻说："它们俩就像是大方人与小气鬼，强电解质大方，愿意拿出几乎全部来分享，而弱电解质则比较小气，只愿意拿出一点来分享。"③"有效碰撞"就像打台球，只有进球了的碰撞才是有效的，想要进球，就既要考虑方向角度，也要考虑力量（能量），说完还用一个粉笔头朝一个风扇进行投篮示范，故意投了三次才进（第一次是方向偏了，第二次是力气小了，第三次投中了）。我们听得津津有味，在开怀大笑中就把知识理解透了。④关于"氧化还原的得失电子问题"，珠姐打比喻说："就好比某某男同学来找珠姐借书，珠姐借了 3 本《美少女战士》给这个同学，请问珠姐借出几本书？该男同学借入几本？我们之间转移了几本书？借出的书、借入的书、转移的书这三者的什么关系就是电子转移的关系？"大家轻松推出：借出的书（失电子总数）＝借入的书（得电子总数）＝转移的书（转移的电子总数），轻松理清了几个关于电子得失的重要关系。⑤胶体的胶粒会因为吸附作用而带有电荷，且不同的环境中胶粒会吸附不同电荷而带不同电性。对此，珠姐给我们讲了英雄牌墨水和狗熊牌墨水"邂逅"的故事："同学们，我有一支特别的钢笔，是我初恋送的（同学各个瞪大眼睛，兴趣盎然）。有一天没墨水了，如果我的钢笔先吸了英雄牌的墨水再吸狗熊牌的墨水，会有什么故事发生呢？"除这些外，珠姐还会给我们分享许多生活中的小故事，虽然故事的内容记不太清了，但都是有趣又不失温馨的，很多时候课堂都是由生活中的小故事引入的。例如讲有机酸时会讲述被蚂蚁叮咬的小故事，讲醛的时候会先讲香水的小故事等。所以说珠姐的课堂是很"接地气"的，充满生活气息，参与性很强。知识来源于生活，化学也是。

　　课堂有趣重要，实用也很重要。珠姐会教我们许多解题的技巧，比如如何快速地算反应热，化学平衡图像怎么看，如何快速数出同分异构体数量等。珠姐好像有一肚子的妙计，营造课堂趣味场的妙计和转换复杂知识的妙计，能将繁杂的知识转换为通俗易懂的话语，总之，听完珠姐的课，知识就牢牢地刻在了我们脑中。身在其中是无从发现的，但是这会从一道道上手的题中体现出来。知识记住了，做题自然上手。大概是每个学生心里都住着一个顽皮的孩子，都喜欢有趣的东西，所以对于有趣的东西也就记得牢些。当然，要说全部记住那是夸张，只是不记得的完全可以下课询问。珠姐平易近人，也很幽默风趣，总有很多很有趣的小比喻来帮助我们理解，也很会开些小玩笑活跃气氛，这无疑是我们学习化学的又一大动力。课下和珠姐在一起，就像是和老朋友聊天叙旧，自然又随意。珠姐教我们班期间，我们的化学成绩遥遥领先于其他平行班，稳居年级平行班第一名且紧追创新班，我在其他班的好朋友都非常羡慕我们班，天天有这么快乐的化学课，遇到了这么有趣、有爱心的化学老师。

记得与珠姐初相识时正值初夏，已有蝉虫微鸣。如今毕业，离别之时，亦是蝉声相伴。珠姐带给我们的，除了知识外，还有初阳般的暖意。记得疫情的时候，有一节特殊的课，倒不是内容特殊，而是珠姐上课的地方特殊——机场。因为珠姐的爸爸突发病重，珠姐向学校请了假就立马要赶回老家。上课的时间正好是她在机场的时候，她本已录好课程，但最后还是在机场找了个小角落开直播，因为她觉得开直播和同学们有互动，教学效果会更好。直播时有不少机场游客聚集在珠姐周围，授课结束，游客们自发地为珠姐鼓掌。我们也被她的敬业感动着，被她的孝心感动着。其实人的情感一定程度上是互通的，一个人真心与否，认真与否，其他人都是可以感受到的。那掌声是陌生人对一名教师认真负责的赞赏与鼓励，亦是学子对教师的感恩与感激。当时在场的人们，可能会不约而同地忆起曾教导自己的良师。而有幸成为珠姐学生的我们，亦为珠姐鼓掌。掌声里寄托了对珠姐认真教导我们的感恩，也有对珠姐给我们带来欢乐与温暖的感激。

故事3　你是一道温暖的光

我叫何××，是 2021 届高三毕业生，虽然我只跟着珠姐学了一年的化学，但是珠姐依然是我最喜欢、最难忘的老师。在大家眼中，珠姐是一个活泼而不失严谨的人，比起一位老师，她更像是一位知心好友。珠姐每天都有不同款式且得体的穿衣搭配，从中可以感受到珠姐对生活的热爱。在课堂上，珠姐讲课清晰，有条不紊，在严谨教学的同时还不忘跟同学们互动、讲故事、打比喻，晦涩难懂的化学知识也在珠姐的讲述下变得生动有趣。

新高考带来了选科走班，我们班的化学课需要走班，9 班、11 班、12 班三个历史类班级部分选化学的同学和 1 班（物理类班级）选化学的同学组成一个化学走读班。我们班是历史类班级，学习化学的能力相较于物理类班级的同学稍有欠缺，但珠姐总是鼓励我们，只要不放弃，敢于尝试，就一定能学好化学。而且每次我们遇到难题不会解时，珠姐总会不厌其烦、很有耐心地给我们讲解。课余时间珠姐还常常给一些学习困难的同学开小灶。在珠姐的鼓励和帮助下，我们班的化学成绩渐有起色，"有机化学"的学习成绩甚至超越了个别理科班。

2020 年初，新冠病毒疫情肆虐，本该回到校园工作、学习的珠姐和我们被通知要进行线上教学。老师们一时间手足无措，因为谁也没有尝试过上网课。而在正式开始线上教学的前一周，珠姐就已经开始摸索线上教学的方法，"知识胶囊"、直播软件、微课，珠姐都尝试过。请假在家乡照顾突发重病父亲的珠姐一直在坚持上课，安静的医院走廊、嘈杂的机场，都曾是珠姐上课的场地，而且每一节课都是那么精彩。在得知这件事后，同学们无不被珠姐尽职的精神所深深感动，被珠姐的正能量所激励。

与线下学习相比，线上学习难免会稍显枯燥，且很容易懈怠。在一开始的半个月新鲜感过去后，同学们多多少少出现了些许的倦意。为了能让同学们高效地投入化学课堂，珠姐每天坚持提前 5 分钟创建直播间等待同学们进入，在 PPT 的首页放出一张自己的阳光美照，旁边附有一句引导同学们积极面对生活的格言，PPT 的背景还嵌入了很好听的轻音乐来为大家提神。她通过课前几张照片向我们展示着她的生活，她的照片中洋溢着对生活的热爱，让我们感受到了阳光般的温暖。她会给我们讲述照片的来源及照片背后的故事。有时我们还能有幸地观看到迟到同学的表演，这不仅为课堂增添了趣味，而且能够督促我们自觉上课。在网络课堂上，珠姐用幽默的语言为我们描绘出一个神奇的化学世界。"有弱才水解，越弱越水解，谁强显谁性……"她用简洁易懂的语言帮助我们打开了盐类水解的大门。此外，珠姐还定下了一个小规则：上课迟到者、不交作业累计 5 次者要表演一个小节目，这个小惩罚对珠姐本人同样生效。于是在某次网络塞车珠姐迟到 50 秒的时候，大家非常开心地听到了珠姐深情朗诵的汪国真《热爱生命》。这个小惩罚鞭策着大家，于是在网课期间，同学们欣赏到了各种各样的才艺表演。随着规则的推行，表演的同学越来越少，因为大家都会准时进入直播间，准时提交作业。每天晚上，珠姐在休息前还不忘在学习群里推送一篇自己精心录制的美文或美诗朗诵，珠姐选的文章要么很温暖，要么很励志，要么很有趣，像一股清泉抚慰着我们因为疫情而烦躁的心灵。在网课期间，珠姐的朗诵总是伴随着我们进入甜甜的梦乡。

而在恢复线下教学后，珠姐为了增强不同行政班同学们之间的凝聚力，便让同学们根据自己在网课时的突出点进行自我介绍，一开始同学们有些不好意思，但后来便慢慢放开了。听到别人的自我介绍后，可能会恍然大悟：

原来网课时那个积极发言的×××就是你啊。在珠姐充满创意的课堂规则和巧妙设计下，化学课堂变得越来越高效与活跃，每一节化学课都充满趣味和驱动任务，不知不觉就会被珠姐带动起来，让人流连忘返，我们这群历史类班级的学生都成了珠姐的铁粉，化学也学得有模有样。

虽然只被珠姐教了一年，但这位活泼、热情的老师已给我留下了深刻的印象，我感恩与珠姐的相遇，在未来十年、二十年，甚至到老，我相信我仍会记得曾有这样一位热爱生活的老师，她的品质、精神会一直鼓舞着我不断前进。

故事4　有趣的老师，活力的课堂

我叫陈××，不知不觉，高中毕业已经四年，离开了化学课堂许久，但昔日那位充满活力与激情的化学老师带领下的生动有趣的课堂仍然历历在目。化学课堂上的一些有趣细节和关老师的暖心鼓励，让我始终无法忘却。我们都亲切地称她为珠姐。从我的视角看珠姐课堂，是这样的特别。

首先是珠姐的课堂迟到小惩罚。上课迟到是影响课堂效率的一大元凶，会大大降低师生的专注度、幸福感。珠姐用软硬兼施的方法来"对付"我们。无论是珠姐还是学生，只要在上课铃打完之前还没有进教室的，就算迟到，要表演一个小节目作为惩罚。这种平等的师生关系，会让我们更加认真地对待、遵守这个规则。因为这个小惩罚，我们看到了很不一样的珠姐，偶尔在课前听到她声情并茂的朗诵或是同学的深情对唱，大家都好开心好激动。可以说，我们是珠姐初期的朗诵粉丝，她在朗诵中向我们传达情感，我们在她的声音中体会人生。每次早晨上班高峰，珠姐尽管腰不好，也总是狂奔进教室，可见对我们课堂的重视。记得有一次下暴雨，她赶着来上课的时候车被刮了，但还是先赶来上课了。正是因为这个小惩罚，枯燥的学习变得更加生动有趣，同学间的感情也有所加深，更重要的是再也没有人把迟到当儿戏。

接着，再来深入珠姐营造的有趣课堂。珠姐在讲一个新知识点的时候，常常会用一个小故事或小谜语来作为切入点，来把我们引入到新的知识点中。记得在讲"离子反应及其发生条件"的时候，珠姐就用了诸葛亮七擒孟获途中喝了哑泉的水的故事来开始那天的课堂，我们一开篇就被故事吸引了，深入学习的欲望也被吊起来。其实作为学生的我，很喜欢这样的上课方式，觉得很有趣不枯燥。对于新的知识点，如何切入很关键，先讲一个与课堂知识相关的故事，再慢慢地过渡到新的知识点上，这样我们就会对这个新知识充满学习的兴趣。再如讲有机物"苯"的时候，珠姐并不着急把苯的结构告诉我们，而是让我们以小组为单位完成任务：先根据苯的分子式 C_6H_6 推导苯的结构，并且要找到证据证明（实验证据、理论证据）。结果我们提出的很多方案都被别的小组用证据一一推翻了，大家一筹莫展的时候，珠姐绘声绘色地讲起了凯库勒的故事和后来的结构变形，科学家在我们面前变得立体，科学家不断探索的成长故事让我们动容，而苯环的结构推导故事又给我们上了一课：科学的发展是曲折而艰难的。在苯环的结构推导中，珠姐还培养了我们的证据意识，为了推倒其他组的预测结构是错误的，我们居然找到了很多证据（与酸性高锰酸钾的反应、与溴水的反应、键长、邻二取代同分异构体数目）来证明，我们都为自己的智慧感到自豪了。

珠姐上课，在倾力传授知识的同时，也时刻关注着同学的状态。一旦发现我们在课堂上的状态不对劲，就会发动粉笔头的"温柔"攻势，走神的朋友要做好接粉笔的准备了！或者是课堂中间珠姐会插入一段有趣的化学史或一个化学小游戏，结合丰富的肢体语言来打消大家的困意，这样就会让我们的注意力重新集中起来，让我们打起十二分精神来上课。记得讲活化分子模型的时候，珠姐用粉笔头让我们轻松理解了有效碰撞，只见她拿着一个小粉笔头全神贯注地盯着风扇，那表情活像投飞镖。结果她第一次故意投偏到靠窗一个调皮男生的书桌上，说明力量够了但是取向不对是无效的；第二次她是对着风扇投的但故意用力很小，投到了风扇下面的一个同学的书桌上，说明取向对了力量不够也是无效的；第三次她不偏不倚刚好投中风扇，得意地对我们说："看到没，这才是有效碰撞，能量要够取向也要对。"大家都被她的生动讲解逗笑了，并为她的不偏不倚鼓起掌来。

对于教与学的关系，珠姐有自己的深刻体会。她一直强调，讨论和帮助其他同学的过程也是我们重新学习、加深印象的过程。在课堂上，她除了讲述知识，还会留出时间把小组合作落到实处，让我们学生自己探讨，让我们班上的一部分同学转换成老师的角色，不管是教别人或者是被教，我们都有收获。另外，珠姐还让我们参与到课堂实验演示中，一开学全班就被分成了8个实验小组，都有机会轮流去操作演示实验（实验计划会提前张贴出来）。轮到操作实验的同学会主动在课前提前准备好实验内容且会反复练习操作，而台下的同学会兴致盎然地盯着操作的同学，一发现不规范的地方就挑毛病，大家都好开心，而且我们的实验能力提升很快。学习有机物时，珠姐说搞清结构和断键最重要，便在课室的四个角落各放了一套分子模型，鼓励我们课间多动手组装分子结构，以加深我们对概念的理解和对有机分子结构的印象。而讲到加聚反应的时候，我现在还清晰地记得珠姐让我们12个同学上台扮演乙烯分子，表演聚合过程，特别有趣！

作为化学科代表，我对班级的总体成绩会多一分关注。在之前，我们班的化学成绩并不突出，但珠姐的到来，不论是在学习动力上还是学习方法上，都激发了我们的实力，整顿了一个月后，便长期稳居前三。老师对我们的要求不亚于重点班，课程进度、作业要求都是一视同仁，针对性为我们选作业题，不断促使我们进步。课外，是男生的兄弟、女生的姐妹，我们的梗一个不落都能接上。可以说珠姐是严师，也是有趣的益友。名师带领下的如此生动有活力的化学课，是我高中生涯的一大亮点，让我进入了趣味学习的新世界。

高考录取结果出来了，我成功被自己心仪的大学录取，化学成绩可贡献不少呢，我很开心地第一时间和珠姐分享我的喜悦，珠姐也特开心。去大学报到前我约珠姐小聚了一下，珠姐又给了我很多很棒的建议和鼓励，有珠姐真好！

故事5　有魔力的化学老师

颖培说：让我怎么感谢你。

很可惜只跟珠姐学了一学期的化学，选科分科分班后珠姐被安排教创新班，所以我没机会再跟珠姐学化学了，不过这不妨碍我对珠姐的喜欢。一年时间，珠姐已经魅力尽显，我们都超喜欢这个有趣的化学老师。在珠姐的课堂是绝对不会打瞌睡的，珠姐会时不时插进来一小段笑话或她的一些小经历或一个生动的比喻，让课堂笑声连连，激起同学们的兴趣。还记得课堂上讲到了海水晒盐，她刚好是海南人，那个暑假她刚刚带父母去莺歌海盐场的盐田玩，她在课件中晒出了她在海南旅游景点和老爸老妈晒盐的图片（引海入盐田—析出盐粒—人工堆积），给我们以真实的感受和体验，尤其看到珠姐从盐田的岸上款款走来时生动亲切的画面，大家的眼睛都睁得大大的，听得好认真，估计我们这辈子都忘不了怎么晒盐了。有一次可能是早上的第一节课吧，同学们的精神都不太好，课上到一半，珠姐看到我们这种涣散的状态，决定换另外一种上课的方式，她让我们同桌两人互相大声地抽问本课的知识点，这个方法十分有用，激烈的提问互动让大家提起了精神。因为珠姐，往往最容易打瞌睡的第一节课也变得生动活泼。

因为高一下学期要分班了，我们说："珠姐，最后一堂课你来表演好不好？"珠姐笑着答应了。在高一上学期的最后一节化学课，珠姐给我们朗诵了一首诗，是汪曾祺的《让我怎么感谢你》，她动听深情的朗诵声萦绕在教室，同学们都认真地聆听着珠姐精心准备的朗诵，教室里除了珠姐的声音，安静得连一根针掉地上的声音都能听见，大家目不转睛地看着珠姐，全神贯注听着她的朗诵，因为这可能是高中最后一节珠姐的化学课堂了，下学期可能就不是珠姐教我们了，同学们都红了眼眶，十分不舍。她说选这一首诗是因为她在教育我们的同时，也从我们的身上学到了很多，不只是我们在成长，她与我们一同成长着。所以在最后一堂课上，她用这首诗表达了对我们这一学期的师生情的怀恋和感激及课堂上我们与她点点滴滴的美好回忆。

艺慈说：激情四射的你。

珠姐把活泼与热情投入课堂，让教室里的每一个人都享受其中。晦涩难懂的元素周期表被珠姐用自创的顺口溜串联起来，变成了一个个有趣的小故事。例如周期表中的 31 到 36 号元素：镓、锗、砷、硒、溴、氪，被珠姐编成"家（镓）中有位老者（锗）两腿一伸（砷），归西（硒）了，晚辈们悲痛欲绝，伤心到休（溴）克（氪）"。对于刚刚接触 20 号以后的新元素的同学们来说，原本想要记住这些陌生拗口的元素名称并不简单，但通过这个顺口溜，大家不仅牢牢记住了知识，还感受到了化学课堂的趣味。

浩麟说：与众不同的你。

2005 年 9 月，我俩第一次见面，从此我成了你的学生，开始了多年的珍贵师生情缘。说来也奇怪，高中教过我的老师没有二三十个，也有十几个，唯独你最与众不同，我觉得你是一个有魔力的化学老师。

我俩的第一次见面就在高一（7）班教室里、你给我们班上的第一节化学课上，短发、小个头、脸带微笑的你从门口一个箭步登上讲台，声音洪亮地来了一个短平快的自我介绍，由此开始了你的表演。你的化学课挺有意思的，让我慢慢地喜欢上了化学这个学科，也为后面我选修化学做了良好的铺垫。

兴趣是最好的老师，你就是一个启蒙，活生生把我带入化学这个学科，我觉得活生生这个词用得还是不错的，因为后面我所遇到的就是一个"坑"。高一的我，老想着上你的实验课，够特别，有意思，跟其他的文化课不一样，既可以动手又可以学到东西，而且你总能把难懂的知识讲得那么有趣，毕竟化学跟生活比较接近，哪哪都会用到。我知道我不是第一个被带入化学的学生，毕竟不说别的班级，就我所在的班级就有好几十号人都爱上关老师你的化学课呢。你上课时自带一种魔力，比较会带动同学们的情绪，说话又俏皮，再难理解的知识点从你的口中说出来就"变味"了，咋就变得那么简单呢？不服不行！还有，你跟其他学科的老师不一样的地方是你身上多了一丢丢的幽默和和谐，亦师亦友。那么"坑"在哪呢？坑在高二，因为我喜欢上你的化学课以后，还以为一直都能被你教到毕业呢，谁知后来分班，我没能继续跟着你学习，唉，伤心。

彤彤说：善于打趣的你。

再乏味无趣的知识点在珠姐的课堂上也能散发出别样的光芒。珠姐似乎还深谙我们这群高中生的心理，不时地打趣和适当地开些小玩笑，总是能帮我们抓回已经有些悄然飘离的神思，并将其牢牢地吸引住。一次，不知怎的，班里的大家都昏昏沉沉、没精打采的。这样的课堂效果自然是不好，珠姐便现场组织了起来，将包含着大量理解性内容的课堂转变成了互动课堂。大家慢慢地都活跃起来，逐渐融进了课堂当中。例如在学习化学键时，她让同学们站起来，用一双双手来表示化学键的形成与断裂；又譬如讲解胶体时，珠姐举了个浅显易懂的例子，用两个不同牌子——英雄牌和狗熊牌的墨水，形象地解释了胶体的性质；再比如，在区分氧化性、还原性的时候，为了让我们抓住化合价升降的区别，举了一个骑自行车上坡和下坡的例子；而在学习强弱电解质时，珠姐在我们的脑海里描绘了两座冰山，弱电解质是没有完全露出水面的冰山，当上面的冰山化掉一部分以后，水下的另一部分冰山会慢慢浮出水面，而强电解质则是已经完全浮出水面的冰山。珠姐正是用这一个个简单而生动的比喻和举例，将课堂的气氛活跃到了极致。

锦文说：能让化学变得简单通透的你。

化学，正如必修 1 里的序言所说："化学是一门充满神奇色彩的科学，它通过探索那些肉眼看不见的粒子，引导着人们来认识整个物质世界。"但是让学生理解其中晦涩且看不见的分子结构和成分，非常困难。但珠姐的课堂就犹如庖丁解牛，借助珠姐生动形象的表达，以及各种各类的辅助手段，诸如化学实验、小游戏、PPT 中易懂的动图、分子模型和化学器材，化学一下子变得简单通透。还记得有一次讲题的时候，因为是早上第一节课又是春困时节，大家都比较困，珠姐见此情境，心生一计："这道题目，要是用我们海南话来讲，就是……"海南话独有的腔调，在课堂中说出来显得十分有趣，引得台下一片哄笑。"平时我在办公室用海南话和家人聊天的时候，同办公室的老师都在笑我说的是什么'鸟语'，哈哈……"珠姐一番自我调侃，使课堂上下充满着快活的气氛，原本昏昏欲睡的同学也因此打起了精神，继续迈向了化学的深处。珠姐的课堂，从来都不缺少的，就是活力。

翠钎说：科技节放飞的你。

我虽然已经毕业很久了，但是很想和大家分享一下可爱的珠姐——我们超爱的化学老师。珠姐活泼开朗的性格，注定可以与学生们打成一片。2019年的科技节，早早放学后，我便参与到了活动中。炎炎夏日，操场上洋溢着同学们的热情。我对制作棉花糖这一项目很感兴趣，就拉着朋友去了。这时珠姐恰巧路过看到了我，我们热情地打了招呼之后，珠姐也一同参与到这个活动中来，与课堂上的珠姐不同，这时的珠姐更像是个要好的朋友。我是第一次制作棉花糖，放入白糖后糖很快就像棉花一样飘了出来，我拿着竹签在炉子里手忙脚乱操作了一波后，做出了一个形状怪异的棉花糖，而珠姐在炉子前镇定自若，成功地做出了一个又大又圆地棉花糖，果然姜还是老的辣。还有一个小组报名参加了化学实验，她们原本打算做"法老之蛇"这一个实验，但是后来因为某些原因以失败告终了，她们都十分气馁和不甘心。所以珠姐又推荐了另外一个实验，让她们尝试"肥皂的制取"，还十分细心把实验步骤打印在一张纸上给她们看并且积极地协助她们寻找实验材料。后来在珠姐的帮助下，她们在科技节成功完成了这一个实验，提高了实践能力，拓展了课外知识。参加科技节的同学都很感谢珠姐耐心的指导。同时，珠姐还常常会给科代表们准备小零食和水果，身为科代表的我就收到过很多次珠姐的心意，我同桌都直呼羡慕，感慨着珠姐的好。

故事6　令人期待的活力课堂

我叫晓言，很幸运跟着珠姐学了三年的化学，从一个爱上化学的化学菜鸟，变成了化学尖子生。我是高一下学期才到创新班的，对新的老师既有些期待又有些担忧。但听完珠姐的第一堂课后，我的顾虑就消失了，珠姐的课堂总是那么的活泼，大大地激发了我们的学习兴趣，我每天都在期待着下一节化学课的到来。

珠姐的笑容总是那么的灿烂，让人充满力量。授课的方式也非常适合我们，她会根据课程知识结构的特点，突出重点、突破难点、层次分明，比如会用较短的时间学习比较简单的第八章"化学与可持续发展"（借助让学生收集环境视频、学生当小老师、百万富翁小游戏等手段），而将大部分时间用于学习重要的第七章"有机化合物"，并在有机物的学习中使用球棍模型、实验，帮助同学们建构结构（官能团）决定性质的思维模型。珠姐也能非常好地将理论和实际相结合，通过列举生动的例子使知识更条理化。还记得学习有机化学时，珠姐将一个又一个的有机化合物化学分子结构模型展示在我们面前，做习题时我的脑海中就会常常浮现出那些模型，很好地帮助了我解答题目。

珠姐是个故事高手，她总能借助小故事的力量让我们记住一些枯燥的化学知识点。比如，从我们这一届开始，《有机化学》和《物质结构》两本书成了必修，我们的学习任务重了。就元素周期表而言，我们必须要背诵1～36号元素（以前只要求背诵1～20号，现在增加了21～36号）。想要记住这些陌生拗口的元素名称并不简单，很多同学都背不熟，背完了过段时间就又忘了，很头疼。在我们痛苦了一个月后，珠姐出手了，她的方法真好，我过了一年都没忘记。大家问她为什么不一开始就把这个故事教给我们，她意味深长地提出了灵魂发问："如果你不先感受痛苦，你会珍惜这个方法并学会这个方法吗？"有道理，珠姐果然把我们的心思摸得透透的，佩服！她的故事法是怎样用的呢？晦涩难懂的元素周期表被珠姐用自创的顺口溜串联起来，变成了一个个有趣的小故事。21～30号元素：钪、钛、钒、铬、锰、铁、钴、镍、铜、锌，被珠姐编成"抗（钪）太平凡（钒）了，哥哥（铬）很猛（锰），把铁（铁）骨（钴）都捏（镍）成粉碎，这真有童（铜）心（锌）"。31～

36 号元素：镓、锗、砷、硒、溴、氪，被珠姐编成 "家（镓）中有位老者（锗）两腿一伸（砷），归西（硒）了，晚辈们悲痛欲绝，伤心到休（溴）克（氪）"。珠姐带着大家背了 3 次这些故事，大家就牢牢地记住了这个知识点，还感受到了化学课堂的趣味。你以为珠姐编小故事的教学法只是很偶尔才用一下吗？那你就错了，难记难懂的知识她一出手就保准好记好懂呢。还有各种酸碱指示剂的变色范围我们也总是记不住，珠姐是这样教我们牢牢记住甲基橙的变色范围的（pH 为 3.1~4.4）：假的称（甲基橙）准不准，请三姨（3.1）来试试（4.4）看？

珠姐是一位非常用心的老师，作为化学备课组长，她经常亲自出考试卷，用心选好每一道题目，其他老师出的题她都会严格审核和把关。每次做试卷时总能感受到珠姐的良苦用心，不禁会更加认真地对待试卷。

化学课上最有趣的莫过于做实验的时候，有一些实验会涉及一些有毒物质，但勇敢的珠姐总是会 "以身试险"，尽力将最好的实验效果呈现给我们。同学们也非常积极，一到有实验时便挤在讲台上，全神贯注地看珠姐演示，这种课堂氛围正是我们最喜欢的。但珠姐也有严肃的时候，犹记得有一次实验课是钠与乙醇的反应，这个实验有一定的危险性，珠姐在实验前再三强调要使用无水乙醇，但有几位同学不听劝，致使发生了微型的爆炸，还好没有同学受伤。虽然当堂课珠姐已经严肃批评过那几位同学了，但晚上珠姐还是不放心，又来察看了那几位涉险的同学，在班上又强调了一遍。看着珠姐紧锁的眉头，我知道那都是为了我们好，相信同学们也一定感受到了珠姐对我们的担忧与牵挂。

珠姐的课堂还有一项有趣的规定，那就是迟到的同学要在课前进行表演，每到了快要打铃的时候，同学们都会急匆匆地赶回教室，生怕被抓去进行表演。但还是有不少同学因为各种原因迟到而展示了自己的才艺，有说绕口令的，有唱歌的，有跳舞的……为课堂平添了一份乐趣。

化学课的课间也十分热闹，同学们会围着珠姐争先恐后地问着自己的问题，珠姐会逐一进行细心解答，每次听完，同学都会受益匪浅。晚修值班的时候珠姐也是热门人物，就算不是珠姐教学的班级，也会有许多同学过来问问题，一堆同学围着珠姐的场面可谓十分壮观。

科技节时，珠姐也是十分积极，亲自指导了多个项目，比如 "大象牙膏""肥皂的制取""贪吃蛇" 等，让同学们切实地感受到了化学无穷无尽的魅力。科技节当天，珠姐叫我们多多参与不同的项目，感受科技的魅力，并且珠姐像个充满活力的少女，穿梭在各个项目中，时而到她指导的项目摊位那里看看（关注安全问题），时而沉浸在其他项目中玩得不亦乐乎，她的活力深深感染着我们。

我非常荣幸能遇见珠姐这样十分优秀的老师，并成为她的小助手（我成功在竞选中当上了化学科代表），虽然相处的时间并不长，但我是打心底里喜欢珠姐，希望在接下来的日子里，我能协助珠姐使2班的化学成绩蒸蒸日上！

最后，我想说："天涯海角有尽处，只有师恩无穷期。谢谢你，关老师，我最喜爱的珠姐！"

故事7 你辅导的样子让人心安

雨田说：不能忘记的还有珠姐废寝忘食的辅导身影。还记得，高三的寒假期间，虽然是假期，但大家仍然致力于高考的复习。新春佳节，珠姐不仅为我们送上了美好的新年祝福小红包，还在我们2班化学微信群内帮助大家复习化学，为我们解决化学的难题。为人妻母的珠姐，在过年期间要忙家内外的大小事，但无论如何，她都不会缺席我们的化学复习。对于同学大中午或夜晚发微信提出的难题，珠姐虽然有时忙家务不能第一时间解答，但她一有空就会立马写出清晰了然的解题思路和答案，还用语音亲切地告诉同学如何应付相似的题型，哪怕时钟的指针已经转到了深夜12点。

海澄说：作为老师，珠姐一直是爱岗敬业、耐心细致的。高三总复习的小测，她会牺牲自己的课外时间，把我们一个一个地叫出去，和我们一起分析测试的不足和提高的方法；对于一部分同学纠结的难题和怪题，珠姐会让我们在课后先想一遍，第二天再跟我们一起讨论探究，真正做到了"不为学而学"，而是因为兴趣去探究学习。我一直相信"兴趣是最好的老师"这句话，确实如此，我的化学成绩一直还不错，乃至我如今选择了生命科学专业，涉及化学方面的知识时依然感觉兴致勃勃，这和珠姐带给我的正面影响脱不开关系。

钰恒说：在日常的辅导工作上，关老师绝对称得上是尽心尽力。在期末统考的复习阶段，每天的化学复习时间，关老师都会如约而至，在巡视了一圈、确保大家都在复习化学后，便在教室外准备答疑。偶尔我有问题去询问时，便会看到关老师的位置被围得水泄不通，同学们在教室外排起了长龙，除了她教过的学生，也有一些其他班的学生过来询问问题，关老师都会一一耐心地进行解答，并指出我们薄弱的知识点。（忘了说了，我是关老师的儿子，我要是出去问问题，也是得耐心排队的，哈哈）

艺慈说：珠姐珍惜她课堂的每一分钟，但她偶尔也会抽点时间给我们讲人生道理。她用自己的亲身经历告诉我们，要勇敢去追逐自己的梦想，脚踏实地地走好每一步，面对挫折，打倒我们的永远不是挫折本身，而是不敢再去尝试的我们自己。二轮复习的时候已经临近高考了，有一次测试，有一部分同学的成绩不是十分理想。珠姐当晚值夜班，她让每一个同学拿着试卷到教室外，帮我们一起分析试卷上的问题。临了的时候，她让我们不要把这次的小波折放在心上，心态平和，继续加油。她的鼓励仿佛至今仍在耳畔，珠姐当时坚定的目光也让我充满信心，就是这么一个老师，在那段日子里一直在我的身旁告诉我：你能行！她的认真与激情感染着我们，为我们注入了前进的力量。

面子 = 征服

——调皮蛋征服记

在日常教学工作中，每一位教师都难免会遇到一些薄弱生，或学习薄弱，或纪律差，或思想品德落后。对于这部分学生，作为班主任或者科任教师，我们要以正确的态度去对待，促使他们转变，使之朝着正确的方向发展。情感教育、关爱为本、友情至上、师生互动、共同发展已成为当今教育的主流。教师除了要给予薄弱生理解、爱护和尊重，还要想方设法激发他们的上进心和自信心，以达到转化薄弱生的目的。

在长期的教学实践中，我发现，薄弱生的形成并非一朝一夕，尤其是在此环境中可能是薄弱生，而在彼境中则可能不是，因为每改换一次环境，薄弱生都有改变自身形象的要求和表现，会给新老师和新同学一个崭新的印象。但是随着时间的推移和学习任务的加重，部分学生会逐渐掉队而转化为薄弱生，这也是不足为奇的。而一旦在思想和认识上形成了"我是差生"的概念，他们的退步消沉就是迅速的。他们会丧失信心，与人疏远，容易形成孤单怪异等心理特征。这是危险的信号，教师千万不能轻视这些不易觉察的个别表现，它会把一个原本只是某方面有不足的学生迅速拉入泥坑，使其不能自拔，所以，教师尤其是班主任应该多留意学生的发展变化，观察学生的一举一动，防止学生掉队。如果薄弱生已经形成，这也是在教学工作中必然会遇到的问题，那我们就要实实在在，认真对待，使巧劲拉他一把，帮他转变过来。

2008—2014 年，我在一所镇属普通中学工作。有一天，有一个学生问我："老师，2 班是全级最难管的班（历史 + 体育），你是怎么把他们管好的，他们怕你吗？"我刚想说怕，又觉得有些不对。正想着怎么说好呢？另一个学生一语惊人："老师，他们不是怕你，而是给你面子，所以都听你的话。"我茅塞顿开："对，准确地说，他们不是怕我，而是愿意给我面子。"面子意味着什么呢？我们常说"不看僧面看佛面"，从心理学的角度来说，其实面子就意味着你在学生的心目中有地位，他愿意卖面子给你就是因为他信服你，你已经征服了他。2 班为什么愿意给我面子呢？其实只是因为我愿意放下架子，走进他们的心里，知道他们需要什么。喜他们所喜，忧他们所忧，关注每一个学生的成长。是我的真诚打动了他们，所以我在他们心中的地位越来越高，他们自然都会给我面子，有了面子，征服还远吗？

一、知己知彼

我首先从多方面做了调查，请注意是多方面。我不仅从班主任、其他科任老师、档案等官方途径获取信息，更重要的是还会从学生口中去了解学生，因为更真实、更准确。综合了解到的情况，整个班最大的优点是团结。2班全班59位学生，只有20位有心读书、18位半玩半读，后面三排21个学生是基本不读书的。不读书的学生中有一个学生叫叶××，他像这个班的老大，大家都听他的，尤其是那些不读书的学生对他更是唯命是从。看来我得好好会会这个班的老大。另外我还将那些比较调皮的学生的名字和情况牢记于心。第一天上课我就如数家珍，唬住了他们。

二、擒贼先擒王

叶××是老大，摆平他别人就好办了。当然收服老大是不容易的。我的"老大征服秘籍"是：①找软肋。叶××何许人也？两年前他初三时我们打过交道。他将学校发给他们宿舍清洁厕所的浓盐酸泼到了学校旁边的青菜上，致使菜地里大半的菜都死掉了。后被学校查出，赔了50元，并顶着烈日劳动一天，将有浓盐酸的土全部换掉。叶××身为老大，不用说是极要面子的，他一定非常不希望这件事被其他同学知道。第一天我上课，他一如往日大声说话，我停下讲课，"叶××"，他停下说话，"我们可是老朋友了。"其他同学很惊讶地看着我。"说起我和叶××的认识，还是发生在两年前一件很有趣的事呢？大家想不想听？""想！"其他同学异口同声地大声说。"不能说！"叶××急红了脸。"我给叶××一个面子，暂时先不说，不过有言在先，从现在开始，看你的表现哦，如果你表现不好，我就把这个故事分享给大家，可以吗？"好长一段时间，他上化学课都很老实，偶尔本性难改想捣乱，有些按捺不住了，我眼睛一扫，他就立刻收敛。②发挥威信，以威制威。有一天晚修，我看2班晚修，晚修途中我担任班主任的7班有一个学生呕吐得比较厉害，班长跑来报告。可我又担心2班没有教师管理会乱了套，万一出事就麻烦了。让谁来暂时看管呢？2班班长肯定管不住后面那些调皮捣蛋的同学。我想到了叶××，我让叶××坐到讲台上。他开始不太乐意，我抓住他好胜的心理特点，用激将法："我听说大家都很听你的话，是不是真的？现在我们来做个小小的证明实验，答案一会就能见分晓。我有事急需去 7 班一趟，现在你帮我管 5 分钟班，管得好了，证明你确实很有威信，同时那个故事的约定我们再多加一次机会。敢不敢试一试？"激将法果然有效，"没问题，你去吧。别说 5 分钟，一节晚修都没问题。"没到 5 分钟，我特意提前回来，悄悄地从另一边楼梯走到教室。只见整个教室鸦雀无声，叶××俨然一个小老师，来回巡堂后，站在讲台上来回扫视。是不是估计我快回来了才这么安静？我偷偷问了一个比较乖、爱学习的女生，确实一直很安静。我大大地表扬了叶××，他非常开心。我和他的心理距离拉近了一步。③寻找共同语言。要想真正改造好这位老大，走进他的心里，寻找共同的话题是必不可少的。叶××的体育很棒，还是校篮球队的中坚力量，而我本人也爱运动，爱打篮球。这就是一个很好的切入点。我偶尔会看他们的球赛，课间还会诚心地向他请教篮球技巧。在得知他们在区中学生篮球赛中获二等奖后，我立刻恭喜他，他很开心。另外，很巧的是他高一比较喜欢的英语教师余老师调到了别处，而余老师又是我的好朋友。我会代余老师跟他问好，把余老师的好消息与他分享……我们的共同话题越来越多，心理距离越来越小。④真诚的关心。大约在第 8 周，我发现他的眼神流露出与往日不同的忧伤，像是有什么大事给了他沉重的打击，我正考虑几时找他谈谈。果然，2 班班主任找到我，说叶××家里人被骗了很多钱，家里关系很紧张，而他的几个好朋友又背叛了他，他很失落，很伤心，很害怕跟别人交往，不愿再相信别人。在所有科任老师中，叶××比较信任我，希望我可以跟他谈谈，帮助他走出心理阴影。晚上我特意抽空与他谈了足足 30 分钟。"这两天你有点不太对劲，是不是出了什么事？你知道我一直很欣赏你的男子汉气概，看你那么难受，我心里也不好受。说说看，也许我可以帮帮你。"他原先还有所顾虑，后来越说越多，把所有的烦恼都说了出来。我一件事一件事地帮他分析，引用自己或别人的好的处理方法教他如何去应对。这次的谈话中我的方法对他的帮助应该很大，抑或是我的诚意深深打动了他，他和我的关系有了质的飞跃，他对我的感激和尊敬肉眼可见。那天起，我上课或看晚修他都很自觉，一句废话都不再讲，周围有同学说话还叫他们安静。很多科任老师都说他像变了个人似的，懂事了很多。这下 2 班的"王"总算被我完全收服了。

三、化整为零

化整为零即把大道理分解成实实在在的小道理渗透到课堂管理中。他们对大道理是免疫的，他们听大道理没有千遍也有百遍。我只讲能引起他们共鸣的小道理："综合科是水平考试，不是能力考试，你只要投入一点时间，就能有收获。""高一的基础差，没关系，我们从头复习，讲一次不懂，我讲两次，两次不懂我讲三次。""现在才高二，你离高三毕业还有一年多，你一点都不学，天天别人上课，你无所事事，又精力旺盛，那多难受呀！""你能听懂一些算一些，即使将来考不上大学，你也增长了见识，不至于什么都不懂，被人骗了都不知道。""每学期学费 1 000 多呢，一点东西也没学到那多亏呀！"开始时确实有人对此不屑一顾，但渐渐地越来越多的学生能明白我的良苦用心，感受到我对他们抱有希望，为自己的自我放弃开始感到惭愧，所以 2 班爱学习的学生逐渐增多。

四、调侃式批评

对于基础薄弱班的学生，如果教师老是板着脸批评他，那就只有两种结果：激起他的逆反心理，或使其恼羞成怒，无论哪一种都起不到教育的作用。调侃式批评既不伤他面子，又能让他不好意思。例如有天晚修，后面又有几个男生在说话。我就说："听说过捕蛇的故事吗？为了避免蛇咬人，抓到蛇后就用针把它的嘴缝住。你们总是说话，下次让班主任准备好针线，我免费帮你们缝。"他们便立刻不好意思地闭嘴了。

有困难给予帮助，犯错误时留有余地地指点……就是在点点滴滴的将心比心的真诚相处中，学生们感受到了我对他们的期望，感受到了我的良苦用心，我在他们心目中的地位自然越来越高，面子越来越大。人心都是肉长的，他们还好意思放弃自我吗？拨动"我也能行"这根弦，不就征服了他们吗？

在实践中历练，在反思中成长

我国著名教育家叶澜曾说："一个教师写三十年教案不一定成为名师，但如果写三年的反思则有可能成为名师。"美国学者波斯纳也提出过一个非常有名的一个公式，他说教师成长就是经验和反思相互作用的结果。可见，进行反思是教育教学过程中重要的一环，在反思中明辨是非，在反思中变得睿智，在反思中获得成长。

一、教学工作常思考，善创新

作为教师，在自己的专业化水平上有进一步的提高，是我们不断的追求。工作的最初五年里，我有着火一样的热情，承担各级各类公开课，参加各类教学比赛，但是这样只知道埋头工作，行动代替思考，模仿多于创新是不够的，教育教学的最终价值应该体现在最大限度地满足学生发展的需求，即让学生乐学爱学。

1. 多反思，善借鉴

书籍是人类进步的阶梯，我阅读了大量的德育书籍，《细节决定成败》《人性的光辉》《班主任兵法》《第56号教室的奇迹》等。除了大量阅读教育教学方面的著作之外，我还幸运地在迷惑期聆听了很多场教育家的报告，如李镇西老师的《教育，从爱心走向民主》。那段时间的学习反思收获极大，我不禁想起那句让我铭记在心的话："沉下去，踏踏实实地去做好一个教师的工作；浮上来，方可见到一个崭新的自己。"

2. 多反思，求改进

首先，在反思中学会改变自己的教学语言。教师靠语言传播知识，语言的精确性、条理性、生动性将直接影响学生的吸收效果。雨果说："语言就是力量。"用心锤炼自己的课堂语言，使教学语言既有"营养"又有"味道"，何愁课堂不能抓住每一颗求知的心灵？

其次，学会巧妙处理课堂突发事件。突发事件的处理考验的是一个教师的机智和灵活应变。记得一个周一早上第一节课时学生显得比较疲惫，还有2

个学生上课走神。我就展示了该周作业中 6 个同学的典型错误答案和一套实验装置，让他们找错误去。

最后，学会把课堂还给学生。结合我校学生实际，我探索出"四不"特色课堂，让学生的学习积极性高涨，敢说、敢讲、敢质疑，从而学习成绩得到明显提高。

3. 多反思，写随笔

教学反思成了我的一种自发习惯，备课本总被我用各种颜色的笔标注得满满当当，这些反思心得让我受益匪浅。常写随笔，我将与学生之间的感动故事、成功的教学案例诉诸笔端，审视、梳理自己的教育教学行为，并调整自己的教育策略，优化教育效果。

二、班主任蛮干不如巧干

如果说班级是一艘船，那么班主任则是舵手。班主任在学校管理工作中占据重要位置，他们是落实学校各项制度的司令员、家校联动的外交官、学生安全的守护神。因此，可以说，班主任工作的成效直接影响着学校工作的成败。如何做好班主任？不仅需要长期的工作实践，还需要不断反思总结。12 年的班主任经历让我深切体会到：班主任工作蛮干苦干不如巧干！蛮干容易忽略教育的规律和本质，适得其反；苦干疲于奔命，会被繁杂的班级杂事牵着鼻子走，吃力不讨好。那么怎么巧干？巧在哪呢？

1. 巧于放手，自我管理

"责任有多重，爱就有多深！"一个真正睿智的班主任会让每个学生都担起责任，这种主人翁意识的激发会使他们更爱班级！班主任要敢于放手、舍得放手，调动学生自己管理自己。魏书生老师提出来的"人人有事做、事事有人管"就是极好的方法，当然把这个思想和自己的班级结合起来是需要花心思的。全班先一起讨论制定详细的班规，使班级管理有章可依，然后将班级事务按学生各自的特长全部合理分配到个人，这样班主任可以彻底从婆婆妈妈的琐事中解放出来，而有更多的时间和精力去谋划班级的长足发展，去关心学生的身心健康，何乐而不为呢？

2. 巧用活动，贯彻德育

脱离活动讲德育是空洞无力的。一个有思想的班主任要创造活动渗透德育，用活动促班级凝聚力。各显身手的生活技能大赛、别开生面的笑脸墙、温馨浪漫的生日会、别具一格的班级法庭等，都是极好的活动形式。

3. 巧用爱心，因材施教

每一个学生都是一个不同的个体，教育方法不能一刀切。坚持"一把钥匙开一把锁"，才能打开所有的心锁。我永远不会忘记，那个被同学骂作"死猪不怕浓硫酸烫"的黎××同学，他经常带头扰乱课堂秩序，说话、睡觉、顶撞老师，样样不落。常规教育法对他都收效甚微，所以我先悄悄进行了一次家访，跟他的父母进行了一次深入的交流，对他有了全面的了解。我才知道他刺猬的外表下其实有一颗好强敏感的心。于是我开始用赏识的眼光去看他，去努力发现他身上的优点，并不吝啬地赞美他。渐渐地，我明显感觉到他对我的敌意消失了。一个月后，恰逢他生日，我悄悄地送上了一份小礼物，并写了一封信："你是一个可爱的男孩，有淳朴的心、真诚的笑容、敏锐的头脑。珠姐欣赏你！"那天晚修结束后，这个倔强的男孩走到我旁边："谢谢你！我……"眼圈红红地走了。一学期结束了，黎××的各科成绩都有了较大的提高，并且还主动申请当课堂的纪律监察呢，把其他的捣蛋鬼管得服服帖帖。家长会上黎××妈妈快乐地笑了，那一刻我也笑了，当班主任真是一件快乐的事！做一名幸福的班主任，就要在教育的过程中享受快乐，和学生一起成长。

反思不仅可以激发教师的班级管理智慧，而且能够不断提高教师的业务水平，不断改进教学实践。

实践、反思，再实践、再反思，正是这样充满激情的工作态度，使我在实践中得到历练，在反思中逐渐成长。校园里的木棉花开花落，而我在这木棉树下，实现了从"把教师当职业"到"把教书当事业"的转变，实现了从"教书匠"到名师的飞跃。

教育是池塘，爱是水

　　教师是一个双职位职业，是包含双重任务且需付出双倍劳动的职业，这双重任务，一份是教书，一份是育人。育人是教师的天职，也是班主任的首职。22 年的教师生涯使我深刻体会到，如果一个教师真的热爱教育，就会做到最重要的一点，那就是要有一颗爱心，对自己的学生要以心换心，以心贴心。要以一颗温暖的、发自内心的自觉的爱心去牵动学生心灵深处的琴弦，为学生创造一个温暖的集体大家庭。要想学生之所想，急学生之所急，而且要想在前，急在前。不要拒绝"小事"，因为"小中有大"，学生的心会因"小事"而跟教师的心贴得更近。教师给学生的爱心应是一种诚挚的、公正的、无私的、纯朴而高尚的情感，这是师生间最有力量、最贴切的情感黏合剂。那么，怎样做到有爱心呢？

一、坦诚，勇于承认错误

　　人是有自尊心的，特别是十七八岁的高中生。十七八岁是一个敏感而脆弱的年龄。在他们的心里，他们渴望别人把他们当大人看，尊重他们、理解他们。因而，他们最怕教师用过头话刺激他们，比如"我看你这人是完了""我看你就那样了"等。这种过头话会严重地伤害学生的自尊心。正所谓"良言一句三冬暖，恶语伤人六月寒"。如果教师发觉自己说了过头话，就要勇于承认错误，这样不仅不会影响自己的威信，反而会在学生中树立"知错就改"的好形象。记得有一次上化学课，讲到乙烯的"聚合反应"，有几个学生把"jùhé"念成了"zuìhé"（广式普通话），我顺口说了一句"这普通话怎么带水的？舌头这么硬，以后得多练普通话。"说完这句话，我发现那几个学生一脸的尴尬，整张脸都红了。我立刻意识到自己说话过了头。是往下讲还是道歉呢？迟疑片刻，我真诚地说："对不起，老师讲话太重了，其实很多人都会有些字念不准，老师也一样。不要紧，多读多练就能读准了。"班里先是沉默，继而是雷鸣般的掌声。而且令人高兴的是从那天起，很多学生开始练习起普通话，不少学生的发音比起原来的广式普通话标准多了。现在想起来，真的得感谢自己当时有认错的勇气，要不然，那将会给那几个学生带来多大伤害啊！

二、信任，敢于大胆放手

每个人都渴望得到别人的理解、信任，这是"人性中最根深蒂固的本性"，也是一个人保持愉悦心境和旺盛热情的需要。信任，如和煦的阳光，照在学生的心灵上，会给他们巨大的前进动力。班主任在班级管理中若能善用信任，则会取得很多意想不到的效果。但我们要始终记得信任的根源是爱，在爱的基础上付出的真诚信任才是真正的信任。在班级管理工作和教学中，我一直最大限度地发挥着信任的力量。比如每次接手一个新班，班干选出来后，我会立刻召开班干会议，给他们足够的鼓励和信任，明确责任，大胆放权。实践证明，在信任的鼓舞下，班干个个积极肯干，把班级管理得井井有条，这不但解放了我，还培养了学生的组织领导能力。再比如，之前我接手了一个个性突出的学生，这个学生性格孤僻且极其自卑，平时一声不吭，但不鸣则已，一鸣则出口伤人。他总是独来独往，哪怕是轻松的课外活动也极少看到他的身影。同学不理他，觉得他脾气怪；老师不喜欢他，认为跟他没法沟通，他便成了被遗忘的角色。古怪性格的背后是否埋藏着伤痛的成长历程？我不愿忽略任何一个学生的成长，于是我对他展开了全面的调查。通过家访和多次谈心，我终于对他有了更多的了解：父母在他五岁时就离婚了，母亲一个人靠打工拉扯他和弟弟长大。因为贫穷，亲戚朋友疏远他们，邻居家的小朋友也不跟他玩，别的小朋友总欺负他。他若不小心犯了错误，别人会恶狠狠地骂他："真蠢，难怪你爹不要你！"小小年纪，心灵就被残忍地伤害了无数次。而母亲疲于生计，根本无力顾及他的心理需求。于是为了避免伤害，他被迫选择了自卑和孤僻。上中学后他也曾试图改变自己，但是几次努力都失败了，于是干脆放弃。找到症结，下药就不难了，我从培养自信下手，在点滴中恢复他的自信。我时不时安排班级的一些小事让他完成，并及时给予鼓励和表扬，让他感到自己是一个对集体有用的人，有能力的人。课堂上我也故意把一些问题留给他来答，有时安排的任务他没做好，我也不责备他，反而为他打气："没关系，这次没做好是因为你没经验，好好总结，下次你一定能做好，老师相信你的能力。"等他恢复了一些自信后，又特意安排他担任班级的监察委员。开始他不大敢管事，我告诉他："监察委员仅次于班长，是一个非常重要的职位，老师把这么重要的职位让你担当，是因为老师相信你有足够的能力胜任，你现在已经做得很好，胆子再大点你会做得更棒!"结果呢？他越做越好，半个学期过去，他与过去判若两人，变成了一个朝气蓬勃、充满自信的班干部。

三、肯定，教育要做"加法"

善于肯定别人是一种美德，希望别人肯定也是人之常情。十七八岁的中学生自我发展仍处在探究阶段，其行为价值往往受到师长和同龄人的肯定方能体现。积极、及时的肯定能使他们体验到成功和满足带来的愉快和欣喜，鼓舞新的行为和新的期待。千万不能抓住他们的个别缺点不放，经常数落他们，挫伤他们的积极性。特别是对薄弱生，肯定得越及时越具体，越能引发其内在动力。如果我们在工作中对学生一味地批评或批评多于肯定，就会有意无意忽视了他们的点滴努力、细微进步，使他们常常处在失望、孤寂、自卑之中。在带班的过程中，我从不搞秋后算账，也决不抓住辫子不放，有错误一次处理，而当学生做得好时，则毫不吝啬地给予表扬、肯定。

转化后进生历来是热门话题。这是个非常棘手的问题，我们要舍得花精力、舍得花感情托后进生一把，使他们能尽快赶上去。要做好后进生的工作，首先是教师要和他们交朋友，了解他们；其次要有信心，坚信只要我们是诚心诚意的，并有针对性地开展工作，就一定会有收获的。

我曾接手过一个全校出名的薄弱生，这个学生胆子很大，迟到、早退是家常便饭，话特别多，废话连篇是他引起别人注意的主要方式，情绪化，说话不经大脑思考，你问他一句，他嬉皮笑脸地答你十句。开学才两天，就与周围的女生谈得不亦乐乎，别人不理他，他仍兴趣盎然地说个不停，有同学送他外号"乌鸦"。最令人头痛的是他对任何惩罚都有免疫力，在初中老师简单粗暴的体罚中已明显失去了自尊、自爱。刚开始我也心烦不已，因为每天都有老师和学生来告他的状，但我深深明白，对待这样的学生，务必要趁高一刚开学让他重拾自尊和自爱，帮他疏导怪异、偏激的想法，而坚决杜绝简单的体罚，只有这样才能从根本上改变他。于是我先主动跟他交朋友，经常找他心交心地谈话，谈生活、谈爱好、谈篮球赛事等，他发言时我就静静地倾听，给他足够的尊重和耐心。有一次他得了流感，我从家里拿了好多药给他，并且每日都嘘寒问暖。真诚的表情，感人的话语，让我渐渐走入了他的心中，我们成了朋友。他动情地说："老师，谢谢您那么关心我，您等着吧，我一定做出个人样来。"我的话越来越受用，他明白了自尊、自爱的重要性，明白了做人要有责任感，懂得了应该如何与别人交往。当然，只谈话是不够的，行动上我也无时无刻不在维护他的自尊。他犯了错误，我会首先做全面的调查，了解违纪的根源，然后再给予适当的批评、教育和处罚，并且从不当众批评他。有时有些错误他不经意间会重复犯，我也不会太多责怪，因为我知道一个人的改变是需要过程的，要允许有反复，重要的是他在改变。当他对我的工作产生误解而不满时，我没有简单地命令和训斥，而是与他心平气和友好地谈心，给他讲道理，解开他的思想疙瘩，让他做到心服口服。我还会多方面寻找他的发光点，比如清洁工作中他被排在清洁实验室那一组，由于学校总务管理的疏忽，开学三周都没安排清洁，其他学生都暗自高兴而他则每星期都很认真地跑来问我要不要清洁，我在班会课上大加赞扬他的责任感。此外，我引导他把他的演讲天分转到课堂回答和班级管理上（第二学期他被同学们推选为班级劳动委员）。第二学期末学校的光荣榜里"三好学生""优秀班干部"两栏都赫然写着他的大名，他成了班级唯一的双优。他激动地对我说："老师，谢谢你！"后来，由于高二分科班级重组，我没有再教他，他积攒零用钱买了一束鲜花送给我，并在明信片上留下了让我无法忘怀、感动一生的话语："有些事不会因为过去而忘记，有些人不会因为不常见面而忘怀；你是最好的老师，是我永远的老师。"

四、撒播爱心，温暖学生的心灵

无论是大山里支教的日子，还是后来扎根农村中学 12 年（龙江中学、容山中学），抑或是后来因为方便孩子上学而来到了城里重点中学，不管是当班主任，还是科任老师，我始终都坚持："教育是池塘，爱是水。"我关爱每一个学生，尽我所能帮助每个有需要的孩子，尤其偏爱困难生。如在山里的那两年，我每个周末都会骑着单车去村里家访，随身带着一个小本子，悄悄记录各个孩子的详细家庭情况并牢记在心，会经常给予家庭困难的孩子一点物质的帮助，甚至有时会在宿舍里多做几个菜叫他们来加餐；对于家庭关系紧张、脾气暴躁的孩子，则做好家校疏导（既和父母聊，也经常和孩子谈心，引导其用阳光的心态处理问题，并且平常多给予关注和鼓励）。种爱得爱，我浓浓的爱让孩子和家长也都爱上了我，记得有两次我感冒发高烧的时候，家长抢着骑摩托车送我去医院并轮流陪护。课上多了喉咙疼，不知道啥时候窗台上就有一捆草药和一大壶煲好的草药汤，以及歪歪扭扭但无比温馨的留言。两年后我离开山里的时候，好多学生和家长都哭了。再比如 2007 届的何同学，学习刻苦认真，但高二时父亲因病去世，母亲下岗，妹妹还要读书，家里负债累累，面临着失学的危险，当时他的情绪波动很大，几次想辍学。我知道情况后，多次找校长反映，首先为他和妹妹申请减免两年的学杂费和住宿费，打消他的后顾之忧，后来又自己掏钱购买高三的教辅资料和高考的报考资料送给他，同时为了给他增加营养，每天将学校补贴给自己的早餐牛奶给他喝（骗他说自己肠胃不好，不能喝牛奶）。另外关注他的点滴进步和情绪的变化，经常和他谈心鼓励他。高考成绩出来后，高二班级排名第30名的他竟挤到第7名，以仅低于重点线5分的好成绩被广东工业大学录取。忘不了在高考成绩出来后填报志愿家长会上的一幕，何妈妈含着眼泪手捧一大束鲜花献给我："谢谢！关老师谢谢你！"那一刻，我舒心地笑了，在场的很多家长也眼圈红红，随即爆发雷鸣般的掌声，顿时我感受到了当老师的快乐！在他上大学出发前，我还偷偷地把300元的红包夹在笔记本里送给他。班里面其他单亲家庭的孩子和家庭困难的学生都得到了我类似的特别关注，学生们都亲切地喊我"珠姐"。对待那些调皮的孩子，我会报以更多的爱心和耐心，并且对症下药地用不同的方法，如2013届邓某洋同学情绪化，爱捣乱，上课坐不住。我多管齐下：调座位、谈心、家访、找闪光点、多表扬，一年后他的坏毛病基本消除。林泽亮同学爱冲动、学习态度差，我经常和他谈心，并想方设法激发其学习兴趣，后来他成绩有了提高，为人处世也冷静多了。看到一个个孩子在爱的沐浴下茁壮成长，我心里无比的欣慰和自豪。每年教师节收到散布在全国各地的孩子们和家长们发来的温暖的短信和很多爱的故事的回忆，我倍感温馨，我将继续爱下去！

学生的健康成长，不仅靠课堂上的知识，还要靠家长、老师的关心、体贴和理解。教师是做人的工作的，我深刻认识到做好班主任工作，一定要有三股力量：真理的力量、人格的力量和情感的力量。班主任对学生一定要充满爱心。夏丏尊先生说："教育是池塘，情和爱是水。"教师对学生无私的挚爱，学生对教师真诚的敬爱，由"爱"组成的深厚而崇高的"师生之情"将会化成"教育池塘"中的汪汪碧水。

成为彼此成长路上的贵人

在优秀教师的指引下，我一步步实现专业成长，获得骨干教师、名教师、佛山市学科优秀教师、广东省教研积极分子等荣誉。我感激那些曾经帮助我成长或搭建平台给我成长机会的教师们，我乐意让这种帮助的力量从自己身上传播出去。怀着感恩之心，从 2014 年被评为顺德区骨干教师起，我一直在尽最大努力去帮助年轻教师成长。培养指导的年轻教师涉及范围很广，有学校年轻化学教师、顺德区其他学校年轻教师、佛山市其他各区的年轻化学教师，甚至走出佛山，帮助了普宁市、肇庆市广宁县的年轻教师。通过我的帮助和指导，多位年轻教师的专业成长有了较大提升，尤其通过一对一结对子，我先后与 16 位青年教师结对子，这些青年教师进步都很大，尤其是我成为名教师后结对帮扶的 7 位教师进步更加迅猛。其中 3 人成长为顺德区学科优秀教师，1 人成长为顺德区课改优秀教师，1 人成长为顺德区骨干教师，4 人成长为佛山市学科优秀教师，3 人成长为广东省优秀辅导老师，1 人成长为全国教学能手。在帮助这些年轻教师专业成长的过程中，我也不断激励自己进步，始终发挥导师的示范引领作用，我们成了彼此成长路上的贵人。

帮扶青年教师的方式

（1）2019 年参加顺德区新教师入职培训项目专家团队，通过开展教学教研技能的专题讲座提升顺德区新教师的教学教研水平。

（2）2020 年加入佛山市新教材培训专家团队，在佛山市新高考新教材培训活动中开展新教材教学专题讲座提升佛山市高一化学教师的新教材教学能力。

（3）因教学教研突出，2020 年 9 月起被普宁市教育局教研室聘为"普宁市年轻教师化学教学远程培训导师"，多次通过讲座、课例点评等提升普宁市化学年轻教师的教学水平。

（4）2019 年底组建"顺德区高中化学名师工作室"，担任项目主持人、导师，在科研和教学上引领帮助顺德区 30 名来自多个学校的青年教师成长。

教学、教研两条腿一起走路才能走得更远，教学研究和论文撰写是很多教师专业发展的软肋。所以，我在教学和教研上帮助指引顺德区上百个年轻教师专业成长，在全区教研会议上、顺德区新教师培训、全区高一教师教研活动、全区创特色教研活动等平台开设教学教研专题讲座。

（5）一对一结对指导。

（6）多年担任高中化学备课组长，指导备课组年轻教师成长。如指导备课组内青年教师等熟悉化学教学业务，从如何备课、课件设计、课堂执行力、课堂突发事件处理、课后落实、撰写课后反思等多方面对学校年轻化学教师进行一对一的指导，并对其教学过程进行跟踪指引。

（7）在2018年至2021年，以课题引领、教学教研比赛指导、指导论文撰写等方式提升蔡老师、张老师、龚老师、吴老师、苏老师、谢老师、戴老师、杨老师、李老师、黎老师等来自9个不同学校的年轻教师的教学教研能力，实现专业成长。

路漫漫其修远兮，吾将上下而求索。让我们一起携手走得更远吧，感谢彼此的遇见！

以下和大家分享我2018—2022年一对一对子帮扶的3位青年教师的专业成长故事，字里行间都是对我的感激。其实我也很感谢他们，在帮助他们的路上，我也在不断地前进。我们是彼此温暖，共同成长。

活力课堂探索让我成就专业成长

我是小蔡老师，是关老师的同事。在和关老师结对子之前，我的课堂是相对比较传统的，很有条理，知识完整，但是活力不够，学生的课堂参与度不高，我的热情也不够，总觉得差了那么一点点"味精"。2017年底，听了关老师的几次公开课，我震惊于她的课堂总是充满活力，学生能被充分调动起来，各种比喻和情境引入信手拈来，学生上得很开心，我们听课的教师也听得很享受。令人佩服的是关老师不仅课上得好，而且她的论文写作也很高产，课题方面又是行家里手，拿了4次课题成果奖。于是，我2017年12月开始主动拜关老师为师，希望和她近距离地多学习。关老师很无私，在课堂管理艺术、论文撰写、课题研究方面都毫无保留地指导我，使我收获颇丰，专业成长有了大大的助力。

关老师是一个有智慧的师父，她认为教学—论文—课题三者其实是一体的，不是孤立的。关老师对我说："课堂是教师的主战场，以教学问题为课题，做好课堂研究，打造活力课堂，你就有了课堂的满足感，你就有了写论文的素材，专业成长是水到渠成的事。"关老师首先把我拉入了她主持的顺德区规划课题《化学课堂教学细节与教师的专业发展研究》。在关老师带领下，我们每个成员都转换了思维，牢牢抓住"四不"课堂的思想：以学为主体，大胆放手，提高课堂执行力，打造精彩的活力课堂。学生的身体动起来了，思维转起来了，既能让课堂更高效，又能让教师积累丰富的素材开展教学科研，成就专业成长，做有特色的幸福教师。

参加关老师主持的这个课题，我在关老师的指导下创建了活力课堂，收获满满。为了打造符合我个性的活力课堂，关老师建议我采用三个策略：①"任务驱动"的教学策略。比如在已发表在《化学教与学》的课例中，我通过角色扮演和模拟政府招标，调动了学生积极参与的学习动机，并渗透化学学科核心素养——"科学探究与创新意识""社会责任"的培育。②注重强化学生的课堂参与感。例如她会布置学生上网查资料，以"厉害了，我的醇"为题进行课前汇报。主要有围绕以下问题：什么是酒驾？什么是醉驾？吃什么会被怀疑是酒驾？喝酒后多久才能开车？什么是乙醇汽油？通过这个环节，学生认识到了酒驾危害，强化了社会责任意识，了解了醇在新能源领域的应用。③在课堂上增加各种趣味实验。例如在"乙醇"的课堂上，演示实验"烧不坏的棉花"，成功吸引了学生的眼球。

果然如关老师所说，当我创建了充满魅力的活力课堂，我不仅教学成绩提高了很多，充满活力的课堂也大受学生欢迎，而且在别人羡慕的眼光中被评为顺德区学科优秀教师、顺德区教改优秀教师。荣誉的获得得益于在关老师的推动下积极参加省、市、区各项教育教学比赛，以研促教，2018年底佛山市中小学青年教师能力大赛时，关老师和我多次磨课，给了我很多很好的建议，我夺得了佛山市特等奖。继而又代表佛山市出赛，2019年12月喜获第二届广东省中小学青年教师能力大赛决赛（高中教育组——高中化学学科）一等奖。

重整旗鼓，做孩子人生的指向标

我叫戴×莹，来自一所民办普通中学，说起我的专业成长故事，我想真心地对关老师说一声："谢谢！遇见你真好！"2018年，是我工作的第十年，刚好我的小孩又上学了，我感觉自己进入了职业倦怠期，想把重点放在家庭和孩子身上，想着工作得过且过。可是有一次当我在辅导孩子时，孩子说："妈妈，你自己都不爱书、不学习，为什么要逼我学习呢？"我忽然心头一阵缩紧，意识到我的教育方式出现问题了。都说父母是孩子最好的老师，也是孩子终身的榜样，想要孩子热爱学习，自己也要热爱学习，成为孩子可模仿的对象。孩子的将来，其实是寄托在父母身上的，不断努力成长的父母，会是孩子人生的指向标，会激励孩子努力进取。于是我决心总结和反思前十年的教育教学工作情况，重整旗鼓，给自己的教学和教研订下一个十年目标，并为之奋斗。

第一个目标：每学年开一节校级公开课，每两年开一节区级公开课，在磨课的过程中促进自己的教学能力提升。第二个目标：每学期撰写1~2篇教育教学论文，并争取获奖或发表，接下来十年最少在核心期刊发表2篇文章。第三个目标：主持1~2个区级课题，并能顺利结题，同时将研究成果应用于平时教学中。第四个目标：顺利完成在职研究生的课程和毕业论文，获得教育硕士学位。第五个目标：通过学习和做题，提升自己的解题能力和命题能力提升，并参加相应的比赛，获得名次。……目标明确了，可是由于本校的学生基础很差，学习能力不强，教师更多的时间和精力都耗费在了学生德育管理上，忽略了教学研究，也无从下手，我急需一位名师能给我指引方向，引领我继续前进。

2018年5月的顺德区高中化学教研会上，我听了关老师作为顺德区教育科研专家分享的关于《如何开展课题研究》的讲座，倍受启发，会后立刻请教关老师课题研究和论文撰写的问题，关老师很耐心地指导我，并和我确定了结对子帮扶关系。虽然和关老师在不同学校（关老师在顺德区重点中学执教，而我在一所普通民办学校执教），但每当我遇到困惑求助时，关老师都会热心地给予我莫大的帮助。2018年6月，我的教育硕士论文结题时，关老师给我提出了很多宝贵建议，我顺利通过结题，论文还被评为优秀毕业论文。2019年在关老师的指导下第一次独立开展课题研究，课题《走班选课制背景下化学学科课堂教学方法的实践研究》在一年的实践研究后顺利结题。2020年佛山市新教材培训，关老师作为特邀名师分享的讲座《如何打造新教材背景下的活力课堂》，分享了很多打造活力课堂的点子和案例教学，台下掌声雷动，在场的年轻教师都被关老师震撼了，我也受益匪浅。2020年6月我有幸参与了关老师主持的广东省强师工程规划课题《新高考选科走班背景下化学教学方式的研究》。2018 年、2019 年、2022 年，每学年的学科年度论文关老师都针对性给我提一些问题，特别是理论和实践相结合方法，让我的论文更具有深度和广度、实用性更强，也正因为有了关老师的指导，每篇论文都获得了顺德区或佛山市的奖项。每次当我教研迷茫时，当我教学能力停滞不前时，当我教学遇到瓶颈无法突破时，关老师都会仔细听取我反馈的种种困惑和问题，然后给我提出一些有建设性的建议。同时关老师还不厌其烦地指导我提升课堂活力，改革课堂授课方式，打造活力课堂。参加课改后，随着教育观念和教学目标的变化，学生观、课堂观也随之发生了质的变化。经过课改实验课堂的跟踪反馈，我课堂上的学生学习热情高涨，学习效果显著提高，教学成绩也有了很大提升。教学相长，我自身的教学能力也有了突破，每次公开课都会获得听课教师的好评，教学设计和课例也获得顺德区和佛山市的奖项。在关老师的帮助下，我在课改过程中积累了丰富素材，参加了各类教学比赛且获奖颇丰。比如 2021 年顺德区中学化学实验教学说课比赛二等奖，2019 年、2022 年多篇论文获佛山市、顺德区的一、二、三等奖，2019 年高中化学教学设计比赛中获二等奖，2020 年课例《基于"思维导图"的元素周期表和元素周期律复习》被评为顺德区中小学优秀课，2021 年佛山市青年教师解题比赛三等奖，等等。女儿无意中看到我的这一打证书，高兴地说："妈妈，你真棒，你是我的榜样!"我由衷地笑了。

立足课堂，收获精彩

我叫吴××，来自南海一所普通中学。2018 年暑假刚刚毕业的时候，我对教师行业很茫然，比如：①不知道如何和学生相处，自己刚刚毕业，可能管不住学生，没有威严，不知道如何把握和学生相处的度。②不知道如何上好新课、复习课或者公开课，如何利用教材备课等。③不知道怎样打造充满活力的课堂，课堂还是以教师灌输为主。④不知道如何从教学中提炼，撰写教学论文。

幸运的是我在 2019 年认识了关老师，当时在佛山市新教材培训教研活动中，优秀的关老师因为教学有特色受邀为佛山市青年教师开展专题讲座《如何打造活力课堂》，关老师通过自己的 6 个课堂实例和两段精彩的课堂片段为大家讲述了如何打造充满趣味的活力课堂。我清楚地记得关老师播放了"活泼金属——钠"的上课视频片段，她巧妙地用两个气球的放飞来让学生理解了钠和水反应有气体生成。整节课她总是能不断地激发学生提出问题，学生成了课堂的主人，做到了真正的活力课堂。讲座结束掌声雷动，大家都被关老师的教学智慧震撼了，在最后的提问环节，很多老师都抢着举手，我成功地被关老师抽中，我们从此结缘。在关老师的讲座后我立刻加了关老师的微信，我主动提出希望得到关老师的帮助和指导，关老师很痛快地答应了。关老师很平易近人，平时我会在微信上请教关老师问题，每周至少会问关老师5个教学问题，关老师都会很热情地为我解答。在关老师的悉心帮助下，我的教学能力慢慢提高了，对新教材的教学慢慢得心应手了。

在关老师的指导和鼓励下，我鼓足勇气参加了佛山市2021—2022年新旧教材对比分析教研项目和佛山市单元整体教学设计接力课公开课。之前我的备课内容比较片面，参加了新旧教材对比分析教研项目以后，对不同版本教材的理解更深了，特别是在关老师的指导下，新旧教材对比分析教研项目也顺利完成。相对而言，还是单元整体教学设计接力课公开课比较磨人，刚刚接任务的时候不知所措，历经2个星期的准备，受益匪浅，和桂中的老师一起上接力课，中间有模棱两可的问题，也会积极请教关老师，关老师都热情地帮助了我。关老师一直强调一定要以学生为主体，学生是课堂的主人，多设计学生活动，始终记住"为谁而教"。而且在论文撰写指导、课题引领、各类比赛指导、公开课的打磨、讲座指导、活力课堂建构、课堂提问的艺术、作业的布置、学生课后落实与管理、与学生的沟通技巧各方面，我遇到了困难、困境、瓶颈，都会积极询问关老师，关老师总会不厌其烦地及时为我解答，引领我慢慢提高专业素养，我所带学生成绩在平时质量检测、南海统考和佛山统考都有了很大进步。

在关老师的指导下，我被评为"校级优秀教师"，也获得了新旧教材对比分析教研项目和单元整体教学设计接力课公开课两张市级证书，我撰写的论文在南海区高考题论文评比中获奖。衷心感谢关老师对我的指导！

让活力课堂的种子播撒在乡村中学

在"四不"活力课堂，教师要以学生为课堂的中心，要通过课堂设计让更多的学生有体验的机会，让更多的学生身体动起来，思维转起来，那么课堂自然而然就活起来了。如何创建"四不"活力课堂呢？可以从"趣""活"两个字下手，"活"是要敢于放手、巧于放手，"趣"是要营造宽松有趣的磁场。放手不是不管，而是教师要知道上课就像放风筝，要牵好手中的线，收发自如。"趣"是要营造课堂趣味场，有6招可用：①语言幽默，生动有趣；②因势利导，巧于点拨；③善打比喻，化难为易；④巧设情境，激发兴趣；⑤巧用实验，激活课堂；⑥背景教学，讲好故事。教师如果坚持"四不"活力课堂，可以让更多的孩子享受到课堂教学的快乐，爱上课堂教学。

课堂改革重在改变教师的理念，为了让更多的孩子尤其是偏远山村的孩子感受"四不"活力课堂的魅力，让更多的教师自愿自觉地加入课堂改革的阵营中，我先后五次到农村中学做推广，而且效果非常好。

第一次下乡：风雨送课到广宁

2020年10月29—30日，我作为顺德区名教师、顺德区高中化学名师工作室的项目主持人，和首席主持人申老师一起带领顺德区高中名师工作室部分教师前往肇庆市广宁县广宁中学开展"送课下乡"同课异构活动。送教两天有风有雨，天气阴冷，但是我带着满腔的热情，不惧辛苦地驱车两个多小时抵达广宁县广宁中学，把"四不"活力课堂的理念送到了支援的学校，把精彩课堂送给了学生们，更是把一份浓浓的情谊送给了学生们，用真情打动了师生们的心。

为了呈现更好的教学效果，我带上提前打印好的学案、化学仪器及自己准备的实验"神器"。到了广宁中学后，我马不停蹄地利用课间时间走进课室和孩子们见面，交流感情并了解学情。然后又快马加鞭地到广宁中学简易的实验室里做药品调试、仪器准备、预实验等，精心准备着化学课堂的每一个细节。我从顺德带过去的"神器1"和"神器2"，你们知道是什么神秘武器吗？是一瓶花生油和一瓶维生素 C。我参加同课异构的内容是 "铁的重要化合物"，课堂的设计思路是：魔力实验引入—个体自学—新知先学—小组互助—实验探究 1—实验探究 2—展示分享—归纳小结。首先在个体自学、新知先学和小组互助环节学以致用，让学生通过自主和他助掌握基础知识，然后集中火力开展实验探究 1：氢氧化铁和氢氧化亚铁的制备（学生小组讨论方案，设计实验，开展实验，展示结果）。结果大多数的小组都失败了，看不到稳定的白色沉淀。让他们分析原因，改进实验方案，这时我变魔术似的拿出神器，免费赠送花生油、维生素 C 及长滴管，让学生再重新制备氢氧化亚铁沉淀，结果都成功了，学生非常兴奋。然后继续推进实验探究 2：Fe^{2+} 和 Fe^{3+} 的相互转化。学生在亲身体验和不断试错中掌握了本节课的重点和难点，并学会了用本节课的知识解决生活问题。这种实验为主的探究式教学方法可提高学生的探究能力、动手能力、合作能力。课堂上学生的热情被点燃了，徜徉在探索的海洋中流连忘返，课堂充满了活力，下课后都围住我不肯离开。

广宁县各学校化学教师在后排听课，他们都竖起了大拇指，称赞说这是一节有趣且惊喜不断的化学课，受益匪浅。

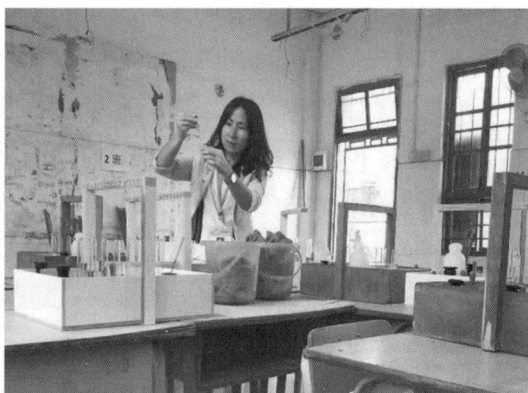

第二次下乡：活力课堂到云浮

2021 年 5 月 7 日下午，我受云浮市新兴县第一中学邀请，和课题组成员蔡雪萍老师一起驱车 2.5 小时到云浮市新兴县第一中学传授经验，推广优秀课题成果——活力课堂建构，帮助提升新兴一中教师的教学教研能力，促进专业成长。

我的教研专题讲座《活力课堂构建与教师的专业成长》引起了教师们极

大的兴趣，他们听得津津有味，频频点头，掌声不断。我首先提问现场教师们："当下教师专业成长的困惑是什么？"在他们七嘴八舌说完之后，我归纳了四点：①课堂讲授太多，学生和教师都累；②工作没新意，开始出现职业懈怠；③论文写不出来，无从下手；④不知道怎样开展课题研究。很多教师举手表示中招。由此我提出了立足课堂教学，创建活力课堂，成就教师专业成长的路径。

如何创建活力课堂呢？我认为从"趣""活"两个字下手，努力把每一节平常的课都上得趣味横生。如何营造课堂趣味场？我为教师们传授了四招：①语言幽默；②因势利导；③善打比喻；④巧设情境。并举了很多自己课堂上的生动有趣的例子，使现场100多位教师哈哈大笑。接着我结合小组合作学习，分享了"四不"课堂模式，如何让学生的身体动起来，思维转起来，课堂活起来。最后我分享了自己的活力课堂录像"活泼金属——钠"（10分钟片段），让教师们真正感受到了活力课堂的魅力。

我分享结束后，新兴一中主管教学教研的蒙校长归纳总结，对我的分享给予了高度评价："关老师的活力课堂分享太棒了，非常的生动、接地气！她的成果分享为大家提供了一条非常好的专业成长路径：立足课堂，以学生为本，结合自己的性格特点打造活力课堂。做特色老师，每一天都充满新意，哪有职业倦怠？活力课堂为论文撰写、课题研究提供了丰富的素材，何愁不能像关老师课题组的成员一样成长为骨干教师、名教师呢？强烈建议关老师每年都来新兴分享优秀的教学理念。"

第三次下乡：我的课堂我做主

为提升学校青年骨干教师的课堂教学水平，促进教师队伍的专业成长，2021 年 4 月 16 日，均安镇文田中学在会议室举办了青年教师成长工作室、骨干教师教研培训会，会议邀请我做关于"优化课堂教学"的专题讲座，于是我又有机会和更多的年轻教师分享活力课堂了，期待更多的年轻教师走上特色教学的道路。

1.《新高考背景下如何营造课堂趣味场》专题讲座

我首先分享了《新高考背景下如何营造课堂趣味场》的专题讲座，从新高考的背景出发，分析了高考的评价体系及其对初中教学的影响。基于初中课堂应该"教什么""怎么教"等问题出发，与教师们分享了初中课堂趣味场的营造策略。教师要注重"活""引""拓""趣"四大原则，在课堂上让学生活动起来、把新情境引进来、把教材拓展开来、把趣味打造出来。

2.《我的课堂我做主》专题讲座

随后，我继续分享《我的课堂我做主——"四不"课堂显精彩》的专题讲座，与教师们探讨了高效课堂的组成元素，从新授课、复习课、实验课等课型，重点解析了构建"四不"课堂的特色方案。通过教学案例和教学实录的分享，我对与会教师进行了充分地指导，也解答了年轻教师们的疑问。

本次培训，为文田中学骨干教师优化课堂教学方式、提升课堂教学艺术指引了方向，为文田中学聚焦课堂改革带来了新的动能。课堂是教学的主阵地，除了小组导学＋自主学习＋"四不"活力课堂等模式，期待更多年轻教师打造有特色的课堂，师生能乐学于课堂、共研于课堂、成长于课堂。

第四次下乡：立足课堂，做幸福老师

教师的专业发展是提升教育教学质量的关键，是教育改革的原动力。为了帮助青年教师提升教科研水平，进一步强化青年教师的职业规划意识，加强东西学区青年教师之间的交流与学习，强大师资团队，促进专业成长，2021 年 5 月 21 日下午，均安镇顺峰小学邀请均安镇教育办罗副主任和我到校进行指导，我受邀为均安镇顺峰小学教师和部分镇内的青年教师作了两个专题讲座。

1.《科学规划专业成长，做幸福老师》专题讲座

在《科学规划专业成长，做幸福老师》的讲座中，我把自身的教师成长历程通过生动有趣的语言分享给现场教师们，让他们明白：教师的专业成长离不开坚定理想信念、坚持实践反思、保持学习提高。教师有规划地成长是艰苦的，但是只要平衡好自己的工作与生活，这种成长最后也是幸福的。

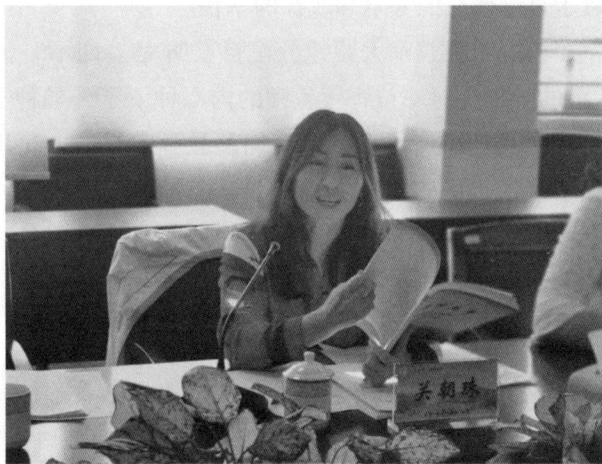

2.《"四不"活力课堂显精彩》专题讲座

在《"四不"活力课堂显精彩》讲座中，我从"活""引""拓""趣"四个方面对全体现场教师进行了分享，尤其是在"活"字上，我结合实例分享了很多技巧，如：活用实验、活用学科故事、活用线索法、活用问题导学、活用生活情境等。在讲座中，我结合自己丰富的教学经验，指出以学生为中心不是一句空话，只有真正调动更多学生参与课堂，才能让更多的学生爱上课堂，教师一味地包办只会让课越上越累。凡是学生自己跳一跳能做到的，

教师都应该学会放手：学生能自主解决的问题教师不讲、学生没有思考过的问题教师不讲、通过讨论互助能解决的问题教师不讲、有同学会的问题教师不讲（由会的同学来讲）。我还现场分享了两节自己平常的教学实录"胶体""乙烯"，以及一节化学史故事课"侯德榜的故事"。很多教师看了录像后表示很震撼：课堂的趣味性和巧妙设计让他们惊叹，整节课学生是主角，教师不断地抛问题让学生解决问题，以任务驱动学生，而教师只是那个牵着线的放风筝的人，收放自如。这场讲座让在座的教师对课堂教学有了一个全新的认识。

我还和现场教师分享了自己做教学研究的切身体会：做教学研究一定要脚踏实地，切忌好高骛远，研究离不开一线的教学教育，我们应从日常教育教学过程中发现问题、思考问题、探究解决方法。教师沉浸到教学研究的氛围中时，就能感受到其中的快乐，并能激励自己不断前行。

最后，均安镇教育办罗副主任对本次活动进行了总结，她希望各位青年教师通过我的活力课堂讲座能够学以致用，并动员教师们积极投身到教育教学科研中来，立足打造有活力的课堂，扎实开展教学研究，从而促进自身专业发展，收获属于自己研究的快乐和成长的幸福。

互动环节，在场的年轻教师大胆地分享自己听完"四不"活力课堂讲座后的体会："这次的培训在每一位青年教师的内心种下了一颗种子，时间和雨露会滋养它生长。""这场讲座既开阔了我们的教学眼界，也让我们真正感受到何为'学无止境'。""深入浅出的专题报告，让我们享受了一场精神盛宴，同时也不断擦出思维的火花。""立足课堂，用活力课堂让更多的孩子爱上我们的教学，同时也促进自己的专业成长。"

第五次下乡：巧用实验构建化学活力课堂

2021年10月广东省新强师工程正式启动，我作为特色名师于10月20日受邀远赴湛江市岭南师范学院，对参加广东省新强师工程农村中学实验教学项目的100多位来自粤西粤北乡村中学教师开展实验教学活力课堂构建的系列讲座，展示"四不"活力课堂多样的魅力，反响很热烈。

10月20日上午，第一场讲座《巧借化学实验，打造活力课堂》开始，我对来自广东省各市县农村中学的优秀高中化学教师（50人）进行了3个小时的培训。我先和教师们一起学习了高考评价体系、分析新高考题命题特点、新课标的变化、新教材的变化。面对新高考、新教材，我分享了如何巧妙借助化学实验，打造活力课堂，让学生乐学爱学。打造活力课堂建议要做到四点："活、引、拓、趣"。"活"即要让学生身体动起来，思维动起来，课堂活起来；"引"即切实重视几类情境的引用；"拓"指结合新教材，适当拓展学生的视野，生涯规划；"趣"指创造趣味课堂，吸引学生爱上化学。

活力的课堂是指着眼于学生为主体的课堂，学生是课堂的主人，而教师只是引导者和组织者。教师要巧于放手，让学生的身体动起来，思维转起来。用好实验，课堂一定更有活力！在培训过程中，我结合自己的活力课堂教学实例，从8大方面归纳了如何借助实验打造活力课堂：①巧借化学实验，创设新课引入情境。案例："原电池的探究""苯酚""超级变变变"。②巧借化学实验，培养学生的创新思维。案例："胶体的性质""乙醇的催化氧化"创新实验。③巧借科学实验，走进科学家。④巧借化学实验，培养学生的科学素养。案例："配制一定物质的量溶液""离子导电"。⑤巧借实验中的意外，让课堂妙趣横生。案例：铁锈、"钠和水的反应"。⑥巧借生活实验，打开学生的视野。⑦巧借实验，培养学生的实验设计能力。⑧巧借化学实验，提升教师论文撰写能力。每个方面我都针对性地加入了自己的经典活力课堂案例分享，现场教师们都深深地被我的课堂智慧、课堂活力和课堂趣味吸引了，掌声、笑声不断。

如何成为一个有风格的特色老师？我用12个字与大家共勉：谋篇布局、持之以恒、水到渠成。

讲座结束后，教师们一拨又一拨地围住我，交流自己的教学点子，探讨教学的困惑，请教构建活力课堂的方法。

　　10月20日下午，我为来自广东省各农村初中化学教师进行了第二场专题讲座《启迪智慧，点化灵魂——初中化学实验教学活力课堂之探索》。为了更深入了解初中化学课堂实验教学，我查看了近3年广东省各市县中考试题40套，反复翻阅初三教材5遍，发放了初三、高一、高二同学的三份问卷调查。我先用5个词语精准地概括了学生眼中初三化学课的特点：忐忑（害怕这个新学科学不好）、期待（听说化学有很多有趣的实验）、惊叹（化学实验真有趣）、平淡（做实验太少了）、疲惫（题海苦呀）。现场教师们频频点头、忍俊不禁，竖起大拇指说："关老师一言中的，太准了。"接着我分析了化学实验教学存在的问题与不足，就这些情况下教师应该教什么、怎么教进行讲解。我说："实验是我们的基本工具，是学生理解化学性质的重要途径，在教学中我们应想方设法创造活力课堂！"我结合初三的特点，从5个角度分享了如何巧借化学实验打造初中化学活力课堂，而且每个角度都有鲜活的课堂案例分享。①巧借家庭小实验，提高学生学习化学的兴趣。分享了我和学生的家庭小实验视频《醋与蛋的故事》《小苏打遇到醋》《自制简易净水器》。②巧借化学实验，创设新课引入课题。分享经典案例"燃烧条件的探究""氢气还原氧化铜"等。③巧借科学实验，走进科学家。我分享了自己开发《化学故事》校本教材的过程，用科学家的故事、科学家的实验让学生被学科美深深吸引。④巧借实验中的意外，让课堂妙趣横生。我分享了自己2次课堂实验出现意外后的巧妙处理，化意外为丰富教学资源，关键还很有趣。⑤巧借化学实验，培养学生的科学素养。我分享了自己如何带初三的儿子通过家庭小实验轻松

理清初三的知识难点——溶液的相关概念和计算。

　　听完我的系列讲座，现场教师们评价说："今天是一棵树摇动另一棵树，一个灵魂触动另一个灵魂的一天。关老师的系列讲座干货满满，我们要像关老师一样，立足课堂生命力，用好学科工具（实验），打造活力课堂，做一个有趣、有智慧、有魅力的化学老师，让学生爱上化学！感谢充满活力的关老师搅动了我们的内心，受益匪浅，做关老师的学生太幸福了！"

后 记

"四不" 活力课堂显精彩

当教师是辛苦的, 但也是幸福的。从走上讲台的第一天起, 我就暗暗下了决心: 既然要当教师, 就要当个好教师, 就要干出业绩来。二十余年来的教学教研工作中, 我始终对教育充满热情, 把教育当成自己毕生的事业。教学上从不放过一个知识难点、问题疑点, 不忽略每一个问题, 不照本宣科, 不满堂灌。一本本教材翻破了, 一本本教案换新了, 我的课也越讲越精彩了。为了上好每一堂课, 为了教好每一个学生, 我潜心钻研教材, 精心设计课堂, 合理采用教法。我的教育理念是: 教师应该是"打火机", 点燃学生的学习热情和自我管理智慧; 教师应该是"味精", 为学生的学习变成色香味俱全的美味大餐助力。知识不是在优秀教师的嘴上, 而是要落实到学生的动手、动脑中; 教学不只是教给学生知识的结果, 更应引导学生理解知识的发生过程, 更应注重学生的思维培养。在我二十余年的孜孜探索中, 我摸索出一条"四不"活力课堂小组合作教学模式并申报相关的省级课题研究。"四不"活力课堂实效流程包括"六环节": 学案自学→创设情境→多元探究→问题释疑→展示交流→评价提高, 其较好地优化了课堂教学。"四不"活力课堂的核心是教师巧于放手, 牢记学生为中心, 激发学生的学习内驱力。"四不"指: 学生能自主解决的问题教师不讲 (发动自助); 学生没有思考过的问题教师不讲 (要给思考空间); 学生通过讨论互助能解决的问题教师不讲 (学生互助); 有学生会的问题教师不讲 (由会的学生来讲)。首先, 通过"四不", 发动学生的自助他助, 激发学生学习的内驱力, 把学生推向课堂的舞台, 让更多的学生有思考、展示的空间。其次, "活力"来自教师对课堂的敬畏, 每节课教师都要对课堂进行精心设计。教师要精心设计学生的学习活动, 让学生得到更多体验和成长的机会, 让学生的身体动起来, 思维转起来, 课堂才能活起来。让学生在教师精心设计的活动中学会解决问题、学会学习、学会研究。再次, 教师要营造课堂趣味场, 让课堂氛围轻松愉悦, 让课堂有趣有益, 吸引学生的学习兴趣。"四不"活力课堂模式点燃了学生学习化学的热情, 轻松幽默的

课堂氛围让我成了"味精",将学生的学习变成了色香味俱全的美味大餐。

"四不"活力课堂这条路经过实践—理论修正—再实践—再修正，越走越成熟。经过本人和课题组成员多年实践检验，这个课堂模式开始小有名气，我们也越来越自信，开始向外推广并多次受邀在省、市、区学科会议上作经验交流，获得了同行的认可。2018—2019 年，我们利用教学开放日和校际交流的机会向多家兄弟学校推广"四不"课堂模式，并成功吸引到郑裕彤中学、乐从中学、文德学校三所学校的三位化学教师（龚新强老师、谢正平老师、戴莹瑾老师）参与"四不"活力课堂模式的实践再检验。2020 年三新高考开始推行，对学生的关键能力和学科素养、核心价值、立德树人提出了更高的要求，我对"四不"活力课堂进行了补充和优化。在 2020 年顺德区特色教师活动中，我受邀在全区教研会议上做专题讲座《"四不"课堂显精彩》，分享课改成果，受到高度赞赏，吸引多个学校的年轻教师参与到课堂改革中来。2020 年 11 月，在佛山市的新教材培训会议上，我因为教学有特色而受邀做专题分享，向全佛山的化学教师推广"四不"活力课堂模式，并做了活力课堂实录分享。幽默风趣的课堂展示让现场教师沉醉其中，深受感染。2020—2022 年，我将"四不"活力课堂课改成果传播到了更远的地方，多次受邀到肇庆市广宁县、普宁市、云浮市、湛江市等地通过示范课和讲座分享"四不"活力课堂模式，让先进的教学理念助力山区教师成长。2021—2022 年期间，我还把"四不"活力课堂的思想推广到了初中和小学，相继受邀到杏坛镇林文恩中学及均安镇文田中学、富教小学、顺峰小学等地推广"四不"活力课堂思想，指导教师成长规划。2022 年我还受北京师范大学主办的核心期刊《化学教育》的邀请，开设了全国公益讲座《"四不"活力课堂显精彩——新高考背景下化学活力课堂建构》，向全国各地上万名优秀教师进行"四不"活力课堂模式的推广，引起了全国各地很多教师和教研员的共鸣，讲座分享结束后收到 500 多封来信，甚至有来自浙江义乌、内蒙古和云南大理的多个教研员发来的讲座邀请。目前，"四不"活力课堂这一课堂模式深受学生欢迎，已在佛山市、普宁市、广宁县等 20 多所高中得到推广。

2020 年三新高考开始推行，根据新教材不同的教学内容，我开展了六个方向的"四不"活力课堂探索：①基于大单元整体教学的"四不"活力课堂教学；②基于问题导学的"四不"活力课堂教学；③基于证据推理、模型认知的体验式活力课堂教学；④基于化学史故事活用的体验式活力课堂教学；⑤基于实验探究为主的探究式活力课堂构建；⑥基于概念图活用的活力课堂，

并带领 8 个年轻教师开发打磨了对应的优秀教学资源。化学是一门以实验为基础的学科，如何让学生从"实验"中学，在"实验"中思，我探索并实践的基于实验为主的探究式"四不"活力课堂就侧重于挖掘化学实验的育人功能，培养化学核心素养（实验能力、探索能力）。

　　无论是教法的创新、课堂的优化，还是思维的发展，都是为了学生的健康成长。"四不"活力课堂的践行，不仅是教学方式的改变，更是教育理念的改变（以学生的能力发展为中心、以学生的健康成长为中心），教师精心设计的课堂活动是为了引导学生从原有经验出发，在新的教学情境、教学活动等的亲历中生长（建构）出新的经验，更健康地成长，从而实现立德树人。这么多年推行"四不"，我欣喜地看到了很多学生的成长，看到了很多学生的精彩和光芒，培育了很多有优良品质的、身心健康的学生，我和学生彼此温暖着前行，所以我觉得一切的辛苦和付出都是值得的。教师的厚度很重要，而温度更重要；学生的成绩很重要，而健康成长更重要；教学的过程不仅需要厚度和高度，更需要温度和宽度。不论何时，对待学生都要给予关爱与宽容，但不放纵，而是严中有爱，宽而有度。对于成绩优秀的学生，要欣赏，但要求更高；对于学业基础较差的学生，要多看到他们其他方面的优点，鼓励他们与自己比，每天有所进步、有所提升。我深深地感受到：立德树人，应与学生同行，一起凝视，一起欢笑，一起拥抱成功；立教圆梦，应不断提高自己的师德修养，努力提升自己的业务水平，才能成为一个实至名归的"明师"，才能让学生健康成长，真正做到课程育人。

关朝珠

2022 年 10 月